本书由国家自然科学基金青年项目"知识网络与技术转移网络工
（项目号：72004173）"资助完成

专利交易透视下的中国技术转移

涌现、效能与鲁棒性研究

马玎　蔡志珊　周锐◎著

知识产权出版社

全国百佳图书出版单位

—北京—

图书在版编目（CIP）数据

专利交易透视下的中国技术转移：涌现、效能与鲁棒性研究/马玎，蔡志珊，周锐著.—北京：知识产权出版社，2024.10

ISBN 978-7-5130-9266-1

Ⅰ.①专…　Ⅱ.①马…　②蔡…　③周…　Ⅲ.①企业管理—技术转移—研究—中国　Ⅳ.①F279.23

中国国家版本馆 CIP 数据核字（2024）第 030388 号

内容提要

当前创新活动与产业需求脱节，技术转移不足已成为创新驱动发展的障碍。本书从中国技术转移的总体格局和企业技术转移的特殊性出发，多维度剖析专利交易视角下中国技术转移的演进历程、现状和未来趋势，为问题发现奠定基础；整合技术创新前端知识创造和后端技术转移环节的系统分析范式，借鉴网络统计学、系统动力学和相互依存网络级联风险基本原理，运用网络统计学探究技术转移和知识互动的涌现机制；从系统动力学角度挖掘技术转移和知识特征互动从触发、演化到效能发挥的形成机理；构建专利与技术转移相互依存网络，探寻知识老化和技术锁定情形下技术转移系统级联风险的治理机制。

责任编辑：张水华　王海霞		**责任校对**：王　岩	
封面设计：邵建文　马倬麟		**责任印制**：孙婷婷	

专利交易透视下的中国技术转移
——涌现、效能与鲁棒性研究
马　玎　蔡志珊　周　锐　著

出版发行：知识产权出版社 有限责任公司		网　　址：http://www.ipph.cn	
社　　址：北京市海淀区气象路 50 号院		邮　　编：100081	
责编电话：010-82000860 转 8790		责编邮箱：93760636@qq.com	
发行电话：010-82000860 转 8101/8102		发行传真：010-82000893/82005070/82000270	
印　　刷：北京建宏印刷有限公司		经　　销：新华书店、各大网上书店及相关专业书店	
开　　本：720mm×1000mm　1/16		印　　张：15.25	
版　　次：2024 年 10 月第 1 版		印　　次：2024 年 10 月第 1 次印刷	
字　　数：250 千字		定　　价：86.00 元	

ISBN 978-7-5130-9266-1

前 言 *PREFACE*

在大国科技博弈加剧、逆全球化的背景下，本书紧扣"十四五"规划关于加快实现高水平科技自立自强的要求、《国家技术转移体系建设方案》关于促进企业发挥科技成果转化的主体作用的要求，着眼于技术转移微观机制研究较为薄弱即企业技术转移效能提升研究亟待突破等理论现实问题，从技术转移的核心驱动即知识获取角度出发，挖掘技术转移"历程现状趋势如何""知识如何驱动""知识与技术转移互动效能如何发挥""知识与技术转移互动风险如何治理"等一系列科学问题。为此，本研究依托国家自然科学基金（项目编号：72004173），采用权威专利检索数据库IncoPat检索到的2282658条中国总体转让专利数据，开展了围绕技术转移的格局、涌现机制、效能实现以及鲁棒性的系统研究。本研究旨在为发挥企业在构建国家技术转移体系中的主体地位提供行动指南，同时为政府部门监控创新子系统间的串联风险以保证效能发挥提供政策建议。

（1）基于专利大数据挖掘对中国技术转移格局进行分析。

通过对中国2001—2020年的2282658起专利交易进行数据挖掘和类型学分析，从技术领域的多样性、地理位置和参与实体的角度进行评估与预测，从而为读者构建对本书研究对象的概览性认识。研究发现，地理分布中存在专利交易的马太效应，以及区域聚集和扩散能力的极化情况。这些特征揭示了专利转让中的不平衡现象。尽管国内非母子公司间的专利转让呈现出激增的趋势，但前沿技术仍然主要由国外或国内技术垄断和内部化的转让所主导。此外，产学研转移较为稀缺，而且局限于特定技术领域。个体转让面临市场摩擦，低端技术被锁定。

（2）创建了基于专利交易的 IPC 共现网络并揭示技术转移的涌现规律。

本研究通过分析 2012—2021 年中国新能源汽车产业的专利数据，探讨了技术转移和知识网络的相互作用及其涌现机制。使用指数随机图模型（Exponential Random Graph Model，ERGM），研究揭示了网络结构、知识特性、转移特征及外部规制因素对技术链接形成的影响。结果表明，技术转移的涌现受多种因素影响，包括知识的广度和多样性、主体的知识识别和整合能力，以及网络的聚敛性等。网络中核心主体的策略和行为对创新效率及能力至关重要。抑制因素包括低网络密度、单向转移关系、马太效应以及非相关多元度，这些因素限制了技术的扩散和应用。此外，邻近中心性和知识独占性的负面作用，以及地理距离对跨地区转移的影响，也是关键考虑因素。

（3）运用系统动力学建模仿真挖掘技术转移的效能实现机制。

基于系统视角，对企业知识创新和技术转移的全流程进行解构，探究企业创新效能提升的影响因素和实现路径。运用系统动力学方法，构建包含知识创新、技术转移和技术应用三大子系统的因果回路，并进一步形成企业知识创新—技术转移系统动力学模型。通过仿真分析，明确企业各类知识特征和技术转移网络特征对企业创新效能的影响程度差异。研究发现，知识元素组合潜力和效用决定了技术供需方属性，过低或过高的知识集聚性会阻碍技术受让或转让；技术转移主体多元化和主体间关系强度会影响知识的组合范围与效率；在知识创新与技术转移的交互中，企业提升知识组合潜力，政府构建多元技术市场可产生最大合力；在技术应用对知识创新的反馈中，创新收入具有关键影响。

（4）运用相互依存网络的鲁棒性分析揭示技术转移系统风险及其应对。

技术转移系统的有效互动依赖对节点或边之间关联失效行为的控制，因此需要对网络的级联风险机制和鲁棒性提升策略进行揭示。以产业知识分布规则反映企业所嵌入知识网络的不同类型，从复杂网络视角构建相互依存网络故障模型，分析专利节点老化、失效等专利价值作废和逆全球化、技术制裁及封锁等技术转移受阻两种网络节点移除情形下相互依存网络的鲁棒性，从网络生成方式、层间联系机制、网络规模方面仿真鲁棒性结果。研究发现，在反映知识老化的随机攻击下，专利数量和专利转让率对网络鲁棒性的影响显著。网络规模的增大会导致网络稀疏，降低鲁棒性。而在反映技术封锁的蓄意攻击下，度数和中心度指标的作用更加显著。此外，两种攻击类型下，网络规模对鲁棒性的共同影响是关键。

最后，得出本书结论：技术转移总体格局体现出在结构优化、质量提升和技术自主性方面的挑战，技术转移在微观层面的涌现机制凸显了知识网络嵌入特征的异质性影响，技术转移的效能实现依赖于企业内部知识能力与外部环境及政策的有效融合，技术转移系统的鲁棒性在知识老化和技术封锁中的影响因素与优化上存在差异。基于此，本研究提出了一系列政策建议，包括拓展技术转移市场的深度和广度，推动市场的多元化发展；完善技术交易相关制度，优化激励机制、法律保障和市场手段；采取更细致的措施来提高技术转移市场培育政策的精准性和针对性；为了确保技术转移的高效运作和创新质量，需要优化对专利数量和质量的管理。在管理实践方面，提出了四个方面的启示：在技术转移阶段，企业应注重加强知识存量的积累和结构优化；在技术转移后的创新阶段，企业应优化合作关系和技术布局以提高创新能力；企业应利用知识产权战略来优化专利数量管理，以此应对技术转移的脆弱性；在增强技术转移系统的冗余性方面，企业应采取多种技术战略以减少外部依赖。此外，本研究从分析视角和数据方面指出了研究的局限性，并对未来的研究方向提出了展望。

本书由国家自然科学基金青年项目"知识网络与技术转移网络互动的涌现、效应和鲁棒性研究（项目编号：72004173）"资助完成。

目 录

第一章
绪 论

第一节 研究背景

一、现实背景

在当前全球科技创新活动日益密集和充满活力的背景下，我国正面临着新一轮科技革命和产业变革所带来的巨大机遇与挑战。经过多年的高速发展，我国部分高技术产业和战略性新兴产业已经取得了令人瞩目的成就，达到了世界先进水平。然而，在这一过程中我国仍面临一系列问题和矛盾。

首先，外部技术制裁对我国科技创新发展造成了一定的影响。国际竞争日益激烈，一些先进技术受到限制和封锁，使得我国在特定领域的技术进步受到阻碍。我国应提升自主创新能力，加大科技自主可控的力度，推动自主研发和关键核心技术的突破。其次，内部资源配置不均衡也是我国面临的挑战之一。我国科技创新活动在不同地区和行业之间存在差距，一些发展相对滞后的地区和行业面临着资源匮乏、人才流失等问题。最后，技术创新动力不足也是制约我国科技创新的因素之一。尽管我国取得了一些重大技术突破，但创新驱动发展的内在动力还不够强劲，需要更多的企业、高校和科研机构加大创新投入力度，激发创新主体的活力和创造力，推动科技成果的转化和应用。因此，我国科技创新生态体系的改善、科技资源配置的优化、企业自主研发能力的提升是落实创新驱动发展战略的要务。

（一）企业技术转移是国家创新战略的关键环节

技术转移（technology transfer），表征为技术获取方和提供方之间的交易或长期合作，是科学技术转化为生产力的核心途径。[①] 鉴于我国创新资源分布的极大非均衡性，技术转移是促进创新资源合理流动和优化配置的重要手段。我国于 2017 年出台《国家技术转移体系建设方案》，提出建设和完善国家技术转移体系的 2020 年和 2025 年目标，将技术转移体系建设提升至与国家创新体系建设并驱的战略高度，并明确了以企业为主体的技术创新体系的战略定位。在相关政策的支持下，企业在成果转化全链条的技术创新决策、研发投入、科研组织、成果转化等关键环节中的作用逐渐凸显，地位持续上升。根据我国 2006 年和 2022 年的《全国技术市场统计年度报告》[②] 披露的数据来看，2005 年技术合同的卖方和买方为企业的占比分别为 59%、76%，2021 年分别提升到 92.64%、81.45%，说明技术的转移高度集中于企业间，且日益活跃。技术转移对企业具有重大意义，其不仅对技术供方的资源互补[③]和技术标准建立[④]至关重要，也是需方技术追赶的重要手段[⑤]。

（二）企业技术转移存在规模、结构、效能重大制约

然而，现有的企业技术转移存在以下突出问题：从转移结构来看，与发达国家技术转移主要供需方均为本土企业相比，我国技术转移主要供方和需方中，外国企业分别约占九成和五成。[⑥] 这不仅说明我国本土企业高度依赖国

① DE PRATO G, NEPELSKI D. Global technological collaboration network: Network analysis of international co-inventions [J]. The journal of technology transfer, 2014, 39 (3): 358-375.

② 工业和信息化部火炬高技术产业开发中心. 全国技术市场统计年度报告 [EB/OL]. [2024-03-02]. http://www.chinatorch.gov.cn/jssc/tjnb/list.shtml.

③ TEECE D J. Profiting from technological innovation: Implications for integration, collaboration, licensing and public policy [J]. Research policy, 1986, 15 (6): 285-305.

④ HILL C W L. Establishing a standard: Competitive strategy and technological standards in winner-take-all industries [J]. Academy of management perspectives, 1997, 11 (2): 7-25; CHESBROUGH H W, APPLE-YARD M M. Open innovation and strategy [J]. California management review, 2007, 50 (1): 57-76.

⑤ JOHNSON D K N. "Learning-by-Licensing": R&D and technology licensing in Brazilian invention [J]. Economics of innovation and new technology, 2002, 11 (3): 163-177; WANG Y, ZHOU Z, LI-YING J. The impact of licensed-knowledge attributes on the innovation performance of licensee firms: Evidence from the Chinese electronic industry [J]. The journal of technology transfer, 2013, 38 (5): 699-715.

⑥ 栾春娟. 洞察中国、美国专利技术交易主体及启示 [J]. 技术与创新管理, 2017, 38 (1): 1-7.

外的核心技术，而且说明国内技术转让和产业间本土企业技术溢出还未成为有效的技术创新渠道①，由此埋下了外资在技术转移中转移落后技术，使我国企业陷入技术陷阱和创新惰性的隐患②。从转移规模来看，我国专利技术转移的范围和强度亟待扩大与提升，跨区域技术转移水平相比于区域内部技术转移偏低③，且技术供求主体集团内部流通趋势明显，技术外溢不足④。从转移效果来看，美国企业对技术开发的成功概率是 57%，技术开发成功后，企业再对其进行商品化成功的概率是 65%；商品化成功后，企业通过扩大产量占领市场并取得较好经营回报的概率是 74%⑤；而依据世界银行的估算，我国的科技成果转化率总体水平只在 10%~15% 之间浮动。因此，如何解决我国企业技术转移发展规模和效应溢出受限问题是构建与完善技术转移体系亟待破解的难题。

（三）企业知识管理面临新机遇与挑战

在全球发展知识经济的背景下，知识密集型企业已日益成为国家创新体系的关键组成部分，对社会经济的发展产生了显著影响。这些企业的技术创新能力与其知识基础紧密相关⑥，而有效的知识管理被认为是技术创新过程中不可或缺的一环。根据《国家创新驱动发展战略纲要》，我国正努力改革创新治理体系，建立适应科技型企业成长的创新机制。根据党的十九届五中全会的指示，创新被视为现代化进程的核心，凸显了提高企业技术创新能力和完善科技创新体制的重要性。从《中国统计年鉴》的数据来看，国家在科技方面的财政支出从 2015 年的 5862.57 亿元增长到 2022 年的 10032.02 亿元，年均增长率达 7.98%；而规模以上工业企业的政府研发经费支出从 2015 年的

---

① 梁华，张宗益. 我国本土高技术企业技术创新渠道源研究 [J]. 科研管理，2011，32（6）：26-35.

② 步丹璐，兰宗，田伟婷. 引入外资能引进核心技术吗？：基于华控赛格的案例研究 [J]. 财经研究，2019，45（9）：44-56，113.

③ 温芳芳. 我国专利技术转移的时间与空间分布规律研究：基于 SIPO 专利许可信息的计量分析 [J]. 情报理论与实践，2014，37（4）：32-36.

④ 刘承良，管明明. 基于专利转移网络视角的长三角城市群城际技术流动的时空演化 [J]. 地理研究，2018，37（5）：981-994.

⑤ 华鹰. 技术转移是企业技术创新中亟待破解的难题 [J]. 科学学与科学技术管理，2009，30（9）：63-67.

⑥ CHEN C M. Science mapping：A systematic review of the literature [J]. Journal of data and information science，2017，2（2）：3-42.

10013.93 亿元增加到 2022 年的 19361.76 亿元，年均增长率为 9.88%。[①] 企业知识管理仍然面临内外部挑战：一方面，大数据时代企业间的知识交流增多，管理复杂性上升[②]；另一方面，技术市场的不完善导致信息不对称，影响知识共享和合作研发。尽管高技术行业利润率从 2015 年的 6.36% 小幅上升至 2019 年的 6.61%，营利能力提升空间依旧较大。因此，高效管理知识资源、制定创新策略，对提升研发能力和创新效率至关重要。

（四）知识管理与技术转移的互动具有重要意义

知识管理是推动行业和地区经济发展的关键因素，而技术转移作为知识和技术与实际产业相融合的过程，对于传播知识成果、促进社会生产力发展是不可或缺的。一方面，企业可以通过技术转移来获取和整合互补性的知识资源，创建独特的创新途径，这有助于开发出符合市场需求的产品，并在竞争中取得优势。例如，AMD 公司通过收购芯片行业的关键企业，补充了其在数据处理器（DPU）领域的知识链，进而打入通信等特定市场，成为全球顶尖的芯片制造商之一。另一方面，高效的内部知识管理能够提高创新效率。在知识创新过程中形成的特有知识和成果，不仅为技术转移、转化和应用提供了基础，还是影响技术搜索策略和技术收益获取的重要因素。例如，IBM 公司通过建立有效的内部知识管理系统，促进员工之间的知识和经验交流，推动了专利数量的增长，并与众多中国企业建立了合作伙伴关系。[③] 另外，拥有独特半导体知识产权的 ARM 公司通过向英特尔、三星、高通等公司授予其芯片设计架构的使用权，收获了丰厚的授权收入。对于企业这一技术转移和知识管理的关键主体来说，如何促进两者间形成良性且持续的互动，引导企业自发加强研发创新和主动参与技术转移，是完善技术创新体系、提高国家整体创新能力的关键所在。

---

① 国家统计局. 中国统计年鉴 [EB/OL]. [2024-03-02]. https://www.stats.gov.cn/sj/ndsj/.
② 曹嘉君，周晴雪，王曰芬. 知识创新的研究状况与科学知识创新面临的大数据挑战 [J]. 数字图书馆论坛，2018 (4)：59-65.
③ 张洁，何代欣，安立仁，等. 领先企业开放式双元创新与制度多重性：基于华为和 IBM 的案例研究 [J]. 中国工业经济，2018 (12)：170-188.

二、理论背景

（一）技术转移微观主体层面研究成为热点，内在驱动机制探究不足

当前，技术转移相关研究主要集中于技术转移体系的基础架构①、影响机制②、效率评价③，技术转移的服务机构和市场运行模式④，以及技术转移的支持政策和法律体系⑤等领域。其中，技术转移网络不仅构成效益和资源配置的测量载体，也是检验制度和市场势能动力机制的系统环境，成为近年来技术转移领域的新兴研究热点。国内外相关研究主要集中于技术转移网络的生成演化机理。⑥ 然而，现有研究多关注宏观层面的跨区域技术转移网络，而较少涉及微观层面的企业间技术转移网络，使得对大量发生在产业内、技术领域内的企业间技术转移客观规律缺乏深刻认知。同时，现有研究多从转移制度背景⑦和多维邻近性⑧等视角分析技术转移网络的影响因素，而对其内在驱动机制则鲜有探究。技术转移的实质是知识的流动，因而技术供需方在知识多寡、分布和能力上的差异也决定了其技术扩散与吸纳倾向。知识网络是对知识元素及其组合方式的拓扑化抽象，刻画了组织知识储备的结构特征，作

① 靳宗振，刘海波，曹俐莉. 新时期我国技术转移体系发展思考与建议 [J]. 软科学，2021，35（5）：50-55.

② QUIÑONES R S, CALADCAD J A A, HIMANG C M, et al. Using Delphi and fuzzy DEMATEL for analyzing the intertwined relationships of the barriers of university technology transfer：Evidence from a developing economy [J]. International journal of innovation studies, 2020, 4 (3)：85-104.

③ 王赵琛，张春鹏，董红霞. 24 所部属高校科技成果转化效率的 DEA 分析 [J]. 科研管理，2020，41（4）：280-288.

④ 许可，张亚峰，肖冰. 科学与市场间的边界组织：科技成果转化机构的理论拓展与实践创新 [J]. 中国软科学，2021（6）：64-73.

⑤ 彭亚媛，马忠法. 管制与自由：国际技术转移法律规则的回顾与展望 [J]. 国际经济法学刊，2021（3）：28-52.

⑥ HE X, DONG Y, WU Y, et al. Factors affecting evolution of the interprovincial technology patent trade networks in China based on exponential random graph models [J]. Physica A：Statistical mechanics and its applications, 2019, 514：443-457；刘承良，牛彩澄. 东北三省城际技术转移网络的空间演化及影响因素 [J]. 地理学报，2019，74（10）：2092-2107.

⑦ SOARES T J, TORKOMIAN A L V, NAGANO M S. University regulations, regional development and technology transfer：The case of Brazil [J]. Technological forecasting and social change, 2020, 158：120129.

⑧ 刘晓燕，李金鹏，单晓红，等. 多维邻近性对集成电路产业专利技术交易的影响 [J]. 科学学研究，2020，38（5）：834-842，960.

为组织知识重组能力的基础，知识网络是决定创新的重要内部因素。[①] 但现有研究鲜少关注知识网络对企业技术转移网络的影响。研究的孤立性和分散性不利于从知识元素这一创新源头揭示企业间技术转移的内在驱动机制，也无法从技术转移网络演化的知识资源能力要求方面加深对企业的认识。

（二）技术转移系统挖掘不足，亟待创新与转化间内在作用机制研究上的突破

已有研究仍缺乏对知识创新与技术转移互动机制的系统性分析。作为技术转移的实质内容，知识元素显然会对技术转移产生决定性影响。表征于知识元素创造和重组的知识创新，不仅能够与技术转移形成双向互动，也可以共同驱动技术创新。作为一个复杂、多阶段、动态演化的系统，企业技术创新包括知识创新、技术转化、技术应用等多个阶段，并且不同阶段之间存在动态交互和反馈关系。[②] 具体而言，现有研究存在机理、情境和方法三方面的局限性：①关系验证型研究居多，机理探索型研究欠缺。国内外学者已经注意到知识创新对技术转移系统的重要性，但仅有少数研究从微观角度实证分析二者的单向因果关联[③]，缺乏对系统的动态演化，特别是研发、转移、应用等不同阶段之间交互反馈的研究。研究的静态性和片面性不利于形成对技术转移驱动路径和影响机制的系统认识。②忽视内外部情境因素的挖掘。知识元素组合的关系特征影响知识整合的效率、范围和灵活性。知识聚集性特征影响知识组合配置的系统能力、沟通能力和社会化能力。技术转移网络的关系特征则影响技术转移的知识挖掘、技术转移伙伴的信息挖掘以及技术转移伙伴的沟通渠道开拓。这将进一步改变知识组合特征对知识整合与组合配置相关能力的影响，并共同影响知识创新与技术转移交互的效能。因此，有必要从微观企业内部知识特征、中观技术交易网络拓扑特征探索二者互动的内

---

① 王巍，李德鸿，侯天雨，等. 多重网络视角下突破性技术创新的研究述评与展望 [J]. 科学学与科学技术管理，2022，43：83-102.

② 惠兴杰，李晓慧，罗国锋，等. 创新型企业生态系统及其关键要素：基于企业生态理论 [J]. 华东经济管理，2014，28（12）：100-103；苏屹，刘敏. 高技术企业创新生态系统可持续发展机制与评价研究 [J]. 贵州社会科学，2018（5）：105-113；郑少芳，唐方成. 高科技企业创新生态系统的知识治理机制 [J]. 中国科技论坛，2018（1）：47-57.

③ BRENNECKE J, RANK O. The firm's knowledge network and the transfer of advice among corporate inventors：A multilevel network study [J]. Research policy，2017，46（4）：768-783.

外部影响因素。③多以计量分析为主，缺乏复杂动态系统范式研究。计量分析对具有非线性、多重反馈和复杂性的企业技术转移研究存在局限性。而系统动力学则可从内部机制和微观路径入手，借助计算机模拟分析系统运行的影响因素和机制，具有研究知识创新与技术转移互动系统的适用性。

第二节 研究意义

一、问题的提出

现有研究多从市场机制、技术保障、金融支持等制度层面探讨技术转移的促进机制，而对于企业技术转移的内在机制尚不明确。这种机制认识的缺乏使支持政策的施力点和干预节点缺乏行动指导，也无法引导企业从技术转移中受惠。作为技术转移的实质内容知识簇，知识元素显然对技术转移决策具有决定性影响。从组织学习的视角来看，知识网络嵌入是创造新知识和通过重新组合已有资源促进组织发展的组织学习过程和战略行为。从动态能力的知识基础观来看，知识是企业的关键战略资源，在竞争激烈的市场环境中知识资源快速调整和配置成为企业持续竞争优势的来源。因此，技术转移的研究应嵌入反映组织知识整合和知识组合能力的知识网络中，以知识网络嵌入是如何影响企业技术转移的方向和程度的研究问题为起点，并进一步探究知识创新和技术转移的耦合机制是什么以及如何应对耦合的风险等问题。目前，对于创新前端研发环节和后端技术转化环节已有大量富有洞见的研究，但鲜有研究构筑二者之间的关联，特别是还未从创新和技术转化嵌入载体的网络视角系统性地研究创新与转化之间的因果关联、作用机制和风险控制。研究的孤立性和分散性不利于从技术转移源头的创新环节揭示技术转移的内在驱动机制和效能发挥机制，也无法为创新链条不畅的重要现实问题提供解决方案。

鉴于此，本书围绕知识创新网络化体现的知识元素网络和技术转化网络化体现的技术转移网络的互动这一主题，沿着互动涌现机制—互动演化机理—互动效能检验—互动鲁棒性提升的逻辑思路展开研究。

二、研究意义

（一）理论意义

基于知识网络和技术转移网络互动的研究载体，提出整合技术创新前端研发和后端转移环节的系统分析范式，借鉴网络统计学、系统动力学、计量经济学和相互依存网络串联风险基本原理，对知识网络与技术转移网络互动的涌现、效能、鲁棒性展开一体化的研究。本书一方面将多元网络分析视角引入技术创新系统的研究，揭示技术创新系统前端和后端环节的关联与共演效应机制；另一方面将相互依存网络鲁棒性分析范式引入知识网络与技术转移网络串联风险分析中，丰富并发展技术创新子系统协同效应发挥的风险管理理论，为提升技术转移效能的实践提供理论指导。

（二）实践意义

一方面，本书对于知识网络与技术转移网络互动涌现和效能的分析，从技术转移网络位势的知识资源能力要求和效能发挥的机制角度加深了企业认识，为发挥企业在构建国家技术转移体系中的主体地位作用提供行动指南；另一方面，本书对于两网演化的空间机理和串联风险的鲁棒性分析，为政府部门掌握技术创新子系统的耦合现状和提升空间，监控子系统间的串联风险以保证效能发挥提供政策建议。

第三节　研究目标、研究思路与研究方法

一、研究目标

本书从我国技术转移的总体格局和企业技术转移的特殊性出发，总体研究目标是采用整合技术创新前端研发和后端转移环节的系统分析范式，借鉴网络统计学、系统动力学和相互依存网络串联风险基本原理，构建知识网络与技术转移网络互动的涌现—效能—风险研究框架。具体研究目标包括：①多维度剖析专利交易视角下我国技术转移的演进历程、现状和未来趋势，

为问题发现奠定基础；②运用网络统计学探究知识网络和技术转移网络互动的涌现机制；③从系统动力学角度挖掘知识网络与技术转移网络互动从触发、演化到效能发挥的机理；④构建专利与技术转移相互依存网络，探寻在知识老化和技术锁定情形下，知识网络与技术转移网络级联风险的治理机制。

二、研究思路

在大国科技博弈加剧、逆全球化的背景下，本书紧扣"十四五"规划关于加快实现高水平科技自立自强的要求、《国家技术转移体系建设方案》关于促进企业发挥科技成果转化的主体作用的要求，着眼于技术转移微观机制研究较为薄弱，以及企业技术转移效能提升研究亟待突破等理论现实问题，围绕技术转移"历程现状趋势如何""知识如何驱动""知识与技术转移互动效能如何发挥""互动风险如何治理"等一系列问题展开系统性研究，一方面为发挥企业在构建国家技术转移体系中的主体地位提供行动指南，另一方面为政府部门监控创新子系统间的串联风险以保证效能发挥提供政策建议。本书的研究思路如图1-1所示。

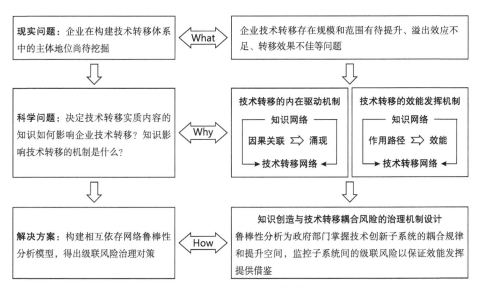

图 1-1　研究思路简图

三、研究方法

本书综合运用网络科学、系统动力学、计量经济学等多学科的多种理论和方法，在广泛阅读国内外经典及前沿文献的基础上，吸收国内外最新研究成果，综合运用系统仿真、复杂网络统计模型、相互依存网络鲁棒性分析等方法，围绕知识网络与技术转移网络互动机理进行深入研究。研究方法具体如下。

（一）文献研究与文献计量分析相结合

以中国知网、ScienceDirect、Web of Science、Google Scholar 等学术期刊网站，以及图书馆书籍为本书的文献来源。梳理已有研究成果，构建知识网络与技术转移网络互动的"涌现—效能—风险"分析框架。收集、整理国内外与知识基础理论、创新理论、多重网络建模与仿真等相关的期刊、专著、论文以及专业团队的出版物等各种文献资料，提炼两网互动的形成机理、效能实现、风险治理三个维度的构成要素及其内在关联，从而明确两网互动的动力、路径和效应，并对国内外相关研究的知识脉络、热点前沿、研究团队进行了详细的梳理。

（二）大数据挖掘分析

通过权威专利检索数据库 incoPat 进行 2282658 条总体转让专利数据的下载和整理，通过 Python 数据挖掘方法，基于专利的法律状态、IPC 分类号等信息，挖掘转让专利数据在技术领域、热点前沿、专利类型、区域分布、母子公司转让、产学研转让等多种维度的海量信息，从而构建我国过去 20 年的专利转让数据库，并进一步在中国科技统计年鉴、中国统计年鉴下载组织和所在产业层面的相关数据，为后续实证分析中的网络统计分析奠定基础。

（三）网络统计模型分析

在对社会网络的结构和关系嵌入理论、邻近性理论、吸收能力理论和多元网络关系理论进行推演的基础上，探寻知识网络嵌入对技术转移网络出度和入度的影响机制。在从节点数量、网络密度、路径长度和聚类系数等角度分析技术转移网络与知识网络的结构特征及演化趋势的基础上，将技术转移网络与知识网络相结合，构建关于两网嵌入的双层网络分析框架与指数随机图模型，并从内生结构、节点属性和外生网络三个方面分析两网因果表征与关联影响。

（四）系统动力学建模仿真

综合运用知识整合、知识势差、技术转移系统等理论分析企业知识创新与技术转移的内部运行机制和交互路径，同时从企业知识特征、技术交易网络特征和制度环境三个方面识别影响系统的重要因素。应用系统动力学方法，将企业知识创新与技术转移系统相结合，构建了知识创新—技术转移系统框架模型与系统动力学模型。采用单因素和多因素灵敏度分析方法，探究不同因素及其组合对系统的影响机制。

（五）相互依存网络的鲁棒性分析

知识网络与技术转移网络的有效互动依赖于对节点或边之间关联失效行为的控制，因此需要对二元网络的串联风险机制和鲁棒性提升策略进行揭示。以产业知识分布规则反映企业所嵌入知识网络的不同类型，从复杂网络视角构建相互依存网络故障模型，分析专利节点老化、失效等专利价值作废，以及逆全球化、技术制裁和封锁等技术转移受阻两种网络节点移除情形下相互依存网络的鲁棒性，从网络生成方式、层间联系机制、网络规模方面仿真鲁棒性结果，并在网络分布/攻击方式的二维组合情境下提出提高两网互动鲁棒性的针对性策略。

第四节　研究框架与研究内容

一、研究框架

本书构建了现状分析（技术转移的格局分析）—网络关联（技术转移的涌现机理）—机制效应（技术转移的效能实现）—风险应对（技术转移鲁棒性分析）的分析框架，对专利交易视角下中国技术转移的格局、过程机理、效应、风险进行了深入探讨。研究框架如图 1-2 所示。

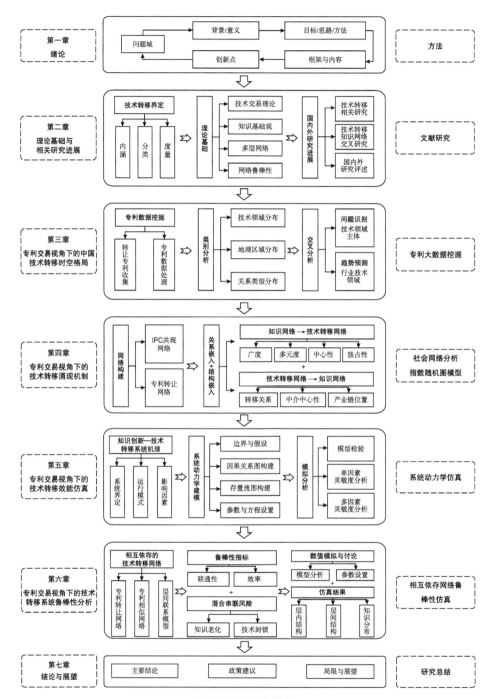

图1-2　研究框架

二、主要研究内容

本书的研究内容主要包括绪论、理论基础与相关研究进展、中国技术转移时空格局、技术转移涌现机制、技术转移效能仿真、技术转移系统鲁棒性分析、结论与展望，共7章。

第一章为绪论。基于具体问题，阐释本书的研究背景、理论和实践意义、研究目标、研究思路和方法、研究框架与内容。

第二章为理论基础与相关研究进展，阐释技术转移的概念并论证将专利交易作为度量的适用性，梳理本书涉及的相关理论，并从技术转移、知识与技术转移交叉和国内外研究评述三个方面对国内外相关研究进展进行介绍。

第三章通过专利大数据挖掘，对中国技术转移的历程、现状和未来趋势进行分析，探索技术转移在技术领域、地理区域、交易关系类型中的格局和演进，并从交叉分析的视角挖掘中国技术转移在细分技术领域和行业中存在的问题与潜在趋势，从而为读者构建对本书研究对象的概览性认识。

第四章从知识网络与技术转移网络的因果表征出发，以两网双向嵌入为研究载体，探索技术转移的涌现机制。基于2012—2021年中国新能源汽车产业专利数据，采用指数随机图模型（ERGM），分析了网络拓扑结构、主体知识属性、转移网络特征以及外部环境规制等因素对链接生成的影响机制，从而实证挖掘知识特征关联机制中的技术转移涌现机理。

第五章基于系统视角，对企业知识创新和技术转移的全流程进行解构，探究企业创新效能提升的影响因素和实现路径。运用系统动力学方法，构建包含知识创新、技术转移和技术应用三大子系统的因果回路，并进一步形成企业知识创新—技术转移系统动力学模型。通过仿真分析，明确企业各类知识特征和技术转移网络特征对其创新效能的影响程度差异，从而得出具有针对性的企业创新效能提升路径。

第六章分析了技术转移双层网络（ITTN）的鲁棒性，突出了应对技术封锁和知识老化挑战的重要性。通过构建融合专利转让网络（PTN）和专利相似网络（PSN）特点的ITTN模型，较全面地描绘了技术转移系统的结构。采用仿真方法，探讨了在知识老化和技术封锁等的干扰下，双层网络鲁棒性的影响因素。通过分析网络结构和层间连接，强调在设计和管理技术转移网络时，考虑不同攻击情况下的网络结构和参数配置的重要性。

第七章为结论与展望。本部分总结了本书的主要研究结论，从中引申出本书的政策建议和管理启示，并进一步指出本书在研究过程中存在的不足之处和未来的研究方向。

三、研究创新点

就研究范式而言，目前在技术转移系统的涌现、效能及其风险应对方面存在研究空白。因此，有必要在多层网络动态演进的视角下，构建一个系统的逻辑架构，深化对知识影响下技术转移系统本质的理解，从而推动理论创新。将网络科学的新进展——相互依存网络理论移植到本书中加以创新运用，不仅呼应现实中技术转移链条不畅的脱节现象，也为这一症结的解决引入鲁棒性分析逻辑，实现交叉学科应用领域的进一步拓展。

就研究方法而言，在迄今尚未形成知识特征与技术转移关联效应的共识标准和模型的情况下，引入系统建模，运用网络科学前沿研究方法，如双层网络指数随机图模型、相互依存网络鲁棒性分析等。挖掘从技术转移涌现到效能发挥的机理，仿真刻画其中的驱动、演化及风险机制，从而实现机理创新。研究方法的多维度、多视角体现了本书的跨学科性。

就研究应用的创新和拓展而言，本书对技术转移效能一般规律的挖掘对于企业在技术转移体系中位势和效应的提高具有借鉴意义，风险串联机制的研究则可以为不同情境下从创新到转化链条不畅的风险控制提供思路。本书关于技术转移涌现—效能—风险的分析框架和研究方法不仅可以移植到技术转移体系中的技术合作网络与技术转移网络、利益相关者网络与技术转移网络等研究主题中，丰富对技术转移体系构建中不同模块及其内部关联机制的认识，也可以扩展到技术转化发展处于不同阶段的行业中进行对比分析，以得出不同产业从创新链到产业链良好衔接的针对性建议。

第二章
理论基础与相关研究进展

第一节　技术转移相关概念之辨

一、技术转移的内涵

技术转移是一个促进创新应用和发展的多维过程。基于不同的研究视角，学者们对技术转移有着不同的定义。从广义上讲，技术转移具有较强的包容性，包括国家之间和国家内部的技术转让与技术合作，并主要表现为学习、理解、利用和复制技术的过程。[①] 从转移主体的角度看，技术转移不仅代表了不同主体之间技术知识和信息的转移，还反映了技术供给方和需求方之间的合作关系，以及需求方将技术吸收、掌握和应用到生产中的能力。[②] 此外，也有学者从商业化的角度解释技术转移，他们认为技术转移是技术成果从研究部门转移到产业组织进行进一步应用，从而实现技术商业化的过程。[③] 而根据市场交易理论，技术转移则可以定义为一个组织向另一个组织转移技术或知

---

① NORDENSVARD J, ZHOU Y, ZHANG X. Innovation core, innovation semi-periphery and technology transfer: The case of wind energy patents [J]. Energy policy, 2018, 120: 213-227.

② BENNETT D. Innovative technology transfer framework linked to trade for UNIDO action [J]. Vienna: UNIDO, 2002; MASKUS K E. Encouraging international technology transfer [M]. CiteSeer, 2004.

③ HEINZL J, KOR A-L, ORANGE G, et al. Technology transfer model for Austrian higher education institutions [J]. The journal of technology transfer, 2013, 38 (5): 607-640; LAVOIE J R, DAIM T. Towards the assessment of technology transfer capabilities: An action research-enhanced HDM model [J]. Technology in society, 2020, 60: 101217.

识的过程，以及在这一过程中所付出的成本和获得的利润与竞争力。[①] 此外，Halili[②] 认为技术转移是知识和概念从发达国家向欠发达国家转移的过程，是研发活动成果向次级用户的输出。综上所述，技术转移可以被定义为：技术或知识在市场上从一个主体转移到另一个主体，以实现对其进行吸收、利用或商业化的过程，并且这一过程通常会涉及转移主体之间的合作关系、技术能力和利益需求。

技术转移的定义反映出其是一项有着多样主体参与的交易活动，并且不同主体在这一过程中有着不同的地位和作用。现有文献对技术转移主体的研究主要从微观、中观和宏观三个层面展开。在微观层面，技术转移的参与者主要表现为各个独立且具体的创新单元，如企业、科研机构、大学、技术转移办公室、孵化中心和个人等，它们是目前技术转移相关研究的主要对象。[③] 在中观层面，技术转移的参与方则上升至区域和产业，主要表现为区域间的技术转移以及产业间的技术流动，反映了区域技术发展与产业转型升级。[④] 而在宏观层面，技术转移则表现为不同国家间的跨国技术流动，并且通常与国家科技发展布

---

① QUIÑONES R S, CALADCAD J A A, HIMANG C M, et al. Using Delphi and fuzzy DEMATEL for analyzing the intertwined relationships of the barriers of university technology transfer: Evidence from a developing economy [J]. International journal of innovation studies, 2020, 4 (3): 85-104; SCARRÀ D, PICCALUGA A. The impact of technology transfer and knowledge spillover from big Science: A literature review [J]. Technovation, 2020, 116: 102165.

② HALILI Z. Identifying and ranking appropriate strategies for effective technology transfer in the automotive industry: Evidence from Iran [J]. Technology in society, 2020, 62: 101264.

③ 温芳芳. 基于专利许可关系网络的技术转移现状及规律研究 [J]. 情报科学, 2014, 32 (11): 24-29; LI C L, LAN T, LIU S J. Patent attorney as technology intermediary: A patent attorney-facilitated model of technology transfer in developing countries [J]. World patent information, 2015, 43: 62-73; QUIÑONES R S, CALADCAD J A A, HIMANG C M, et al. Using Delphi and fuzzy DEMATEL for analyzing the intertwined relationships of the barriers of university technology transfer: Evidence from a developing economy [J]. International journal of innovation studies, 2020, 4 (3): 85-104; LAVOIE J R, DAIM T. Towards the assessment of technology transfer capabilities: An action research-enhanced HDM model [J]. Technology in society, 2020, 60: 101217.

④ QUIÑONES R S, CALADCAD J A A, HIMANG C M, et al. Using Delphi and fuzzy DEMATEL for analyzing the intertwined relationships of the barriers of university technology transfer: Evidence from a developing economy [J]. International journal of innovation studies, 2020, 4 (3): 85-104; SOARES T J, TORKOMIAN A L V, NAGANO M S. University regulations, regional development and technology transfer: The case of Brazil [J]. Technological forecasting and social change, 2020, 158: 120129; 钱超峰, 杜德斌, 胡璇, 等. 地区间基因差异会影响技术转移吗?: 基于中国 2001—2005 年省际专利转让数据 [J]. 地理科学进展, 2019, 38 (5): 745-755.

局以及国际科技竞争战略相关。[①] 值得注意的是，作为一种自下而上的研究角度，微观层面的研究能够探明微观主体在空间和时间格局上的分布变化，从而以小见大地展现出国家技术转移的演化和趋势。

二、技术转移的分类

多元主体的参与将会形成多种技术转移组合，因此对技术转移类型的划分也是学者们的研究重点之一。Li 等[②]根据技术的多维商品属性，将技术转移划分为有形、无形技术转移和专利、非专利技术转移。Appiah-Adu 等[③]基于技术转移过程中涉及的不同主体，将技术转移总结为同类型主体间的横向转移和从研发部门到生产部门的垂直转移。Caviggioli 等[④]则从获取技术的手段出发，将技术转移分为直接技术转移（直接购买知识产权）和间接技术转移（通过并购其他公司从而获得技术）。此外，Nordensvard 等[⑤]从国家层面总结技术转移的类型，并根据国家发达程度将技术转移划分为南—北、北—南、南—南、北—北（其中南代表发展中国家，而北则代表发达国家）四种类型。更进一步地，Lavoie 和 Daim[⑥]对技术转移进行了多角度的广泛分类，包括发生在企业中的内部和外部技术转移、发生在国家间的国内和国际技术转移，以及发生在大学与企业之间的开发性转移和商业化转移。丰富的类型划分反映了技术转移的多样性，总的来说，目前学者们对技术转移的类型界定主要是基于技术转移的主体展开，对技术转移的分类依据已经达成一定的共识。

---

① NEPELSKI D, DE PRATO G. International technology sourcing between a developing country and the rest of the world: A case study of China [J]. Technovation, 2015, 35: 12-21; GAESSLER F, HALL B H, HARHOFF D. Should there be lower taxes on patent income? [J]. Research policy, 2021, 50 (1): 104129; HALILI Z. Identifying and ranking appropriate strategies for effective technology transfer in the automotive industry: Evidence from Iran [J]. Technology in society, 2020, 62: 101264.

② LI C L, LAN T, LIU S-J. Patent attorney as technology intermediary: A patent attorney-facilitated model of technology transfer in developing countries [J]. World patent information, 2015, 43: 62-73.

③ APPIAH-ADU K, OKPATTAH B K, DJOKOTO J G. Technology transfer, outsourcing, capability and performance: A comparison of foreign and local firms in Ghana [J]. Technology in society, 2016, 47: 31-39.

④ CAVIGGIOLI F, DE MARCO A, SCELLATO G, et al. Corporate strategies for technology acquisition: Evidence from patent transactions [J]. Management decision, 2017, 55 (6): 1163-1181.

⑤ NORDENSVARD J, ZHOU Y, ZHANG X. Innovation core, innovation semi-periphery and technology transfer: The case of wind energy patents [J]. Energy policy, 2018, 120: 213-227.

⑥ LAVOIE J R, DAIM T. Towards the assessment of technology transfer capabilities: An action research-enhanced HDM model [J]. Technology in society, 2020, 60: 101217.

三、技术转移的度量

如何度量技术转移是技术转移研究的另一个重点。作为一个宽泛的概念，技术转移可以表现为从知识产权许可到复杂合作协议等多种形式。① 因此，对技术转移的度量可以从技术本身的表现形式以及技术转移的实施方式展开。关于技术的表现形式，人们普遍认可的一个观点是技术可以以知识产权（专利）或无形资产（如软件程序或设计）的形式存在，也可以以技术服务的形式存在于产品中。② 而关于技术转移的实施方式，则主要可以通过技术产品采购、开展联合项目研发以及专利转让或许可来实现。③ 从现有研究可知，由于具有详细易得的转移信息记录以及可被量化的数据指标，专利已经成为一个被普遍认可的技术转移衡量代理。④ 学者们普遍使用专利转让⑤、专利许可⑥

---

① ARORA A, FOSFURI A, GAMBARDELLA A. Markets for technology and their implications for corporate strategy [J]. Industrial and corporate change, 2001, 10 (2): 419-451.

② ARORA A, FOSFURI A, GAMBARDELLA A. Markets for technology and their implications for corporate strategy [J]. Industrial and corporate change, 2001, 10 (2): 419-451; ARORA A, GAMBARDELLA A. Ideas for rent: An overview of markets for technology [J]. Industrial and corporate change, 2010, 19 (3): 775-803.

③ SCARRÀ D, PICCALUGA A. The impact of technology transfer and knowledge spillover from big Science: A literature review [J]. Technovation, 2020, 116: 102165; SUN Y, LIU K. Proximity effect, preferential attachment and path dependence in inter-regional network: A case of China's technology transaction [J]. Scientometrics, 2016, 108 (1): 201-220; SCUOTTO V, BEATRICE O, VALENTINA C, et al. Uncovering the micro-foundations of knowledge sharing in open innovation partnerships: An intention-based perspective of technology transfer [J]. Technological forecasting and social change, 2020, 152: 119906.

④ KIM J, LEE S. Patent databases for innovation studies: A comparative analysis of USPTO, EPO, JPO and KIPO [J]. Technological forecasting and social change, 2015, 92: 332-345.

⑤ CIARAMELLA L. Taxation and the transfer of patents: Evidence from Europe [J]. European economic review, 2023, 151: 104312; JIN P Z, MANGLA S K, SONG M L. The power of innovation diffusion: How patent transfer affects urban innovation quality [J]. Journal of business research, 2022, 145: 414-425; SCUOTTO V, BEATRICE O, VALENTINA C, et al. Uncovering the micro-foundations of knowledge sharing in open innovation partnerships: An intention-based perspective of technology transfer [J]. Technological forecasting and social change, 2020, 152: 119906.

⑥ SHI X Y. Patent licensing for technology transfer: An integrated structural model for research [J]. International journal of technology management, 1995, 10 (7-8): 921-940; LEMLEY M A, FELDMAN R. Patent licensing, technology transfer, and innovation [J]. American economic review, 2016, 106 (5): 188-192; MARTINEZ C, ZUNIGA P. Contracting for technology transfer: Patent licensing and know-how in Brazil [J]. Industry and innovation, 2017, 24 (6): 659-689.

或专利引用数量①对技术转移进行度量。其中，专利许可主要是对专利使用权的有限转移，专利引用则主要是对专利所包含的隐性知识的传播，二者均不涉及专利所有权的转移。相比之下，专利转让是对专利所有权的直接转移，这意味着专利受让方可以更加全面完整地从转让方处获取和吸收新技术。因此，专利转让能够更加直观地体现技术转移，是表征和测度技术转移的主要载体。②

四、技术转移与专利转让

作为技术市场的日常交易活动和技术转移的直接体现，专利转让通常是指拥有专利但生产能力较弱的小型企业、研究机构、大学和个人，出于营利或研发目的，将专利出售给具备更强生产和研发能力的制造商或研发部门，从而实现专利商业化和进一步开发的交易行为。③ 一般来说，通过转让而获得的专利往往更为复杂，且具有更高的技术价值和法律稳健性。④ 此外，根据专利所有权或申请权归属情况的不同，专利转让可以划分为专利申请权转让（在专利申请阶段进行的转让）、专利使用权转让（通过专利许可的方式将使用权而非所有权进行转让）以及专利所有权转让（将专利的所有权完全转让给他人，也被称为独占性专利转让）。⑤

---

① LI X T, YUAN X D. Tracing the technology transfer of battery electric vehicles in China: A patent citation organization network analysis [J]. Energy, 2022, 239: 122265; JI I, LIM H, PARK T-Y. Exploring potential users of patents for technology transfer: Utilizing patent citation data [J]. Procedia computer science, 2016, 91: 211-220; NORDENSVARD J, ZHOU Y, ZHANG X. Innovation core, innovation semi-periphery and technology transfer: The case of wind energy patents [J]. Energy policy, 2018, 120: 213-227.

② 郑思远, 王学昭. 专利转让视角下技术转移特征指标体系研究 [J]. 图书情报工作, 2020, 64 (7): 94-102.

③ 任龙, 姜学民, 傅晓晓. 基于专利权转移的中国区域技术流动网络研究 [J]. 科学学研究, 2016, 34 (7): 993-1004; 段德忠, 杜德斌, 谌颖, 等. 中国城市创新技术转移格局与影响因素 [J]. 地理学报, 2018, 73 (4): 738-754; SERRANO C J. Estimating the gains from trade in the market for patent rights [J]. International economic review, 2018, 59 (4): 1877-1904; 郑思远, 王学昭. 专利转让视角下技术转移特征指标体系研究 [J]. 图书情报工作, 2020, 64 (7): 94-102.

④ CAVIGGIOLI F, DE MARCO A, SCELLATO G, et al. Corporate strategies for technology acquisition: Evidence from patent transactions [J]. Management decision, 2017, 55 (6): 1163-1181.

⑤ DE MARCO A, SCELLATO G, UGHETTO E, et al. Global markets for technology: Evidence from patent transactions [J]. Research policy, 2017, 46 (9): 1644-1654; 段德忠, 杜德斌, 谌颖, 等. 中国城市创新技术转移格局与影响因素 [J]. 地理学报, 2018, 73 (4): 738-754; 郑思远, 王学昭. 专利转让视角下技术转移特征指标体系研究 [J]. 图书情报工作, 2020, 64 (7): 94-102.

从专利转移的概念可知，专利转移是转移主体双方在各自意图驱动下进行的交易活动，其具有极强的目的性，往往是转移主体战略意图的一种体现。关于专利转移的动机，当前普遍认可的一种观点是：在面临内部创新资源匮乏和创新能力不足的困境时，转移主体往往希望借助专利转移这一手段打通外部技术获取渠道，从而在开放性创新体系中吸收创新资源并实现自身发展。① 此外，也有学者从专利所具备的法律保护属性出发，认为转移主体往往希望通过专利转移来防止自身陷入专利纠纷当中，同时也想借助这一手段来阻止他人在未经许可的情况下使用、销售或分销专利。② 不同于上述仅考虑单侧转移主体动机的观点，Figueroa 和 Serrano③ 认为专利转移的发生往往是转移主体双方随着时间的推移，从专利中获取收益的能力出现差异的结果。具有专利商业化比较优势的主体往往更希望从其他弱势主体那里获取专利，从而通过对专利进行进一步运用或商业化来获取经济利益。同时，他们还从创新过程的不确定性视角对专利转移的动机进行了讨论。正如他们所描述的，一项发明的价值和用途在创新的过程中很难被充分识别，这种不确定性往往会导致最终的专利成果与最初的设计目标大相径庭。在大量成本被投入用于研发的情况下，专利的发明者为了减少损失，便会选择将专利进行转让来获得一定的补偿。基于上述观点，专利转移的过程中充斥着多样的动机，而不同的动机将会使专利转移产生不同的结果。因此，深入挖掘专利转移的动机将对理解专利转移的内在逻辑与外在影响具有重要帮助。

① BELDERBOS R, VAN ROY V, DUVIVIER F. International and domestic technology transfers and productivity growth：Firm level evidence ［J］. Industrial and corporate change, 2013, 22 （1）: 1-32; CHEGE S M, WANG D, SUNTU S L, et al. Influence of technology transfer on performance and sustainability of standard gauge railway in developing countries ［J］. Technology in society, 2019, 56: 79-92; BIDAULT F, FISCHER W A. Technology transactions：Networks over markets ［J］. R&D management, 1994, 24 （4）: 373-386; CAVIGGIOLI F, DE MARCO A, SCELLATO G, et al. Corporate strategies for technology acquisition：Evidence from patent transactions ［J］. Management decision, 2017, 55 （6）: 1163-1181.

② CIARAMELLA L, MARTÍNEZ C, MÉNIÈRE Y. Tracking patent transfers in different European countries：Methods and a first application to medical technologies ［J］. Scientometrics, 2017, 112 （2）: 817-850; MA D, YU Q, LI J, et al. Innovation diffusion enabler or barrier：An investigation of international patenting based on temporal exponential random graph models ［J］. Technology in society, 2021, 64: 101456.

③ FIGUEROA N, SERRANO C J. Patent trading flows of small and large firms ［J］. Research policy, 2019, 48 （7）: 1601-1616.

第二节　技术转移相关研究理论基础

一、专利交易理论

专利交易是专利所有者将专利的所有权或使用权出售给其他主体的一种技术市场化行为，是技术转移和知识流动的重要途径之一。[①] 专利交易的主流形式包括专利许可和专利转让。[②] 前者涉及专利使用权的交易，而后者则是对专利所有权的直接转让。[③] 相比之下，专利转让能够使专利购买者更加彻底地获取一项技术，因而成为专利交易的主要形式。Amaldi[④] 辨认出三种主要的技术转移模式：采购、联合开发和专利转移，并认为专利转移是其中最直接和规范化的方式。Upstill 和 Symington[⑤] 也提出了三种技术转移方式：非商业转移、商业转移和新公司的创建，其中商业转移指的是知识产权的出售。此外，Scuotto 等[⑥] 将技术转移描述为购买和出售专利。因此，专利的买卖（即专利交易）可以被视为技术转移的典型模式。

学界对技术交易的动机进行了较多探索，相关观点可以概括为战略驱动、货币驱动、管理和公司特定动机、专利特有动机、交易成本和外生动机。[⑦] 战

---

① SERRANO C J. Estimating the gains from trade in the market for patent rights [J]. International economic review, 2018, 59 (4): 1877-1904.

② DE MARCO A, SCELLATO G, UGHETTO E, et al. Global markets for technology: Evidence from patent transactions [J]. Research policy, 2017, 46 (9): 1644-1654.

③ CAVIGGIOLI F, UGHETTO E. The drivers of patent transactions: Corporate views on the market for patents [J]. R&D management, 2013, 43 (4): 318-332.

④ AMALDI U. Spin-offs of high energy physics to society [C]. Proceedings of the International Europhysics Conference on High-Energy Physics, Tampere, 2000.

⑤ UPSTILL G, SYMINGTON D. Technology transfer and the creation of companies: The CSIRO experience [J]. R&D management, 2002, 32 (3): 233-239.

⑥ SCUOTTO V, BEATRICE O, VALENTINA C, et al. Uncovering the micro-foundations of knowledge sharing in open innovation partnerships: An intention-based perspective of technology transfer [J]. Technological forecasting and social change, 2020, 152: 119906.

⑦ CAVIGGIOLI F, UGHETTO E. The drivers of patent transactions: Corporate views on the market for patents [J]. R&D management, 2013, 43 (4): 318-332.

略驱动包括进入威慑①、选择竞争者②、互相威慑③和建立行业标准④。这些动机反映了企业将专利交易作为一种战略工具,以塑造竞争环境或确立自身在市场上的地位。货币驱动涉及进入新的地理或产品市场⑤、需求增强⑥和缓解融资约束⑦。这些动机凸显了公司出售专利以获取现金流、扩大业务范围或解决财务问题的需求。管理和公司特定动机包括专利收益的占有⑧、非核心或次要专利的可用性⑨、退出产品/研发领域⑩、破产⑪、无法利用知识产权(IPR)和缺乏补充资产⑫。这些因素表明,公司可能出于结构性或战略性原因(如转型、研发方向改变或财务困境)而决定出售专利。专利特有动机包括技术的普遍性和可编码性以及技术的经济价值。⑬ 这些因素强调了专利的内在属性对专利交易的影响。例如,具有更广泛应用范围的通用技术,或者基于科学知识且易于编码的技术更有可能被出售。同样,经济价值高的技术更有可能吸引买家。交易成本涉及合同风险的存在以及维持诉讼成本的可持续

① GALLINI N T. Deterrence by market sharing: A strategic incentive for licensing [J]. The American economic review, 1984, 74 (5): 931-941.

② ROCKETT K E. Choosing the competition and patent licensing [J]. The RAND journal of economics, 1990, 21 (1): 161-171.

③ HALL B H, ZIEDONIS R H. The patent paradox revisited: An empirical study of patenting in the U. S. semiconductor industry, 1979-1995 [J]. The RAND journal of economics, 2001, 32 (1): 101-128.

④ FOSFURI A. The licensing dilemma: Understanding the determinants of the rate of technology licensing [J]. Strategic management journal, 2006, 27 (12): 1141-1158.

⑤ BROUTHERS K D, HENNART J-F. Boundaries of the firm: Insights from international entry mode research [J]. Journal of management, 2007, 33 (3): 395-425.

⑥ GAMBARDELLA A, GIURI P, LUZZI A. The market for patents in Europe [J]. Research policy, 2007, 36 (8): 1163-1183.

⑦ KULATILAKA N, LIN L. Impact of licensing on investment and financing of technology development [J]. Management science, 2006, 52 (12): 1824-1837.

⑧ ARORA A, FOSFURI A. Licensing the market for technology [J]. Journal of economic behavior & organization, 2003, 52 (2): 277-295.

⑨ MONK A H B. The emerging market for intellectual property: Drivers, restrainers, and implications [J]. Journal of economic geography, 2009, 9 (4): 469-491.

⑩ MONK A H B. The emerging market for intellectual property: Drivers, restrainers, and implications [J]. Journal of economic geography, 2009, 9 (4): 469-491.

⑪ MONK A H B. The emerging market for intellectual property: Drivers, restrainers, and implications [J]. Journal of economic geography, 2009, 9 (4): 469-491.

⑫ ARORA A, CECCAGNOLI M. Patent protection, complementary assets, and firms' incentives for technology licensing [J]. Management science, 2006, 52 (2): 293-308.

⑬ GAMBARDELLA A, GIURI P, LUZZI A. The market for patents in Europe [J]. Research policy, 2007, 36 (8): 1163-1183.

性，这些因素考虑了专利许可及销售过程中的合同编写和执行的复杂性。① 如果合同编写存在困难，或者诉讼成本过高且难以维持，可能会促使公司选择出售专利权，而不是通过授权方式进行交易。② 外生动机主要包括技术推动③、市场拉动④和专利保护的强度⑤。这些因素突出了市场和宏观环境对专利交易决策的影响。例如，新技术的出现可能导致旧技术过时，从而影响专利的商业价值和销售决策。市场需求的增长以及对专利保护的加强也可能促进专利销售。

专利交易中有三大主要障碍，即资源成本、市场失败和机会主义行为。⑥ 首先，资源成本是技术转移过程中传递和吸收所有相关非实体知识所需的成本。⑦ 这不仅包括显性成本，如专利申请和维护费用，还包括隐性成本，如与技术转移相关的时间和努力。当这些成本过高时，它们会构成重大风险，尤其是对于那些资源有限的小型和中型企业来说，这些成本可能会使参与技术交易变得不切实际。其次，市场失败通常是由于市场深度不足，即缺乏足够的买家和卖家来形成有效的市场。⑧ 这种情况可能导致价格失真，使一些有价值的技术难以找到合适的交易伙伴。此外，市场失败还可能导致信息不对称，即潜在买家和卖家对技术的价值与应用潜力的了解不均衡。最后，机会主义行为是指由于各方在技术质量和价格方面的信息不对称而产生的问题。⑨ 这种

---

① FOSFURI A. The licensing dilemma：Understanding the determinants of the rate of technology licensing [J]. Strategic management journal, 2006, 27 (12)：1141-1158.

② MONK A H B. The emerging market for intellectual property：Drivers, restrainers, and implications [J]. Journal of economic geography, 2009, 9 (4)：469-491.

③ LICHTENTHALER U. The evolution of technology licensing management：Identifying five strategic approaches [J]. R&D management, 2011, 41 (2)：173-189.

④ FOSFURI A. The licensing dilemma：Understanding the determinants of the rate of technology licensing [J]. Strategic management journal, 2006, 27 (12)：1141-1158.

⑤ ARORA A, CECCAGNOLI M. Patent protection, complementary assets, and firms' incentives for technology licensing [J]. Management science, 2006, 52 (2)：293-308.

⑥ COCKBURN I, ZHANG L. Deals not done：Sources of failures in the market for ideas [J]. Academy of management proceedings, 2012, 2012 (1)：13197.

⑦ TEECE D J. Technology transfer by multinational firms：The resource cost of transferring technological know-how [J]. The economic journal, 1977, 87 (346)：242-261.

⑧ GANS J S, STERN S. Is there a market for ideas? [J]. Industrial and corporate change, 2010, 19 (3)：805-837.

⑨ MAYER K J, SALOMON R M. Capabilities, contractual hazards, and governance：Integrating resource-based and transaction cost perspectives [J]. Academy of management journal, 2006, 49 (5)：942-959.

不对称可能导致一方利用信息优势做出不诚实的行为，从而增加了交易的信任风险。[①] 例如，卖方可能夸大其技术的优点或隐瞒缺陷，而买方可能试图压低价格。这种潜在的信任风险会降低市场的透明度，进一步减少专利交易的可能性，尤其是在那些对信任和诚信依赖较高的市场环境中。

二、知识基础观理论

知识基础观理论在当代企业管理中占据着核心地位，这一理论的主要关注点在于如何高效地管理和利用知识资源以促进企业的持续发展和保持竞争优势。[②] 该理论最初由 Kogut 和 Zander 于 1992 年提出，他们强调了各种信息和技能构成的知识基础对企业生存与发展的重要性。随后，Grant[③] 进一步发展了这一理论，指出知识不仅限于组织内部，而且具有可转移性、可整合性和专属性。知识基础观理论将知识分为显性知识和隐性知识两种类型：显性知识可以通过编码的形式进行处理和传输，而隐性知识则与其所有者紧密相关，难以甚至不可能进行解释。[④]

从理论维度上看，知识基础观被划分为三个主要流派，每个流派都揭示了知识在不同层面对企业发展的影响。基于组织学习的知识基础观强调知识创造和重组的过程，看重组织学习过程中的惯例和经验，认为企业的学习过程是通过新信息改变行为模式来适应环境的关键过程。[⑤] 基于动态能力的知识基础观集中于资源的快速调整和配置，即企业的动态能力。这一观点认为有效的知识管理活动是实现知识基础更新和利用的关键。[⑥] 基于战略视角的知识基础观强调知识作为企业战略资源的重要性，尤其重视隐性知识在创造独特

① BATHELT H, HENN S. The geographies of knowledge transfers over distance: Toward a typology [J]. Environment and planning A: Economy and space, 2014, 46 (6): 1403-1424.

② KOGUT B, ZANDER U. Knowledge of the firm, combinative capabilities, and the replication of technology [J]. Organization science, 1992, 3 (3): 383-397.

③ GRANT R M. Toward a knowledge-based theory of the firm [J]. Strategic management journal, 1996, 17 (S2): 109-122.

④ POLANYI M. Personal knowledge: Towards a post-critical philosophy [M]. Chicago: University of Chicago Press, 1958.

⑤ NONAKA I. The knowledge-creating company [M] //The economic impact of knowledge. London: Routledge, 2009: 175-187.

⑥ VERONA G, RAVASI D. Unbundling dynamic capabilities: An exploratory study of continuous product innovation [J]. Industrial and corporate change, 2003, 12 (3): 577-606.

价值和维持竞争优势方面的作用。①

　　知识基础观强调的知识积累、转换和应用使聚焦知识资源整合流动的知识网络研究应运而生。广义的知识网络是以知识主体（组织、个人等）为节点，以主体间知识流动或传播联系为联结的网络。② 狭义的知识网络是知识主体通过知识共享、交流、传递形成知识元素联结的网络，其节点为主体所拥有的知识元素，连边为知识元素之间的组合关系。③ 鉴于本书旨在探讨知识元素及其组合方式对技术转移的影响机制，故采用知识网络的狭义观点。知识网络是知识基础观的重要引申，因其体现了知识元素如何被组织化、集成和应用于实际场景，特别是在技术创新中。而在促进创新的结构上，知识网络提供了一个结构表征，其中知识的组合和重新组合可以促进新想法与创新的发展。④ 这与知识基础观中关于知识创造和利用的观点相一致。从知识流动与连接来看，知识网络通过其节点和连边展示了知识流动与连接的方式⑤，这与知识基础观中关于知识共享和传播的重要性相呼应。同时，知识网络作为知识资源的测度载体是可视化的知识结构，通过将知识元素和它们之间的关系可视化，知识网络可以帮助识别和分析知识资源的分布、密度和关键节点。⑥ 此外，知识网络可以用来衡量知识元素之间的连通性，这有助于识别知识孤岛或潜在的知识整合点，从而优化知识的组织和应用。⑦ 因而，知识网络中节点和连边的特性（如多样性、密度等）可以作为衡量创新潜力的指标。一个

①　KOGUT B, ZANDER U. Knowledge of the firm, combinative capabilities, and the replication of technology [J]. Organization science, 1992, 3 (3): 383-397.

②　PHELPS C, HEIDL R, WADHWA A. Knowledge, networks, and knowledge networks: A review and research agenda [J]. Journal of management, 2012, 38 (4): 1115-1166.

③　GUAN J, LIU N. Exploitative and exploratory innovations in knowledge network and collaboration network: A patent analysis in the technological field of nano-energy [J]. Research policy, 2016, 45 (1): 97-112. SCHILLEBEECKX S J D, LIN Y, GEORGE G, et al. Knowledge recombination and inventor networks: The asymmetric effects of embeddedness on knowledge reuse and impact [J]. Journal of management, 2020, 47 (4): 838-866.

④　王巍，李德鸿，侯天雨，等. 多重网络视角下突破性技术创新的研究述评与展望 [J]. 科学学与科学技术管理，2022, 43: 83-102.

⑤　GUAN J, LIU N. Exploitative and exploratory innovations in knowledge network and collaboration network: A patent analysis in the technological field of nano-energy [J]. Research policy, 2016, 45 (1): 97-112.

⑥　WANG C L, RODAN S, FRUIN M, et al. Knowledge networks, collaboration networks, and exploratory innovation [J]. Academy of management journal, 2014, 57 (2): 484-514.

⑦　BRENNECKE J, RANK O. The firm's knowledge network and the transfer of advice among corporate inventors: A multilevel network study [J]. Research policy, 2017, 46 (4): 768-783.

多元化且密集连接的知识网络可能预示着更高的创新潜力。① 知识网络不仅可以用于当前的知识结构评估，还可以用于跟踪知识基础的变化，从而指导未来的知识管理和创新策略制定。

知识元素是创新活动的基础资源和主要产出，因而由知识元素构成的知识网络及其特征也是决定创新的重要内部因素。② Wang 等③在借鉴 Granovetter④嵌入性概念的基础上，提出知识网络结构嵌入性可通过知识元素占据结构洞或联结其他知识元素的数量来度量，并验证了该嵌入性对发明者探索式创新的影响。Guan 和 Liu⑤则从直接联系、间接联系和连边非冗余性等特征考察了知识网络嵌入对双元式创新的影响。在影响机理上，王萍萍和王毅⑥指出，反映知识元素位置、连接特征的结构嵌入和体现知识元素之间共现频次的关系嵌入通过建立或打破知识连接的难易程度、知识价值以及知识组合的空间或潜力产生影响。也有学者从多重网络交互的视角研究知识网络效应：Guan 等⑦构建关键词共现知识网络和科研合作网络并分析二者对论文引用的影响，发现科研合作网络和知识网络与论文引用存在倒 U 形关系。Yan 和 Guan⑧实证发现适当的知识网络中心性、合作网络中心度和结构洞位置占据对研究者的创新具有正向的交互作用。

① BRENNECKE J, RANK O. The firm's knowledge network and the transfer of advice among corporate inventors: A multilevel network study [J]. Research policy, 2017, 46 (4): 768-783.
② 王巍，李德鸿，侯天雨，等. 多重网络视角下突破性技术创新的研究述评与展望 [J]. 科学学与科学技术管理, 2022, 43: 83-102.
③ WANG C L, RODAN S, FRUIN M, et al. Knowledge networks, collaboration networks, and exploratory innovation [J]. Academy of management journal, 2014, 57 (2): 484-514.
④ GRANOVETTER M. Economic action and social structure: The problem of embeddedness [M] // The sociology of economic life. New York: Routledge, 2018: 22-45.
⑤ GUAN J, LIU N. Exploitative and exploratory innovations in knowledge network and collaboration network: A patent analysis in the technological field of nano-energy [J]. Research policy, 2016, 45 (1): 97-112.
⑥ 王萍萍，王毅. 知识单元特征对发明者知识组合行为的影响：知识网络的视角 [J]. 经济管理, 2018, 40 (5): 92-107.
⑦ GUAN J, YAN Y, ZHANG J J. The impact of collaboration and knowledge networks on citations [J]. Journal of informetrics, 2017, 11 (2): 407-422.
⑧ YAN Y, GUAN J. How multiple networks help in creating knowledge: Evidence from alternative energy patents [J]. Scientometrics, 2018, 115 (1): 51-77.

三、多层网络理论

网络理论是描述和分析整个社会、生物、物理、信息和工程科学中复杂系统的重要工具。[①] 最初，网络研究都采用一种抽象的描述方式，其中系统被表示为普通图[②]：图的节点为实体，节点之间的联系用边来表示。随着复杂系统研究的深入，单层网络在刻画现实世界系统中节点的多元性、关系的多类型以及关系间的复杂交互方面具有局限性。因此，学界提出了多层网络（multilayer network）的概念。多层网络是一个包含多个层，每个层内部都有节点和边，并且这些层之间通过节点或边进行交互的复杂网络结构。[③] 与传统单层网络不同，多层网络克服了单层网络在捕捉复杂实际网络交互、动态变化和层次性方面的局限性，这使得多层网络成为研究和理解复杂网络系统的一个强有力的工具。

依据结构和节点间的交互方式，多层网络可以分为多重网络（multiplex networks）、相互依存网络（interdependent networks）、时变网络（temporal networks）和网络的网络（network of networks）。[④] 依据节点在多层网络中是否具有一致性，多层网络可以划分为多重网络和相互依存网络。在多重网络中，相同的节点集合可以在不同的层上有不同类型的连接。[⑤] 例如，在社交网络中，个体的交友关系、工作关系、兴趣小组等可以构成不同的网络层。相互依存网络则由多个不同的网络组成，各层网络的节点不同，这些网络通过某种形式的节点间相依边进行连接。[⑥] 相互依存网络在基础设施系统的研究中得到了广泛的应用，一个典型的例子是城市的能源供应网络和通信网络之间的互联：通信网络的运行需要稳定的电力供应，能源网络的管理和运营

---

① KIVELÄ M, ARENAS A, BARTHELEMY M, et al. Multilayer networks [J]. Journal of complex networks, 2014, 2 (3): 203-271.

② BOLLOBÁS B. Modern graph theory [M]. New York: Springer, 1998.

③ KIVELÄ M, ARENAS A, BARTHELEMY M, et al. Multilayer networks [J]. Journal of complex networks, 2014, 2 (3): 203-271.

④ KIVELÄ M, ARENAS A, BARTHELEMY M, et al. Multilayer networks [J]. Journal of complex networks, 2014, 2 (3): 203-271.

⑤ KIVELÄ M, ARENAS A, BARTHELEMY M, et al. Multilayer networks [J]. Journal of complex networks, 2014, 2 (3): 203-271.

⑥ BULDYREV S V, PARSHANI R, PAUL G, et al. Catastrophic cascade of failures in interdependent networks [J]. Nature, 2010, 464 (7291): 1025-1028.

依赖于有效的通信系统。时变网络是基于网络连接的时间维度，考虑节点和连接随时间的变化而形成的多层次网络。[1] 网络的网络指的是多个网络通过某种方式连接成一个更大的网络系统，每个单独的网络可以被视为一个节点。[2]

就关键结构特征而言，多层网络的结构指标与单层网络相比更为复杂，涵盖了网络的多层次性和层间交互。相关指标包含从单层网络延伸而来的度、强度、聚类系数、中心性、模块性、路径长度和直径、社团和模体。以节点度数为例，多层网络的度可通过集成法（aggregation）对层内度、层间度加总而得，也可以通过计算将多个层合并或投影到一个单一网络层的投影度[3]而得。多层网络特有的结构指标包含全局重叠（global overlap）和相互依赖性（interdependence）：前者通过计算两个层共享的边的数量在多重网络之间进行比较[4]，后者通过计算两层或多层的最短路径数量与其总数的比率来评估不同网络层之间的依赖性和影响力。[5]

从多层网络的建模来看，相关方法区别于多重网络和相互依存网络这两种最为典型的多层网络。对于多重网络，一般是基于单层网络，如 Erdös - Rényi（ER）随机图[6]或其他构型模型[7]，并使用其来构建彼此独立的层内网络；然后，可以通过具有联合度分布的节点[8]或在层之间直接添加任意数量的

---

① HOLME P, SARAMÄKI J. Temporal networks [J]. Physics reports, 2012, 519 (3): 97-125.

② D'AGOSTINO G, SCALA A. Networks of networks: The last frontier of complexity [M]. Berlin: Springer, 2014.

③ KIVELÄ M, ARENAS A, BARTHELEMY M, et al. Multilayer networks [J]. Journal of complex networks, 2014, 2 (3): 203-271.

④ BIANCONI G. Statistical mechanics of multiplex networks: Entropy and overlap [J]. Physical review E, 2013, 87 (6): 062806.

⑤ NICOSIA V, BIANCONI G, LATORA V, et al. Growing multiplex networks [J]. Physical review letters, 2013, 111 (5): 058701; MORRIS R G, BARTHELEMY M. Transport on coupled spatial networks [J]. Physical review letters, 2012, 109 (12): 128703.

⑥ ERDÖS P, RÉNYI A. On the evolution of random graphs [J]. Publications of the research institute for mathematical sciences, 1960, 5 (1): 17-60.

⑦ NEWMAN M E J, STROGATZ S H, WATTS D J. Random graphs with arbitrary degree distributions and their applications [J]. Physical review E, 2001, 64 (2): 026118.

⑧ MIN B, YI S D, LEE K-M, et al. Network robustness of multiplex networks with interlayer degree correlations [J]. Physical review E, 2014, 89 (4): 042811.

共享边①来合并层之间的依赖关系。其他建模方法包含模拟网络出现概率的 ERGMs②、微正则和正则网络集成③、优先链接增长模型④等。对于相互依存网络，常规方法是使用单层网络模型生成层内网络，然后随机添加层间边，或通过指定多个度分布或层间联系概率模型以连接不同层的节点。

　　当前，多层网络在多个领域都得到了一定的研究和应用。在社会科学中，多层网络可以用来分析个体在不同社交环境中的交互，以及它们如何影响个体行为和社会现象。⑤ 在交通和基础设施网络中，多层网络模型被用于研究城市交通、能源供应网络、水资源管理等基础设施系统。⑥ 这些研究关注不同基础设施网络之间的相互依赖性，以及如何提升这些网络的效率和鲁棒性。在生物学中，多层网络被用于研究基因、蛋白质和代谢物之间的复杂交互，以及不同生态系统组件之间的相互作用。⑦ 这有助于理解生物系统的复杂性和动态性。此外，多层网络还在金融系统⑧、供应链管理⑨等领域发挥着重要作用。

四、网络鲁棒性理论

　　网络鲁棒性是指网络在面对故障或攻击时保持其功能的能力，其内涵体现于网络在部分节点或连接失效时，仍能维持其基本功能的容错能力，网络结构在面对局部变化（如节点移除）时仍能保持其整体特性的结构稳定性，

---

① FUNK S, JANSEN V A A. Interacting epidemics on overlay networks [J]. Physical review E, 2010, 81 (3): 036118.

② HEANEY M T. Multiplex networks and interest group influence reputation: An exponential random graph model [J]. Social networks, 2014, 36: 66-81.

③ PARK J, NEWMAN M E J. Statistical mechanics of networks [J]. Physical review E, 2004, 70 (6): 066117.

④ NICOSIA V, BIANCONI G, LATORA V, et al. Nonlinear growth and condensation in multiplex networks [J]. Physical review E, 2014, 90 (4): 042807.

⑤ HANAFOROOSH M, ASHTIANI M, AZGOMI M A. An approach based on multiplex networks for modeling cascading trust failures in social networks [J]. Journal of computational science, 2021, 54: 101430.

⑥ KIVELÄ M, ARENAS A, BARTHELEMY M, et al. Multilayer networks [J]. Journal of complex networks, 2014, 2 (3): 203-271.

⑦ JIN H, ZHANG C, MA M, et al. Inferring essential proteins from centrality in interconnected multi-layer networks [J]. Physica A: Statistical mechanics and its applications, 2020, 557: 124853.

⑧ YAN C, DING Y, LIU W, et al. Multilayer interbank networks and systemic risk propagation: Evidence from China [J]. Physica A: Statistical mechanics and its applications, 2023, 628: 129144.

⑨ SHI X, DENG D, LONG W, et al. Research on the robustness of interdependent supply networks with tunable parameters [J]. Computers & industrial engineering, 2021, 158: 107431.

以及网络受到一定程度的损害时仍能保持其主要功能的维持性。[①] 网络鲁棒性在理解和设计复杂网络系统中至关重要，尤其是在关键基础设施、通信网络和社会经济系统中。鲁棒性的研究关注网络在节点或连接失效时的表现，以及这些失效如何影响网络的整体结构和功能。

在复杂网络领域，网络崩溃的主要攻击方式可以归类为随机攻击和蓄意攻击。[②] 随机攻击通常发生在不可预见的自然灾害，如地震、飓风、洪水和海啸等中，它们会对网络造成广泛而无差别的影响。此外，随机攻击也包括由于部件老化等导致的系统内部故障。相反，蓄意攻击是针对网络中特定关键节点的策略性攻击，旨在通过破坏少数重要节点来最大化网络的整体损害。典型的蓄意攻击包括在通信网络中断开主要服务器、在社交网络中封禁影响力大的账号、在交通网络中切断主要的交通路线，或在能源网络中破坏关键的输电线路等。这类攻击通常针对网络中的高度数节点、高中介中心性节点或其他重要节点进行。从两种攻击的对比来看，网络安全在这两种攻击下的脆弱性取决于其结构。Albert 等[③]发现，随机攻击对随机网络和小世界网络造成的破坏更大，而对无标度网络的影响较小。相反，在遭受蓄意攻击时，无标度网络更容易崩溃，而随机网络和小世界网络显示出更好的鲁棒性。在攻击目标的选择方面，网络节点和边都可以作为攻击对象来考察移除对网络结构的影响。[④]

在面对随机或蓄意攻击时，网络鲁棒性可以从节点负载的重新分配角度分为静态鲁棒性和动态鲁棒性。[⑤] 静态鲁棒性是网络鲁棒性早期研究的重点，它主要关注网络的结构特征，而不涉及节点负载的概念。在这种情况下，网络的节点或边的移除不会引起负载的重新分配。相反，动态鲁棒性会考虑节点负

① ALBERT R, JEONG H, BARABÁSI A-L. Error and attack tolerance of complex networks [J]. Nature, 2000, 406 (6794): 378-382; COHEN R, EREZ K, BEN-AVRAHAM D, et al. Resilience of the internet to random breakdowns [J]. Physical review letters, 2000, 85 (21): 4626-4628; CALLAWAY D S, NEWMAN M E J, STROGATZ S H, et al. Network robustness and fragility: Percolation on random graphs [J]. Physical review letters, 2000, 85 (25): 5468-5471; KIVELÄ M, ARENAS A, BAR-THELEMY M, et al. Multilayer networks [J]. Journal of complex networks, 2014, 2 (3): 203-271.

② TANIZAWA T, PAUL G, COHEN R, et al. Optimization of network robustness to waves of targeted and random attacks [J]. Physical review E, 2005, 71 (4): 047101.

③ ALBERT R, JEONG H, BARABÁSI A-L. Error and attack tolerance of complex networks [J]. Nature, 2000, 406 (6794): 378-382.

④ NIE S, WANG X, ZHANG H, et al. Robustness of controllability for networks based on edge-attack [J]. PLOS ONE, 2014, 9 (2): e89066.

⑤ 李刚. 基于复杂网络的供应链建模与性能分析研究 [D]. 杭州: 浙江大学. 2012.

载的重新分配，它已成为现代网络鲁棒性研究的主流方向。在动态鲁棒性中，当节点因故障或攻击被移除时，其负载会转移至其他相关节点。如果这些节点无法承受新增负载，它们也会发生崩溃，从而引发级联故障，这种联锁反应可能导致网络的大规模崩溃。级联故障是动态鲁棒性研究中的一个核心概念，它描述了网络节点在承受超过其负载容量的负载时发生的联锁反应。[1]

对于网络鲁棒性的评估，相关指标包括从网络渗流理论出发的衡量网络能承受的最大攻击程度的渗流阈值（percolation threshold）[2]、评估网络被攻击后连通度和完整性的网络最大连通子图规模[3]、评估网络信息传递效率的平均路径长度[4]、评估网络间链接效率的任务序列完成时间[5]。针对网络鲁棒性的优化，网络的重连策略，如随机重连或有针对性的重连，被认为是提高网络鲁棒性的有效手段。[6] 这种策略通过改变网络拓扑结构，增强了网络在面对局部故障时的适应能力。其次，提高关键节点的保护级别，特别是那些在网络中担任中枢角色的节点，这对于增强网络整体的鲁棒性至关重要。[7] 通过投资于这些关键节点的防御，可以有效减少网络因节点故障而导致的整体性崩溃风险。

在多层网络中，一个层的故障可以通过层间的联系影响到另一个层。[8] 例如，在电力—通信双层网络中，电力网络的故障可能导致通信网络的中断，反之亦然。因此，多层网络鲁棒性的研究对于理解和缓解这种跨层故障传播至关重要。研究方法通常涉及通过建立数学模型来模拟和分析不同类型的故障情况。这些模型需要考虑各种因素，如网络的拓扑结构、节点之间的连接

① SHI X, DENG D, LONG W, et al. Research on the robustness of interdependent supply networks with tunable parameters [J]. Computers & industrial engineering, 2021, 158：107431.

② CALLAWAY D S, NEWMAN M E J, STROGATZ S H, et al. Network robustness and fragility：Percolation on random graphs [J]. Physical review letters, 2000, 85 (25)：5468-5471.

③ BULDYREV S V, PARSHANI R, PAUL G, et al. Catastrophic cascade of failures in interdependent networks [J]. Nature, 2010, 464 (7291)：1025-1028.

④ SHI X, DENG D, LONG W, et al. Research on the robustness of interdependent supply networks with tunable parameters [J]. Computers & industrial engineering, 2021, 158：107431.

⑤ 马腾, 李冲. 考虑技术中介的相互依存创新网络系统鲁棒性研究 [J]. 科技进步与对策, 2017, 34 (6)：7-14.

⑥ HUANG X, GAO J, BULDYREV S V, et al. Robustness of interdependent networks under targeted attack [J]. Physical review E, 2011, 83 (6)：065101.

⑦ HUANG X, GAO J, BULDYREV S V, et al. Robustness of interdependent networks under targeted attack [J]. Physical review E, 2011, 83 (6)：065101.

⑧ SHI X, DENG D, LONG W, et al. Research on the robustness of interdependent supply networks with tunable parameters [J]. Computers & industrial engineering, 2021, 158：107431.

强度以及层间的依赖关系。常用的分析方法包括复杂网络理论、图论以及基于仿真的计算模型等。已识别的影响多层网络鲁棒性的关键因素包含网络拓扑、节点间的相互依赖、层间的互连性。[1] 针对多层网络稳健性，相关优化策略包含增加网络中的备用路径和冗余连接的网络冗余提升策略、网络设计优化（如通过优化网络拓扑结构，改善网络的分布式特性或提高关键节点的连接强度）、增强层间协调以确保网络层之间有效的信息流通和协调操作。[2] 例如，供应链网络的鲁棒性特别依赖于对重要节点的保护以及风险分担机制的建立，通过强化对关键节点的保护并设计有效的风险分担策略，可以提高网络对外部冲击的抵抗力。

第三节　国内外研究进展

一、技术转移的国内外研究进展

当前，技术转移相关研究主要集中于技术转移体系的基础架构[3]、影响机制[4]、效率评价[5]，技术转移的服务机构和市场运行模式[6]，以及技术转移的支持政策和法律体系[7]等领域。其中，技术转移网络不仅是效益和资源配置的测量载体，也是检验制度和市场势能动力机制的系统环境，成为近年来技术

---

① SHI X, DENG D, LONG W, et al. Research on the robustness of interdependent supply networks with tunable parameters [J]. Computers & industrial engineering, 2021, 158：107431.

② ZHOU D, STANLEY H E, D'AGOSTINO G, et al. Assortativity decreases the robustness of interdependent networks [J]. Physical review E, 2012, 86 (6)：066103.

③ 靳宗振，刘海波，曹俐莉. 新时期我国技术转移体系发展思考与建议 [J]. 软科学，2021，35 (5)：50-55.

④ QUIÑONES R S, CALADCAD J A A, HIMANG C M, et al. Using Delphi and fuzzy DEMATEL for analyzing the intertwined relationships of the barriers of university technology transfer：Evidence from a developing economy [J]. International journal of innovation studies, 2020, 4 (3)：85-104.

⑤ 王赵琛，张春鹏，董红霞. 24 所部属高校科技成果转化效率的 DEA 分析 [J]. 科研管理，2020，41 (4)：280-288.

⑥ 许可，张亚峰，肖冰. 科学与市场间的边界组织：科技成果转化机构的理论拓展与实践创新 [J]. 中国软科学，2021 (6)：64-73.

⑦ 方齐，谢洪明. 科技成果转化政策供给与政策协调的组态效应 [J]. 科学学研究，2022，40 (6)：991-1000；彭亚媛，马忠法. 管制与自由：国际技术转移法律规则的回顾与展望 [J]. 国际经济法学刊，2021 (3)：28-52.

转移领域的新兴研究热点。目前，国内外相关研究主要集中于技术转移网络的演化机制。从技术转移的界定来看，技术转移是技术水平的知识簇在空间中的动态扩散过程，包括被动的、单向的、非市场化的知识溢出，基于事前合约的主动的、双向的、半市场化的研发合作和基于事后合约的主动的、单向的、市场化的技术交易。① 相应地，技术转移网络演化机制研究分为知识转移、研发合作和技术交易三个领域。

在知识转移网络的演化机制研究上，学者多从复杂网络理论分析网络结构对知识扩散的影响。Cowan 等②构建了知识交互机制的"易货（barter-process）"规则，仿真网络结构对知识扩散程度的影响并指出小世界网络较高的内聚度和较短的平均路径长度会使知识扩散更完全。Morone 和 Tay-lor③指出小世界网络推动知识扩散的均衡性要建立在个体克服知识差异所产生的交流障碍上。王建等④发现，由于网络结构的不同，线性网络与完全网络、小世界网络在知识获取上呈现相反的特点，完全网络和小世界网络都有利于知识的获取，而线性网络不利于知识的获取。学者也发现知识转移网络结构功能的发挥取决于知识交换的微观特征，例如，Jonard 等⑤指出，在没有新知识产生的知识扩散过程中，随机网络更好；对于有创新的知识扩散而言，规则网络更好；对于长期知识集聚而言，小世界网络最好。魏江和寿柯炎⑥指出，结构视角的研究把所有网络节点视为均值，忽视了企业异质性特征的影响。Demirkan 等⑦的实证研究发现，企业的既有网络规模、连接强度以及知识质量都是网络演化的显著性决定因素，但是这种影响会受到组织惰性的调和。

① 马荣康，刘凤朝. 基于专利许可的新能源技术转移网络演变特征研究 [J]. 科学学与科学技术管理，2017，38（6）：65-76.

② COWAN R, JONARD N, ÖZMAN M. Knowledge dynamics in a network industry [J]. Technological forecasting and social change, 2004, 71 (5): 469-484.

③ MORONE P, TAYLOR R. Knowledge diffusion dynamics and network properties of face-to-face interactions [J]. Journal of evolutionary economics, 2004, 14 (3): 327-351.

④ 王建，胡珑瑛，马涛. 联盟网络中企业创新平衡模式选择的影响研究：基于网络结构的视角 [J]. 科学学研究，2014，32（2）：305-313.

⑤ JONARD N, COWAN R, ZIMMERMANN J-B. Bilateral Collaboration and the Emergence of Networks [J]. Management science, 2007, 53 (7): 1051.

⑥ 魏江，寿柯炎. 企业内部知识基与创新网络的架构及作用机制 [J]. 科学学研究，2015，33（11）：1727-1739.

⑦ DEMIRKAN I, DEEDS D L, DEMIRKAN S. Exploring the role of network characteristics, knowledge quality, and inertia on the evolution of scientific networks [J]. Journal of management, 2012, 39 (6): 1462-1489.

　　研发合作网络的演化机制研究主要涵盖演化动因和演化形态两类分析，主要研究方法包括复杂网络分析方法、社会网络分析方法和动态网络分析方法。对于研发合作网络的演化动因，学者们从内部资源、外部环境、组织战略和邻近性方面研究其影响因素。Ozman [1]通过 Agent 模型仿真得出不同组织知识范式，以及知识转移、创造和整合所带来的利益是推动网络演化的原因。Koka 等[2]指出，外部环境和组织战略共同作用于网络演化，并提出了网络形态与外部情境的四种对应模式，而战略导向在其中起到调节作用。M'Chirgui[3] 关于智能卡产业的研发网络分析发现，产业的技术演化和需求变化推动了研发网络的动态变化，而网络中的先行者由于技术和组织的原因控制了网络中的技术发展路径。向希尧和裴云龙[4]从接近性视角分析电力系统技术领域的中外企业专利研发网络，结果表明技术接近性有助于节点之间构筑较短的连接渠道并形成重要的合作关系。对于研发合作网络的演化形态，国内外学者多通过社会网络的分析方法描述网络的整体特征和演化趋势。刘彤等[5]构造了具有多重属性节点的研发网络，利用动态网络分析方法对网络中潜在的重要关系和变化进行了识别，说明企业与科研单位在合作程度上有待提高。高霞和陈凯华[6]以联合申请专利数据构建网络来分析网络的动力学机制和结构演化特征，结果表明 ICT 领域的研发网络具有小世界性和无标度特征。

　　局限于数据的可获得性，学者对技术交易网络的研究从近年才开始展开。研究的匮乏和研究意义的重大性使技术交易网络成为技术转移网络中最具前景的研究主题。[7] 现有的研究主要是对技术交易网络演化的动力机制和时空特

　　① OZMAN M. Knowledge integration and network formation ［J］. Technological forecasting and social change，2006，73（9）：1121-1143.

　　② KOKA B R，MADHAVAN R，PRESCOTT J E. The evolution of interfirm networks：Environmental effects on patterns of network change ［J］. Academy of management review，2006，31（3）：721-737.

　　③ M'CHIRGUI Z. Small world characteristics of innovative smart card networks ［J］. International journal of innovation management，2010，14（2）：221-252.

　　④ 向希尧，裴云龙. 跨国专利合作网络中技术接近性的调节作用研究 ［J］. 管理科学，2015，28（1）：111-121.

　　⑤ 刘彤，郭鲁钢，杨冠灿. 基于动态网络分析的专利合作网络演化分析：以纳米技术为例 ［J］. 情报杂志，2014，33（11）：88-93，66.

　　⑥ 高霞，陈凯华. 合作创新网络结构演化特征的复杂网络分析 ［J］. 科研管理，2015，36（6）：28-36.

　　⑦ HE X，DONG Y，WU Y，et al. Factors affecting evolution of the interprovincial technology patent trade networks in China based on exponential random graph models ［J］. Physica A：Statistical mechanics and its applications，2019，514：443-457.

征进行分析。① 孙玉涛和刘凤朝②采用国际贸易数据构建跨国技术流动网络，运用哈肯模型建立网络系统演化方程，发现国家节点的技术创新能力是跨国技术流动网络演化的关键变量。Nepelski 和 De Prato③ 通过在引力模型中引入地理邻近性、GDP、外国技术引入等外生变量，分析了推动跨国专利流动网络演化的影响因素。任龙等④通过对基于专利权转移的中国技术流动网络进行实证研究，发现研发人力资本投入对于区域技术流动的贡献大于研发物质资本投入。马荣康和刘凤朝⑤通过对新能源技术领域专利许可构建的技术转移网络进行研究，发现组织和地理邻近性在太阳能与燃料电池技术转移网络的形成和发展中发挥主导作用，而优先链接和路径依赖机制主要在风能领域网络演变中有所体现。段德忠等⑥对中国城市技术转移网络的时空格局、集聚模式和影响因素进行分析，发现城市技术转移格局呈现空间关联和集聚效应，城市创新技术的需求能力和供给能力决定转移能力，第三产业产值规模和专利申请量对城市创新技术转移能力影响较大。段德忠等⑦基于城际间的专利转让数据，从技术转移体系一体化的视角阐释了中国三大城市群的区域一体化进程。He 等⑧运用指数随机图模型研究中国技术交易网络演化的动力因素，发现省域技术聚集、省际经济发展差异、技术贸易经验和地理邻近性是技术交易网络发展的决定因素。Liu 等⑨运用专利交易数据分析了中国城市群的技术

---

① 刘凤朝，肖站旗，马荣康. 多维邻近性对技术交易网络的动态影响研究 [J]. 科学学研究，2018，36 (12)：2205-2214.

② 孙玉涛，刘凤朝. 基于哈肯模型的跨国技术流动网络演化机制：以航空航天领域为例 [J]. 科研管理，2014，35 (1)：41-47.

③ NEPELSKI D，DE PRATO G. International technology sourcing between a developing country and the rest of the world：A case study of China [J]. Technovation，2015，35：12-21.

④ 任龙，姜学民，傅晓晓. 基于专利权转移的中国区域技术流动网络研究 [J]. 科学学研究，2016，34 (7)：993-1004.

⑤ 马荣康，刘凤朝. 基于专利许可的新能源技术转移网络演变特征研究 [J]. 科学学与科学技术管理，2017，38 (6)：65-76.

⑥ 段德忠，杜德斌，谌颖，等. 中国城市创新网络的时空复杂性及生长机制研究 [J]. 地理科学，2018，38 (11)：1759-1768.

⑦ 段德忠，谌颖，杜德斌. 技术转移视角下中国三大城市群区域一体化发展研究 [J]. 地理科学，2019，39 (10)：1581-1591.

⑧ HE X，DONG Y，WU Y，et al. Factors affecting evolution of the interprovincial technology patent trade networks in China based on exponential random graph models [J]. Physica A：Statistical mechanics and its applications，2019，514：443-457.

⑨ LIU C，NIU C，HAN J. Spatial dynamics of intercity technology transfer networks in China's three urban agglomerations：A patent transaction perspective [J]. Sustainability，2019，11 (6)：1647.

转移空间动态。

二、知识网络与技术转移研究的交叉

技术转移的实质是知识的流动，因而技术供需方在知识多寡、分布和能力上的差异也决定了其技术扩散与吸纳倾向。知识网络是对知识元素及其组合方式的拓扑化抽象，刻画了组织知识储备的结构特征，作为组织知识重组能力的基础，知识网络是决定创新的重要内部因素。[①] 但现有研究鲜少关注知识网络对企业技术转移网络的影响。研究的孤立性和分散性不利于从知识元素这一创新源头揭示企业间技术转移的内在驱动机制，也无法从技术转移网络演化的知识资源能力要求方面加深对企业的认识。知识网络与技术转移网络的研究反映出知识网络和技术转移网络之间的互动机制在企业技术创新整体系统的结构、功能和稳定性方面具有重要的研究意义。相应地，知识网络和技术转移网络之间的依存关系、共演特征、交互效应和串联风险构成了二者的共同研究前沿。现有文献虽没有直接关联二者，但为以上前沿的探索提供了有益的见解。

在技术转移的涌现上，学者提出了知识网络嵌入的结构（多样性、中心性、结构洞）和关系维度（邻近性、独占性），并揭示了知识网络嵌入对知识吸收成本和知识价值的影响机制[②]，这为知识特征影响技术转移的链路形成提供了理论解释。同时，从研究方法上，Wang 等[③]提出了指数随机图模型（ERGM）在分析网络间依存研究中的适用性和前景性。Brennecke 和 Rank[④]进一步运用此模型分析知识网络与咨询网络，得出两类网络在链路形成机制中的关联机制。因此，本书运用 ERGM 分析知识网络嵌入特征影响技术转移网络方向

---

① 王巍，李德鸿，侯天雨，等. 多重网络视角下突破性技术创新的研究述评与展望 [J]. 科学学与科学技术管理，2022，43：83-102.

② MELERO E, PALOMERAS N. The *Renaissance Man* is not dead! The role of generalists in teams of inventors [J]. Research policy, 2015, 44 (1): 154-167; BURT R S. Structural holes [M] //Social stratification. Cambridge: Oxford University Press, 1992: 659-663; WANG C L, RODAN S, FRUIN M, et al. Knowledge networks, collaboration networks, and exploratory innovation [J]. Academy of management journal, 2014, 57 (2): 484-514; CRESCENZI R, NATHAN M, RODRÍGUEZ-POSE A. Do inventors talk to strangers? On proximity and collaborative knowledge creation [J]. Research policy, 2016, 45 (1): 177-194.

③ WANG P, ROBINS G, PATTISON P, et al. Exponential random graph models for multilevel networks [J]. Social networks, 2013, 35 (1): 96-115; WANG P, ROBINS G, PATTISON P, et al. Social selection models for multilevel networks [J]. Social networks, 2016, 44: 346-362.

④ BRENNECKE J, RANK O. The firm's knowledge network and the transfer of advice among corporate inventors: A multilevel network study [J]. Research policy, 2017, 46 (4): 768-783.

性的机制，以期从链接形成机制揭示技术转移的涌现机理。

在技术转移的效能上，学者指出知识网络的关系特征影响知识整合的效率、范围和灵活性，知识网络聚集性特征影响知识组合配置中的系统能力、沟通能力、社会化能力。[①] 技术转移的关系特征通过技术转移的知识挖掘、技术转移伙伴的信息挖掘和沟通能力渠道强化或弱化知识网络特征对知识整合和知识组合配置相关能力的影响，与知识网络特征产生交互影响。企业所嵌入环境的技术服务中介有效性影响着企业搜索技术转移对象的信息效率，在技术供需匹配中具有重要的外部环境影响。[②] 产业知识分布的不同（均匀分布型、异质分布型）则在很大程度上决定了企业嵌入产业环境的知识专业化、模块化的程度，以及知识转移的路径和企业学习的效率，是企业从前端研发到后端转移创新系统的重要外部环境因素。[③] 因此，本书拟从知识整合和知识组合配置角度探索技术转移效能发挥的路径，挖掘知识与技术转移互动对企业技术创新的交互影响。

在技术转移系统的鲁棒性分析上，席运江和党延忠[④]构建了加权超网络模型，用于解决知识网络鲁棒性分析及度量问题。Buldyrev 等[⑤]提出了相互依存网络鲁棒性分析的节点—负载模型。马腾和李冲[⑥]运用相互依存网络鲁棒性模

① GRANT R M. Toward a knowledge-based theory of the firm [J]. Strategic management journal, 1996, 17 (S2): 109-122; DIBIAGGIO L, NASIRIYAR M, NESTA L. Substitutability and complementarity of technological knowledge and the inventive performance of semiconductor companies [J]. Research policy, 2014, 43 (9): 1582-1593; XU L, LI J, ZENG D. How does knowledge network affect a firm's explorative innovation? The contingent role of R&D collaborations [J]. Technology analysis & strategic management, 2017, 29 (9): 973-987.

② VILLANI E, RASMUSSEN E, GRIMALDI R. How intermediary organizations facilitate university-industry technology transfer: A proximity approach [J]. Technological forecasting and social change, 2017, 114: 86-102; OSABUTEY E L C, CROUCHER R. Intermediate institutions and technology transfer in developing countries: The case of the construction industry in Ghana [J]. Technological forecasting and social change, 2018, 128: 154-163.

③ 张应青，范如国，罗明. 知识分布、衰减程度与产业集群创新模式的内在机制研究 [J]. 中国管理科学, 2018, 26 (12): 186-196.

④ 席运江，党延忠. 基于加权超网络模型的知识网络鲁棒性分析及应用 [J]. 系统工程理论与实践, 2007 (4): 134-140, 159.

⑤ BULDYREV S V, PARSHANI R, PAUL G, et al. Catastrophic cascade of failures in interdependent networks [J]. Nature, 2010, 464 (7291): 1025-1028.

⑥ 马腾，李冲. 考虑技术中介的相互依存创新网络系统鲁棒性研究 [J]. 科技进步与对策, 2017, 34 (6): 7-14.

型分析创新网络、技术中介网络和技术服务支持网络的系统风险。Parshani 等[①]、王建伟等[②]从网络相似性、解耦性层面提出提升相互依存网络鲁棒性的策略。因此，本书拟以产业知识分布规则反映企业所嵌入知识网络的不同类型，从复杂网络视角构建相互依存网络故障模型，分析随机攻击和蓄意攻击方式下相互依存网络的鲁棒性，从层内、层间和知识分布的可调参数提出提高互动鲁棒性的针对性策略。

三、国内外研究评述

从研究分量来看，技术交易的研究数量和深度远滞后于知识转移和研发合作网络相关研究，使得理论的发展滞后于构建完善国家技术转移体系的现实。现如今 90% 的中小企业在技术升级和转移中的自主创新能力匮乏、生产要素和科技资源的配置存在结构与空间上的失衡。因此，在加速技术资源分配和提升创新效率中，技术转移相对技术合作和知识共享而言具有更重要的意义。

从研究角度来看，现有研究多是基于单层网络的片面分析，而未考虑到构成从研发到转化整体创新系统中不同网络之间的依存性和共演性；现有基于多元网络分析视角的研究也仅孤立分析并对比不同网络的结构效应，忽视了网络间在链接形成、演化方式和效应上的客观交互。特别是现有研究多数关注宏观层面的跨区域技术转移网络，而较少研究涉及微观层面的组织间技术转移网络，导致人们对于组织间、产业内、技术内大量发生的技术转移现实的客观规律认识还较为有限。

从研究方法来看，现有研究多运用社会网络和计量分析，网络统计模型和复杂网络分析范式应用较少，无法揭示知识网络与技术转移网络之间的关联和风险串联机制。对于技术转移的前端环节——技术创新以及前端和后端环节交互因果和鲁棒性的研究，则需要在技术转移的相关研究中引入网络依存性统计模型和相互依存网络分析等网络科学的前沿研究方法。

---

① PARSHANI R, BULDYREV S V, HAVLIN S. Interdependent networks：Reducing the coupling strength leads to a change from a first to second order percolation transition [J]. Physical review letters, 2010, 105 (4)：048701.

② 王建伟，蔡琳，蒋晨. 考虑边权重和耦合强度的相互依赖网络级联故障模型研究 [J]. 管理工程学报，2018，32 (4)：149-157.

第三章

专利交易视角下的中国技术转移时空格局

第一节 问题提出

技术转移是指技术供给方和需求方之间进行交易与合作，被认为是推动国家经济增长、提升区域创新资源配置效率，以及增强企业创新能力和竞争力的至关重要的战略之一。特别是在我国，一些企业的创新基础相对薄弱，并存在创新资源在地区间分布不均衡的问题。因此，我国采取了一系列有力举措促进技术转让，包括制定政策法规、设立政府引导基金、建设技术转让示范机构、促进知识产权服务发展，以及设立技术中介机构。举例来说，2017 年国务院发布了《国家技术转移体系建设方案》，其中详细规划了关于平台、信息系统和科研评估系统建设的指导方针。

专利交易是技术转让最直接、最具体的体现，它反映了技术创新成果的商业化和技术产业化前景。根据 2001—2020 年的中国专利交易数据，共有 2282658 项专利交易记录。[①] 这个数字背后，公司间的专利转让展现出明显的趋势：母公司—子公司之间的专利交易量呈下降趋势，而非母公司—子公司之间的专利交易量呈上升趋势。另外，国内母子公司和非母子公司专利交易量的份额均大幅增长，而海外母公司—子公司和非母公司—子公司的专利交易份额则急剧下降。2001—2020 年，涉及个人和产学研（IUR）的专利转让数量分别增加了 12.59 倍和 10.84 倍。这些变化是否意味着技术转移关系的空间和结构限制已经减少？技术转让的制度环境是否有了显著改善？技术转让

---

① incoPat[EB/OL]. [2023-10-26]. https://www.incopat.com/.

是否有效促进了新技术的传播以及本土创新能力的提升？不同行业的技术转让政策重点是否存在差异？解答这些问题不仅有助于评估支持政策的实际效果，还将为提升技术转让政策的优先级和针对性提供重要参考。

关于技术转移的研究视角通常可以分为四个主要类别：

（1）特定技术领域。Urban ①展示了中国低碳技术转让的历史演变和现状，并探讨了未来的技术转让模式以及在能源技术领域中国际新兴经济体的合作。Chege 等②讨论了铁路技术转让对全球铁路设计规范和铁路运输可持续发展的影响。

（2）特定的技术转让关系类型。Kwon③ 研究了企业间技术转让对竞争对手创新活动的影响，他认为企业的专利转让会使竞争对手减少创新活动。在产学研转移方面，García-Vega 和 Vicente-Chirivella④调查了产学研技术转让如何影响企业的创新能力，并发现来自大学的技术转让能够产生积极的溢出效应，增强企业内部的研发能力。根据 Lamoreaux 和 Sokoloff⑤ 的观点，个人专利转让是由发明家将其专利转让给公司以及面向企业的发明出售驱动的。

（3）特定的地理区域。Lin 等⑥调查了外国技术转让的地方溢出效应，并强调了消化外国技术的吸收能力的重要性。Sun 和 Grimes⑦ 认为两个地区之间较小的经济和技术差距对区域间的技术转让具有积极的影响。Liu 等⑧总结出地理接近度和技术差距是影响城市间技术转让强度的决定性因素。

---

① URBAN F. China's rise: Challenging the North-South technology transfer paradigm for climate change mitigation and low carbon energy [J]. Energy policy, 2018, 113: 320-330.

② CHEGE S M, WANG D, SUNTU S L, et al. Influence of technology transfer on performance and sustainability of standard gauge railway in developing countries [J]. Technology in society, 2019, 56: 79-92.

③ KWON S. How does patent transfer affect innovation of firms? [J]. Technological forecasting and social change, 2020, 154: 119959.

④ GARCÍA-VEGA M, VICENTE-CHIRIVELLA Ó. Do university technology transfers increase firms' innovation? [J]. European economic review, 2020, 123: 103388.

⑤ LAMOREAUX N R, SOKOLOFF K L. Inventors, firms, and the market for technology in the late nineteenth and early twentieth centuries [R]. National Bureau of Economic Research Historical Working Paper Series, 1997.

⑥ LIN Y T, QIN Y, XIE Z. Does foreign technology transfer spur domestic innovation? Evidence from the high-speed rail sector in China [J]. Journal of comparative economics, 2021, 49 (1): 212-229.

⑦ SUN Y, GRIMES S. The actors and relations in evolving networks: The determinants of inter-regional technology transaction in China [J]. Technological forecasting and social change, 2017, 125: 125-136.

⑧ LIU C, NIU C, HAN J. Spatial dynamics of intercity technology transfer networks in China's three urban agglomerations: A patent transaction perspective [J]. Sustainability, 2019, 11 (6): 1647.

（4）技术转移网络分析。基于多维接近性框架，刘凤朝等①确定了地理、技术和制度接近性对组织间技术转让网络形成的积极影响。段德忠等②分析了中国城市技术转让网络的拓扑结构、空间结构和增长机制，并发现核心—边缘结构不断得到加强。

之前的研究成果针对特定视角对技术转移进行了深入探究，因此具有特定的背景和特征。而对专利交易进行全面分析可能极具意义，通过绘制技术转移的整体地图，可以发现各种技术领域中的政策重点和不同利益相关者面临的问题。此外，现有研究未能充分捕捉到各种转让类型和行业间的技术异质性，这对于提出行业特定策略是不足的。

与之前聚焦于某一特定技术领域、行业或地区的技术转让研究不同，本章对我国 2001—2020 年的 2282658 起专利交易进行了数据挖掘和分类分析。本章以技术转移的最直接、最具体的体现——专利交易为替代指标，基于技术领域的多样性、时间跨度、地理位置和参与实体的双重性，来识别技术转移中的问题和未来趋势。本章旨在回答以下问题：

（1）针对技术领域、行业、地理位置和关系类型的差异，专利交易的演进特征是怎样的？

（2）不同技术领域中主流的专利交易模式如何？对自主创新能力、技术溢出和发展瓶颈有何影响？

（3）产业内专利交易的未来趋势是怎样的？相应的政策重点是什么？

为了实现研究目的，本章首先调查了区域内和区域间专利交易的数量、广度和深度的分布演变，揭示了围绕区域创新差距以及创新要素流通效果的问题。其次，本章研究了母子公司和非母子公司之间技术转移、产学研技术转移，以及个人参与技术转移的份额变化，从而探讨技术溢出程度、产学研转化效率以及制度环境的有效性。再次，本章对技术领域与转让主体之间的关系进行交叉分析，展示了核心技术、传统技术和前沿技术在专利交易中的主导模式，揭示了各技术类别中专利交易的问题和潜力。最后，为了进行前

① 刘凤朝，肖站旗，马荣康. 多维邻近性对技术交易网络的动态影响研究 [J]. 科学学研究，2018, 36（12）: 2205-2214.

② 段德忠，杜德斌，谌颖，等. 中国城市创新网络的时空复杂性及生长机制研究 [J]. 地理科学，2018, 38（11）: 1759-1768.

瞻性分析，本章确定了主要行业中专利交易的主要技术领域，并反映了这些领域在调查期间的变化情况。

本章的贡献有两方面。就实证而言，通过对 2282658 起专利交易的大数据进行挖掘，能够深入广泛地研究专利交易的模式和趋势。这种全面的研究提供了新的事实依据，对进一步探索具有启示意义。例如，本章利用某些数据处理技术区分了母子公司和非母子公司的专利交易情况，凸显了母子公司技术转让量的下降与非母子公司技术转让量的增长之间的对比。这一发现可启发关于技术溢出增强驱动因素的理论验证，如技术外包或并购。

在实践层面，通过对专利交易演变的状态评估和趋势预测，可以为从业者和决策者揭示有效专利交易的各种障碍与潜在机遇。具体来说，对专利交易的地理调查可以反映区域创新分布极化现象是否得到缓解，以及创新要素是否实现有效流通。审视专利交易关系模式能够揭示专利交易在不同技术领域促进技术溢出和提升本土创新能力的具体作用和影响程度差异。从前瞻性的角度来看，对行业级别的热点专利交易领域的预测可以为确定行业持续发展技术瓶颈、培育重要技术热点以及确定专利交易政策的方向提供指导。

本章的布局如下：第二节介绍了专利交易分析过程中数据提取、预处理和分类分析的具体步骤；第三节展示并讨论了分析结果；第四节呈现了主要结论、政策建议和局限性；第五节为本章小节。

第二节　研究设计

一、研究框架

本研究的目的在于深入分析 2001—2020 年我国专利交易的演变趋势，以获得其在时空维度上的全面概览。图 3-1 展示了专利交易系统性研究框架，涵盖了关键步骤和主要的分析方法。

本章设计的综合研究框架包含六个关键步骤。前两个步骤涉及数据的检索和预处理程序，其后的三个步骤代表了类型学分析的不同层面，分别对样本专利按技术领域、地理区域和涉及的交易实体进行统计与可视化分析。这些步骤将揭示技术领域分布的动态变化，呈现出交易主体及其关系视角下的技术转移广度与深度在地理上的分布情况，并展示出专利交易中的主要交易关系。

在最后一个步骤中，进行了两个方面的交叉分析。一方面，是对主要交易关系在技术领域的可视化展示，以推断出前 20 个技术领域中市场化程度和垄断状况的现状；另一方面，展示了前 15 个专利交易行业的主要热点变迁，暗示了最活跃专利交易行业中的热点、瓶颈和未来发展趋势。这一分析框架旨在全面了解专利交易的时空演变特征，揭示其在不同领域和地域的动态变化，并推测未来可能的发展趋势与重点领域。

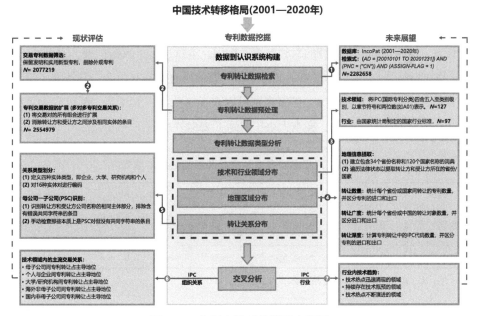

图 3-1　专利交易系统性研究框架

二、专利交易数据的采集和预处理

为了提取专利交易数据，本章开发了从 IncoPat 全球专利数据库（https://www.incopat.com/）中检索数据的流程，该数据库包含来自 120 个国家和地区的超过 1.4 亿条专利数据，并已被广泛用于中国专利分析的文献中。[①] 本章搜索了从 2001 年 1 月至 2020 年 12 月的专利数据，限定专利申请国家和法律事件为"中国"和"转让"。之所以选择了这个时间跨度，是因为 2001 年是专利交易在 1985—2000 年的平台期后显示出明显增长的起始年份。初步提取返回了 2228658 项转让专利，涵盖了进一步进行专利挖掘所需的关键数据，如专利文献信息、申请人信息、转让记录和法律状态。例如，可以从法律状态中提取专利转让方和受让方的名称及地址，该信息包含了专利再分配中实体名称及其地址在专利流通每个时点的描述性信息。

在专利筛选方面，本章保留了发明专利和实用新型专利，但排除了小额专利，最终得到了 2077219 项交易专利的样本。这种排除是因为小额专利中不包含由国际专利分类（IPC）代码表示的技术领域。由于在单个专利中可能存在多个转让方或受让方，这些专利有其独特的专利申请号标识。本章进行了数据扩展，遵循了 He 等[②]和刘晓燕等[③]的做法，提取了交易专利扩展的所有交易对组合，并消除了交易双方包含相同当事人的情况。扩展规则可以表 3-1 为例，其中 A、B 和 C 表示唯一实体名称的集合。最终，样本大小扩展到了 2554979 项。

表 3-1　对于多对多专利交易关系的数据扩展规则

类型	AB → A	A → AB	AB → C	AB → ABC	A → BC
数据扩充	B → A	A → B	A → C B → C	A → B；A → C B → A；B → C	A → B A → C
数据筛选	A → A	A → A	—	A → A；B → B	—

注：A、B 和 C 都为专利交易主体。

三、专利交易的类型分析

本章通过透明、结构化和可复现的方式，通过收集、分类、评估专利交易

① 马荣康，刘凤朝. 基于专利许可的新能源技术转移网络演变特征研究［J］. 科学学与科学技术管理，2017，38（6）：65-76；HE X J, DONG Y B, WU Y Y, et al. Factors affecting evolution of the interprovincial technology patent trade networks in China based on exponential random graph models［J］. Physica A：Statistical mechanics and its applications，2019，514：443-457.

② HE X J, DONG Y B, WU Y Y, et al. Factors affecting evolution of the interprovincial technology patent trade networks in China based on exponential random graph models［J］. Physica A：Statistical mechanics and its applications，2019，514：443-457.

③ 刘晓燕，李金鹏，单晓红，等. 多维邻近性对集成电路产业专利技术交易的影响［J］. 科学学研究，2020，38（5）：834-842，960.

数据来推断定量结果。基于分类的类型学分析是这一过程中最重要的步骤，通过收集到的数据得出结论。本部分概述了类型学调查的每个子分析中的详细实施步骤，即技术领域布局探索、地理分布、交易关系识别和交叉分析。

（一）技术领域的子分析

技术领域布局是通过每个技术领域的专利交易数量来推断的，通常由其IPC代码表示。因此，本章将从每个专利中检索到的IPC代码作为分类依据。根据世界知识产权组织（WIPO）最新版的IPC手册，IPC分为五个级别，即部、大类、小类、大组、小组，这些级别按照划分的详细程度和包含类型的数量按递增的顺序排列。① 鉴于分类的全面性与技术类型冗余之间的权衡，本章决定将IPC级别舍入至大类级别，即从每个交易专利记录中提取由大类符号和两位数字组成的IPC代码（如A01），以便进行样本分割。总共有132个IPC大类，本章中的样本包含127个。前十个大类中的专利数量占样本总数的49.44%。因此，就技术分布而言，本章的样本具有代表性和典型性。

（二）地理分布的子分析

为了揭示专利交易的地理分布，本章进行了地理信息提取，并根据转让数量、广度和深度计算了区域分布指标。数据挖掘包括四个步骤：首先，建立了省份列表和拥有最频繁专利交易的前几个国家列表；其次，构建了正则表达式，从法律状态的变量中截取转让方和受让方的地址信息；再次，遍历了列表中的匹配字符串，以获取每个专利相应的地理信息；最后，从规模、广度和深度方面衡量了区域性专利交易。专利的数量是通过统计每个省份或国家间的专利转让数量来获得的，无论是专利流入还是流出。专利交易广度来源于每个省份（国内分析）或中国（全球分析）转移对手的数量，这些数量区分了专利购买和出售。② 区域性专利交易的深度是根据区域专利转移中的

---

① WIPO ［EB/OL］. ［2023-10-26］. https://www.wipo.int/classifications/ipc/en/ITsupport/Version20210101/.

② 段德忠，杜德斌，谌颖，等. 中国城市创新技术转移格局与影响因素 ［J］. 地理学报，2018，73（4）：738-754.

IPC 代码数量计算的，区分了专利购买和出售。① 此外，还考虑了跨区域的专利交易强度，通过矩阵分配和弦图可视化进行分析。

（三）交易关系的子分析

识别专利交易实体有助于理解垄断程度、产学研技术转移和技术市场化程度。这种分析的前提是定义参与专利交易的实体，本章按照温芳芳②和 Li 等③的研究将其分为四种类型，即企业、大学、研究机构和个人。然后，对交易方的名称进行数据挖掘，以确定转让方和受让方的实体类型。根据这些实体类型的所有组合，手工编码为 16 种交易关系对，并基于此将每个专利交易记录分类为其中一种。

初步数据分析显示，企业间的专利转让量占比最大。本章进一步将这种情况细分为母公司—子公司专利转让（PS）和非母公司—子公司专利转让（non-PS），并区分国内和国际两种情况，以便深入挖掘专利大样本。此外，本章特别将 PS 定义为具有相似公司名称的情况。也就是说，在去除通用词汇后，交易双方公司名称的主干有重叠部分。

当然，必须承认上述粗略的划分方法在包含误判的同时也排除了真实的情况，因此增加了两个后续步骤以提高准确性。一方面，在从交易双方名称中提取相同词干后，采用严格的手工检查方式，由所有作者组成的小组筛选了诸如"有限公司、股份公司、技术"等通用词汇，从而得到来自 39556 个词干中的 7791 个有效 PS 过滤词，这些通用的共同字符串被排除在 PS 的数据挖掘之外，部分过滤词见表 3-2。另一方面，对于实质上是 PS 但名称中没有相同词干的交易对，从 non-PS 的专利样本中手动收集了此类异常情况（部分示例展示于表 3-3 中），以修正真负例（否定词）。

① 段德忠，杜德斌，谌颖，等. 中国城市创新技术转移格局与影响因素 [J]. 地理学报，2018，73（4）：738-754.

② 温芳芳. 基于专利许可关系网络的技术转移现状及规律研究 [J]. 情报科学，2014，32（11）：24-29.

③ LI C L, LAN T, LIU S-J. Patent attorney as technology intermediary: A patent attorney-facilitated model of technology transfer in developing countries [J]. World patent information, 2015, 43: 62-73.

表 3-2　专利交易数据提取及预处理前 100 个过滤词

序号	过滤词	词频	序号	过滤词	词频
1	有限公司	1198789	37	宁波	18951
2	公司	226348	38	苏州	18632
3	股份	200144	39	电气	17940
4	科技	187023	40	天津	17629
5	株式会社	176670	41	知识产权	17402
6	技术	115122	42	移动	17224
7	有限责任	103625	43	研究	17170
8	上海	88303	44	环保	17130
9	北京	68531	45	南京	16458
10	电子	64151	46	杭州	16329
11	集团	58536	47	系统	16287
12	科技股份	44234	48	重庆	16146
13	浙江	42415	49	创新	15687
14	深圳市	40915	50	工程	15582
15	制造	35741	51	专利	15176
16	材料	33023	52	制药	14803
17	江苏	32720	53	化学	14403
18	广东	30403	54	广州	13790
19	研究院	29593	55	集团股份	13697
20	中国	29187	56	微电子	13215
21	设备	29052	57	中心	13040
22	电器	27315	58	生物	13013
23	发展	26253	59	药业	12509
24	半导体	24539	60	武汉	12166
25	工业	24331	61	大学	12157
26	国际	24072	62	终端	11785
27	汽车	22908	63	化工	11747
28	机械	22155	64	医疗	11611
29	研究所	22001	65	显示	11532
30	通信	21412	66	日本	11238
31	实业	21151	67	策划	11106
32	许可	20284	68	战略	11036
33	山东	19789	69	能源	10814
34	湖南	19731	70	医药	10521
35	光电	19128	71	东莞市	10513
36	控股	18969	72	成都	10098

续表

序号	过滤词	词频	序号	过滤词	词频
73	智能	10020	87	厦门	7960
74	大连	9413	88	常州	7944
75	机电	9396	89	数字	7828
76	电机	9377	90	设计	7676
77	佛山市	9243	91	青岛	7615
78	四川	9188	92	自动化	7101
79	企业	9063	93	合伙	7100
80	无锡	9015	94	动力	6952
81	美国	8868	95	新能源	6904
82	投资	8734	96	德国	6825
83	安徽	8484	97	管理	6807
84	控股公司	8120	98	信息技术	6775
85	西安	8110	99	食品	6761
86	重工	8099	100	电信	6755

表 3-3　真否定词（以三大母公司—子公司为例）

母公司	子公司
阿里巴巴	先进创新技术有限公司
	创新先进技术有限公司
	天猫
	淘宝
	蚂蚁集团
	云锋基金
	恒生电子
	饿了么
	盒马鲜生
	阿里云
	钉钉
	菜鸟网络
	友盟
	优酷
	土豆
	飞猪
	UC
	高德地图
	斑马智行

母公司	子公司
阿里巴巴	神马 合一智能科技 传线网络科技 优视网络科技 高德软件 爱九游信息技术 动景计算机科技 菜鸟智能物流
丰田	电装 爱信精机株式会社 日野汽车株式会社 爱知制钢株式会社
诺华	爱尔康 山德士

四、交叉维度的子分析

交叉分析的目的是揭示技术领域内领先的转让关系和行业内技术趋势。前者通过分析 2016—2020 年排名前 20 的技术领域中主要转让实体对类型的分布来实现。特别是针对每个技术领域计算了转让方和受让方之间的前五种关系的数量，即 PS、D-non-PS（国内非母公司—子公司转让）、O-non-PS（海外非母公司—子公司转让）、URI→C（大学/研究机构与企业技术交易），以及 I→C（个人与企业技术交易），并以热图的形式进行了可视化呈现。技术领域被进一步分为五组：PS>non-PS、I→C>non-PS、URI→C>其他 IPC 分类、O-non-PS>其他 IPC 分类、D-non-PS>其他 IPC 分类。

本章分析了前 15 个行业中 IPC 代码所占比例，并呈现了每个行业中分布最多的 IPC 代码及其在 2016—2020 年份额的变化情况，以趋势图显示分布最多的 IPC 代码的变化情况。根据分布较多的 IPC 代码变化的年份和频率，进一步将行业分为三种类型，即技术热点迸发型行业、持续型行业和变动型行业。通过这种方式，可以制定有针对性的政策。

第三节 结果与讨论

本节报告了类型学分析的结果，通过这些分析，揭示了技术、地理区域和转让关系方面的趋势、现状和前景。这些定量分析为从业者提供了热点技术识别以及发明市场化潜在机会的信息。对于政策制定者来说，类型学分析有助于加深其对专利转让布局的理解，突出了未来政策制定中的时空约束和重点。

一、专利交易在技术领域和行业的分布演变

图 3-2 展示了 2001—2020 年专利交易中排名前十的技术领域的整体构成和年度分布比例。H04（电通信技术）、H01（基本电气元件）和 A61（医学或兽医学；卫生学）是专利转让中最活跃的领域，分别占总量的 16%、15% 和 14%。除了总量外，每个 IPC 领域的演变趋势表现出升降对比。G01（测量；测试）、H02（发电、变电或配电）和 B65（输送；包装；贮存；搬运薄的或细丝状材料）呈现上升趋势，而 H01 和 H04 则逐渐下降。

这些结果反映了我国专利转让涉及的技术领域演变的三个要点。首先，关于社会发展基础设施、经济进步基本要素以及国家福祉的基础技术领域[1]，一直占据着最活跃的专利转让市场，特别是医学、电信和电子元件制造技术被认定为我国的关键科技领域，代表了专利申请和知识产权保护与企业运营和战略最相关的领域。[2] 其次，H01 和 H04 份额下降归因于新能源和物流等新兴领域的重要性日益凸显。以新能源汽车为例，特别是在 H02J 和 H02M 技术领域，新能源汽车产业作为七个战略性新兴产业之一，其专利数量近年来出现了激增，加速了在供电和分配系统方面的研发工作。[3] B65 领域的专利转让

① WANG D, ZHOU T, LAN F, et al. ICT and socio-economic development: Evidence from a spatial panel data analysis in China [J]. Telecommunications policy, 2021, 45 (7): 102173; WANG D, ZHOU T, WANG M. Information and communication technology (ICT), digital divide and urbanization: Evidence from Chinese cities [J]. Technology in society, 2021, 64: 101516.

② CHEN F C. China: The next pharmacy of the world? [J]. Trends in pharmacological sciences, 2018, 39 (10): 843-848; HUANG K G-L, HUANG C, SHEN H J, et al. Assessing the value of China's patented inventions [J]. Technological forecasting and social change, 2021, 170: 120868.

③ SUN H P, GENG Y, HU L X, et al. Measuring China's new energy vehicle patents: A social network analysis approach [J]. Energy, 2018, 153: 685-693.

数量上升可能是由于物流行业正经历着智能化转型的飞跃发展。[1] 最后，专利申请和专利转让呈现出同步变化趋势。根据总专利申请统计数据，排名前三的技术领域的专利申请与专利转让情况相似，表明专利转让能够反映一个国家的专利申请情况。

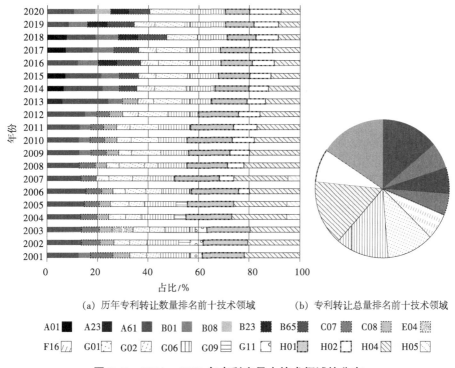

(a) 历年专利转让数量排名前十技术领域　　　　(b) 专利转让总量排名前十技术领域

A01 ■　A23 ▨　A61 ■　B01 ▨　B08 ▨　B23 ▨　B65 ▨　C07 ▨　C08 ▨　E04 ▨
F16 ▨　G01 ▨　G02 ▨　G06 ▥　G09 ▤　G11 ▫　H01 ▨　H02 ▨　H04 ▨　H05 ▨

图 3-2　2001—2020 年专利交易中技术领域的分布

二、专利交易在地理区域上的分布演变

专利贸易与转移在很大程度上取决于地理区域。不同地理区域专利的主要研究领域以及专利转移的活跃程度呈现多元化态势，间接反映了区域创新对于经济发展的促进效应。本章选取 2001—2020 年中国 34 个省份的专利转移数据进行了深入研究。

---

① LIU W H, HOU J H, YAN X Y, et al. Smart logistics transformation collaboration between manufacturers and logistics service providers：A supply chain contracting perspective ［J］. Journal of management science and engineering, 2021, 6（1）：25-52.

（一）转移规模总体分析

总体来看，2001—2020 年，江苏、浙江、广东、北京、山东和上海是我国技术转移数量最多的省份，且长三角地区省份的专利转移数量远大于京津冀地区，反映了其在技术创新上的领先地位。然而，部分省份的专利转移呈现出疲软态势，例如，在大多数中部、西部及东北部省份（如湖北、新疆、吉林），由于其自身研发能力较弱且经济发展水平不高，因此专利转移基数极小。不同省份总体专利转移数量的悬殊差距反映出我国各省份间技术转移格局具有显著的不均衡性，地区差距将会阻碍技术在不同省份间的流动，进而制约我国整体科技实力的均衡提升。因此，在我国大力推进技术创新的背景下，技术转移能力薄弱已逐渐成为制约我国发展的主要障碍[1]，未来迫切需要对区域间技术转移进行研究，以促进区域间专利交易，缩小城市间的经济实力差距，推动我国经济稳定增长。

在区域间技术转移情况方面，由表 3-4 可知，东部地区的技术转移最为活跃，且广东、江苏、浙江和山东是主要技术转移省份，中部地区和东北地区次之，西部地区技术转移活跃度最低。从专利转移的方向性来看，各区域省份内部技术转移呈现出顺差（技术流入量小于技术流出量）、逆差（技术流入量大于技术流出量）和平衡（技术流入量与技术流出量基本相同）三种不同状态。技术转移顺差和技术转移逆差较大的省份发展都较好，如广东、江苏和浙江；而技术转移平衡的城市大多是偏远的欠发达地区，如西藏、青海、宁夏、贵州。出现上述现象的一个主要原因是经济差距增大对区域外部技术流入与流出的抑制作用。[2] 经济发达地区更为重视创新，新技术的研发投入更多；相反，经济欠发达地区的研发投入较少，专利交易也相对较少。[3] 技术转移顺差的省份往往自身创新研发能力较强，其产出的创新成果也较多，因此这些省份的技术

---

① 马永红、李玲、王展昭，等. 复杂网络下产业转移与区域技术创新扩散影响关系研究：以技术类型为调节变量 [J]. 科技进步与对策, 2016, 33 (18): 35-41.

② SUN Y, GRIMES S. The actors and relations in evolving networks: The determinants of inter-regional technology transaction in China [J]. Technological forecasting and social change, 2017, 125: 125-136.

③ WANG Y D, PAN X, NING L T, et al. Technology exchange patterns in China: An analysis of regional data [J]. The journal of technology transfer, 2015, 40 (2): 252-272; ZHANG G P, DUAN H B, ZHOU J H. Investigating determinants of inter-regional technology transfer in China: A network analysis with provincial patent data [J]. Review of managerial science, 2016, 10 (2): 345-364.

流出大于技术流入。技术贸易逆差往往发生在经济发展水平较高，但囿于自身技术创新能力无法满足发展需要的省份，这些省份为了实现创新发展会投入大量资源用于引进技术，最终表现为技术流入大于技术流出。而技术转移平衡的省份由于自身创新能力较弱，技术供给不足，且经济发展水平不高而无法对技术引进给予较大投入，因此其在技术流入和流出方面的表现均不佳。

表3-4　各省份技术转移规模

序号	省份	数量	序号	省份	数量
1	广东	806263	18	陕西	52751
2	江苏	626552	19	广西	43833
3	浙江	573664	20	黑龙江	34811
4	北京	282641	21	吉林	30380
5	上海	256843	22	贵州	28223
6	山东	251382	23	山西	26897
7	安徽	186482	24	台湾	25804
8	福建	143980	25	云南	22509
9	四川	130431	26	新疆	17577
10	湖南	107632	27	香港	16807
11	湖北	107441	28	甘肃	15539
12	重庆	98338	29	内蒙古	13162
13	河南	89646	30	海南	12336
14	河北	78069	31	宁夏	7716
15	辽宁	77454	32	青海	3537
16	天津	77450	33	西藏	1705
17	江西	54317	34	澳门	169

（二）专利转移能力分析

专利转移能力是创新综合能力的一个重要组成部分，凸显了区域间技术流动和技术溢出的方向与规模，是对专利转移空间地理分析的进一步深化。基于转移方向性视角，本章参考段德忠等[①]的做法，从专利转移的集聚能力和扩散能力两个维度对各省份专利转移能力进行分析。其中，集聚能力主要通过集

---

① 段德忠，杜德斌，谌颖，等. 中国城市创新技术转移格局与影响因素［J］. 地理学报，2018，73（4）：738-754.

聚范围（向该省份转移专利的其他省份数量）和集聚深度（转入该省份的专利技术类别数量）来反映，而扩散能力则主要通过扩散范围（从该省份吸收专利的省份数量）和扩散深度（从该省份转出的专利技术类别数量）来表示。

首先，从集聚能力看（见表3-5），2001—2020年我国技术集聚能力两极化差异明显，集聚中心与集聚洼地并存，"二八效应"显著。北京、江苏、浙江、广东的集聚范围均超过25.00，集聚深度更是突破90.00，远远超过34.35的平均水平，这表明上述省份作为全国技术转移的集聚中心，拥有着广阔的技术吸收来源以及完备的技术转移体系，能够从全国绝大多数省份吸收技术，并能将所获得的技术全面吸收用于自身发展。而青海、西藏和甘肃等西部省份的集聚范围和深度均小于5.00，集聚洼地特征明显。落后的经济发展水平、偏远的地理位置和薄弱的技术创新体系将会极大阻碍这类省份的创新发展。

表3-5 各省份专利转移集聚范围和深度

序号	省份	集聚范围	集聚深度	序号	省份	集聚范围	集聚深度
1	安徽	22	67	18	辽宁	9	29
2	澳门	0	0	19	内蒙古	6	9
3	北京	31	61	20	宁夏	5	7
4	福建	17	65	21	青海	2	5
5	甘肃	1	1	22	山东	26	71
6	广东	27	98	23	山西	11	16
7	广西	7	29	24	陕西	10	12
8	贵州	8	17	25	上海	18	65
9	海南	3	5	26	四川	11	30
10	河北	14	51	27	台湾	5	8
11	河南	13	36	28	天津	11	43
12	黑龙江	7	12	29	西藏	5	4
13	湖北	15	39	30	香港	10	29
14	湖南	15	43	31	新疆	4	9
15	吉林	7	9	32	云南	9	9
16	江苏	28	98	33	浙江	28	95
17	江西	12	50	34	重庆	15	46

其次，在扩散能力方面（见表3-6），我国技术扩散空间效应显著，以京津冀、长江三角洲和珠江三角洲为核心的技术扩散三足鼎立格局凸显。其中，

广东（30.00）、北京（29.00）和浙江（27.00）的扩散范围均突破25.00，表明上述省份的专利技术具有庞大的市场需求，技术影响范围极为广阔。此外，上述省份的技术转移深度同样相当可观，且均大于95.00，展现了作为技术扩散中心省份所拥有的完善技术创新体系及丰富技术储备。显著的空间扩散效应使扩散中心省份不断辐射周边省份，从而形成了京津冀、长江三角洲和珠江三角洲三大技术扩散核心。[1]

表3-6　各省份专利转移扩散范围和深度

序号	省份	扩散范围	扩散深度	序号	省份	扩散范围	扩散深度
1	安徽	22	80	18	辽宁	12	33
2	澳门	0	0	19	内蒙古	2	6
3	北京	29	69	20	宁夏	0	0
4	福建	16	63	21	青海	2	5
5	甘肃	2	4	22	山东	28	74
6	广东	30	93	23	山西	8	13
7	广西	9	33	24	陕西	14	27
8	贵州	8	9	25	上海	25	75
9	海南	4	4	26	四川	19	60
10	河北	11	46	27	台湾	15	24
11	河南	12	44	28	天津	13	35
12	黑龙江	9	23	29	西藏	1	1
13	湖北	11	46	30	香港	11	33
14	湖南	9	43	31	新疆	5	9
15	吉林	7	10	32	云南	3	5
16	江苏	25	89	33	浙江	27	93
17	江西	12	45	34	重庆	10	28

最后，从整体来看，我国各省份间技术转移空间关联效应显著，并在地理邻近性[2]与空间距离衰减效应[3]的作用下呈现出"中心—中心"、"中心—洼

---

[1] LIU C L, NIU C C, HAN J. Spatial dynamics of intercity technology transfer networks in China's three urban agglomerations: A patent transaction perspective [J]. Sustainability, 2019, 11 (6): 1647.

[2] MA H T, FANG C L, PANG B, et al. The effect of geographical proximity on scientific cooperation among Chinese cities from 1990 to 2010 [J]. PLOS ONE, 2014, 9 (11): e111705.

[3] 段德忠，杜德斌，谌颖，等. 中国城市创新技术转移格局与影响因素 [J]. 地理学报，2018，73 (4): 738-754.

地"和"洼地—洼地"三种转移关联格局。其中,"中心—中心"转移格局以京津冀、长江三角洲和珠江三角洲为代表,是转移中心省份对周边省份进行辐射带动与强强联合所产生的结果。邻近的空间距离有助于转移中心省份间消除彼此的信息不对称问题,并能够降低专利转移所耗费的成本,从而促进转移中心省份在科技创新领域的持续发展。"中心—洼地"转移格局常见于转移中心省份与其周边中等距离省份(如湖北、安徽和福建等)的转移关系中,并且是最为普遍的一种转移格局。随着与中心省份空间距离的增大,并受制于自身创新能力相对不足,洼地省份在与中心省份进行专利转移时主要依靠中心省份的帮助,从而在中心省份获得大量的专利以供自身发展。[①] "洼地—洼地"转移格局集中于青海、西藏和甘肃等西部地区省份,该类转移格局在转移范围与转移深度方面均表现不佳,整体转移质量低下,且格局一旦形成将长期保持稳定而难以改变。同时,受制于地理距离和经济发展水平,这些省份往往难以获得有效的外部技术支持,因此将会长期陷入发展困境之中。

此外,本章在对我国国内技术转移能力进行分析的基础上,还选取了与我国进行专利转移数量排名前五的国家进行分析。如表 3-7 所示,同中国进行专利转移的国家主要为美国、德国和瑞典等北半球发达国家,且转移深度的平均值为 50.80。由此可见,中国的全球技术转移表现出了明显的"南—北合作"特征,且转移技术类别较为丰富。这在一定程度上反映了中国作为最大的发展中国家和迅速崛起的新兴经济体,2001—2020 年在科技创新领域的实力正在不断壮大,已拥有了较为全面的国际创新体系且正在不断完善。

表 3-7　与中国进行专利转移数量排名前 5 的国家

序号	国家	转入数量	转入深度	序号	国家	转出数量	转出深度
1	美国	4407	72	1	德国	2397	55
2	德国	3248	84	2	瑞典	1250	70
3	瑞典	1035	77	3	加拿大	682	37
4	韩国	873	59	4	美国	606	24
5	法国	589	21	5	芬兰	558	9

---

① SUN Y, GRIMES S. The actors and relations in evolving networks: The determinants of inter-regional technology transaction in China [J]. Technological forecasting and social change, 2017, 125: 125-136.

（三）专利转移格局演化分析

基于对各省份自身专利转移情况的分析结论，本章进一步对各省份之间的具体转移关系和转移格局进行了跨时期对比分析。图 3-3 通过弦图展示了 2011—2015 年以及 2016—2020 年两个时期专利转让数量排名前 20 省份之间的转让关系。

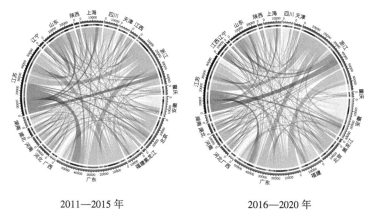

2011—2015 年　　　　　　　　　2016—2020 年

图 3-3　2011—2020 年不同地理区域专利交易关系

注：图中弧线的颜色、长度和字符串分别代表转移方向、份额和省际对的转移强度。

首先，马太效应显著，强者愈强、弱者恒弱的两极分化格局依然存在。浙江、广东、江苏等转移中心省份间的相互转移比例持续增大，转移中心省份强强联手，共同促进创新协同能力与相互转移规模的持续提升。而广西、重庆、辽宁等西部和东北地区省份则仅能从转移中心省份获取少量专利支持，且此类转移的规模总体并未明显扩大。在自身技术供给不足的情况下，这些非中心省份之间同样也难以实现大规模的专利流动，从而导致其整体技术产出规模出现萎缩，创新发展缺乏动力。

其次，非转移中心的中等发达省份逐渐成为中心省份的主要技术来源，转移能力显著提升。安徽、河南、福建等中部地区省份及东部非转移中心省份专利转移份额逐步增加。内生创新能力逐步驱动非中心中等发达省份同其他省份之间专利转移规模的扩大，且逐渐由原本的以转入为主转变为以转出为主。这一变化在非中心中等发达省份与中心省份之间所进行的技术转移中尤为明显，这类省份已逐渐成为中心省份可靠的技术来源，表明非中心中等发达省份的专利扩散能力与自身研发能力得到了显著提升。

最后，中心省份接收其他非中心省份专利转入的份额不断扩大，我国整体创新质量显著提升。转移中心省份不再主要依靠自身资源进行创新，而是越来越多地吸收来自其他非中心省份的优质创新成果。这一转移格局的变化反映出我国整体创新实力与创新质量的提升，并且可以预见我国整体专利转移格局正逐渐朝着均衡化方向发展。

三、专利交易在交易主体关系类型上的分布演变

本部分探索了在专利交易中占有相当份额的几种关系类型，包括 PS（国内或海外）、non-PS、URI（大学和研究机构）和个人发起的转移关系（见图3-4）以及它们的比例与演变。这种对专利交易的微观分解不仅反映了市场垄断、发明市场化和 URI 联系深度方面的变化，还揭示了技术溢出效应、转移中的障碍和技术转移中的调节因素。

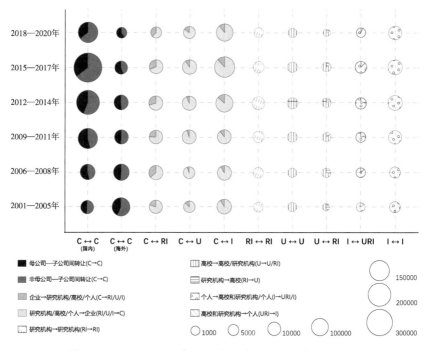

图3-4 2001—2020年不同关系类型中交易专利的分布

注：圆圈的面积表示专利交易的数量，每个圆圈内的扇形区域表示在相反的转移方向上的份额划分。C↔C（国内）和 C↔C（海外）分别代表国内和海外公司的专利转让。由于海外和国内实体之间的专利交易样本量较其他关系类型少，所以未显示该类专利交易。

　　总体而言，2001—2020 年前三种实体类型的排名保持稳定。公司参与的专利转让量最大，反映了企业通过各种渠道在专利转让中占据主导地位。个人交易的专利数量排名第二。这与 Serrano[①] 的研究结果一致，即个人发明家和小型公司，而不是中大型公司和政府机构更倾向于交易发明。涉及大学和研究机构的专利交易量最少。本部分接下来对每种实体类型进行了分解，通过观察图 3-4 中每个圆圈中扇形区域大小的变化，可以了解实体对之间的内部构成。此外，通过相关理论和专利数据的交叉验证，本部分总结了每种关系类型的可能解释（见表 3-8）。诚然，并不是所有专利交易动机都被涵盖其中。但本研究确保分析流程提取了主要原因，因为本研究聚焦了具有相当数量的专利交易类型，排除了零星、偶发的专利交易类型。

　　在企业间专利交易方面，海外 PS 和 non-PS 数量出现了急剧下降，而国内 PS 和 non-PS 数量分别出现了轻微和急剧上升。这些对比表明，国内市场化的专利交易主体逐渐取代了海外实体的主导地位。这些发现支持了优惠的科技政策和改善后的市场环境逐步深化了专利交易市场的命题。

　　就个人参与的交易而言，个人从中介公司购买的专利，以及个人向高校转让的专利数量呈上升趋势，而个人对公司、URI 对个人和个人之间的专利交易的比例略有下降。可以推断出，由信息不对称带来的市场效率低下是个人参与交易的主要障碍[②]，而知识产权运营公司在配对买卖交易中的有益功能正日益凸显。

　　关于涉及 URI 的交易，主导的 URI 对公司的专利转让规模缩小归因于 URI 间交易和公司对 URI 交易的增长。这些结果表明，大学衍生企业和横向技术转移的重要性日益提高。[③] 尽管一直被强调为政策优先事项，但从 URI 到公司的垂直转移表现为转移数量下降，这与直觉相反，表明 URI 的技术转移问题没有得到实质性解决。[④]

　　总的来说，国内企业之间的专利交易、通过中介促成的个人参与交易和

　　① SERRANO C J. Estimating the gains from trade in the market for patent rights [J]. International economic review, 2018, 59 (4): 1877-1904.

　　② 孙震. 我国个人专利维持之谜：市场摩擦的证据 [J]. 科研管理, 2019, 40 (3): 179-187.

　　③ PROKOP D. University entrepreneurial ecosystems and spinoff companies: Configurations, developments and outcomes [J]. Technovation, 2021, 107: 102286.

　　④ 王玲玲, 李植斌, 谢新宇. 基于"市场失灵"理论构建浙江省建筑业产学研联盟研究 [J]. 科技管理研究, 2011, 31 (20): 91-94.

URI 之间专利交易数量的显著增长，表明中国的大众创业、万众创新正在发生，触发了本土创新能力提升，并改善了体制环境。然而，个人交易中的信息不对称障碍和弱高校研究机构转移仍然是突出的问题，而横向转移和大学衍生企业的优势尚未得到充分发挥。

表 3-8　专利交易类型及其动机

类型	子分类	动机
公司间	海外母公司—子公司 30.20%→0.11%↓	① 母公司向子公司转让以达到技术垄断① & 复制母公司创新模式和商业路径② ② 子公司向母公司的研发或专利持有方向：充分利用本地研发资源进行逆向创新③
	国内母公司—子公司 12.87%→21.58%↑	① 集团公司内的技术内部化 ② 税基侵蚀和利润转移的会计考虑④；税收豁免对专利转让的收入和成本分摊⑤
	海外非母公司—子公司 39.77%→0.37%↓	① R&D 外包⑥ ② 兼并和收购⑦ ③ 知识产权运营
	国内非母公司—子公司 13.53%→77.70%↑	① R&D 外包 ② 兼并和收购 ③ 知识产权运营 ④ 高新技术企业认证⑧

---

① 薛求知，罗来军. 跨国公司技术研发与创新的范式演进：从技术垄断优势范式到技术竞争优势范式 [J]. 研究与发展管理，2006 (6)：30-36.

② CHI T L, NYSTROM P C, KIRCHER P. Knowledge-based resources as determinants of MNC structure：Tests of an integrative model [J]. Journal of international management, 2004, 10 (2)：219-238.

③ WILLOUGHBY K W, MULLINA N. Reverse innovation, international patenting and economic inertia：Constraints to appropriating the benefits of technological innovation [J]. Technology in society, 2021, 67：101712.

④ DHARMAPALA D. What do we know about base erosion and profit shifting? A review of the empirical literature [J]. Fiscal studies, 2014, 35 (4)：421-448.

⑤ ZHANG G P, DUAN H B, ZHOU J H. Investigating determinants of inter-regional technology transfer in China：A network analysis with provincial patent data [J]. Review of managerial science, 2016, 10 (2)：345-364.

⑥ APPIAH-ADU K, OKPATTAH B K, DJOKOTO J G. Technology transfer, outsourcing, capability and performance：A comparison of foreign and local firms in Ghana [J]. Technology in society, 2016, 47：31-39.

⑦ CAVIGGIOLI F, DE MARCO A, SCELLATO G, et al. Corporate strategies for technology acquisition：Evidence from patent transactions [J]. Management decision, 2017, 55 (6)：1163-1181.

⑧ 许玲玲，杨筝，刘放. 高新技术企业认定、税收优惠与企业技术创新：市场化水平的调节作用 [J]. 管理评论，2021, 33 (2)：130-141.

续表

类型	子分类	动机
个人参与交易	I → C 71.81%→65.00% ↓	① 个人发明人向公司转让专利① ② 知识产权运营中介匹配的交易 ③ 创业导向的投资者技术入股②
	C → I 8.22%→16.64% ↑	① 需要专利的个人通过知识产权运营公司向公司购买专利 ② 技术中介向公司购买专利
	I → URI 2.41%→4.39% ↑	高校在职人员技术转让③
	URI → I 0.56%→0.33% ↓	① 将专利转让给专利中介④ ② 专利诉讼⑤ ③ 高校企业分拆
	I → I 17.00%→13.64% ↓	专利中介之间的交易
高校和科研院所参与交易	URI → C 59.26%→47.20% ↓	① 由高新技术公司对高校、科研院所技术进行商业化 ② 由知识产权运营公司对高校、科研院所技术进行商业化
	C → URI 14.76%→26.48% ↑	① 因高校企业分拆带来专利转让 ② 专利运营公司的专利转让
	URI→ URI 25.98%→26.32% ↑	水平技术转移：寻求技术互补或突破技术瓶颈

注：I、C 和 URI 分别代表个人、公司、高校和科研院所。每个子类的份额变化用上升和下降箭头表示。

---

① LAMOREAUX N R, SOKOLOFF K L. Inventors, firms, and the market for technology in the late nineteenth and early twentieth centuries ［R］. National bureau of economic research historical working paper series, 1997.

② LAMOREAUX N R, SOKOLOFF K L. Inventors, firms, and the market for technology in the late nineteenth and early twentieth centuries ［R］. National bureau of economic research historical working paper series, 1997.

③ FONG P S W, CHANG X, CHEN Q. Faculty patent assignment in the Chinese mainland：Evidence from the top 35 patent application universities ［J］. The journal of technology transfer, 2018, 43 (1)：69-95.

④ LI C L, LAN T, LIU S-J. Patent attorney as technology intermediary：A patent attorney-facilitated model of technology transfer in developing countries ［J］. World patent information, 2015, 43：62-73.

⑤ CIARAMELLA L, MARTÍNEZ C, MÉNIÈRE Y. Tracking patent transfers in different European countries：Methods and a first application to medical technologies ［J］. Scientometrics, 2017, 112 (2)：817-850.

四、交叉分析

（一）主要交易类型在 IPC 领域的分布

在对技术领域中的转让关系多样性进行研究时，进行了技术领域与主要转移交易类型的交叉分析，展示了 2016—2020 年交易数量排名前 20 的 IPC 分类中五种主要关系类型的数量分布（见图 3-5）。总体而言，观察到 G06（计算；推算或计数）和 H01（基本电气元件）在 PS 和海外 non-PS 交易中属于热门领域。国内 non-PS、个人到企业以及高校/科研院所到企业的交易类型则集中在 B65（输送；包装；贮存；搬运薄的或细丝状材料），这可能与物流智能化转型有关。[1] 根据不同转让关系下各技术领域的相对数量，进一步将这 20 个 IPC 分类划分为五类，分别为 PS>non-PS、I→C>non-PS、URI→C >其他 IPC 分类、O-non-PS>其他 IPC 分类和 D-non-PS>其他 IPC 分类。

IPC 分类中的 PS>non-PS 类型表现出了一些显著特征，其中包括具有极高经济和社会价值的尖端技术、在国内外存在垄断地位以及相对有限的溢出效应。特别是在 D-PS>D-non-PS 和 O-PS>O-non-PS 类型中，G06 和 G02 表现出了热点趋势。G06 是智能技术（ST）的主要领域，涵盖了人工智能、数据科学和区块链等新兴技术。[2] 自 2015 年以来，智能技术在中国迅速发展，像阿里巴巴和腾讯这样的主要企业积累了大量核心技术、数据资源和投资。[3] 2016—2020 年，阿里巴巴通过并购或与其子公司达成交易的专利数量达到 11995 起，占 G06 领域 18225 项转让专利总量的 65.8%，进一步巩固了其对先进技术的控制和垄断优势。[4] G02（光学）被广泛应用于生物医学成像、半导体光刻工艺和 ICT 设备制造等领域，是许多关键技术的重要组成部

① LIU W H, HOU J H, YAN X Y, et al. Smart logistics transformation collaboration between manufacturers and logistics service providers：A supply chain contracting perspective ［J］. Journal of management science and engineering, 2021, 6 (1)：25-52.
② CHUNG S-H. Applications of smart technologies in logistics and transport：A review ［J］. Transportation research part E：Logistics and transportation review, 2021, 153：102455.
③ 张鑫, 王明辉. 中国人工智能发展态势及其促进策略 ［J］. 改革, 2019 (9)：31-44.
④ 温倩, 邹可. 基于创新能力的互联网企业并购行为研究 ［J］. 统计与决策, 2020, 36 (4)：176-180；HAGEDOORN J, DUYSTERS G. The effect of mergers and acquisitions on the technological performance of companies in a high-tech environment ［J］. Technology analysis & strategic management, 2002, 14 (1)：67-85.

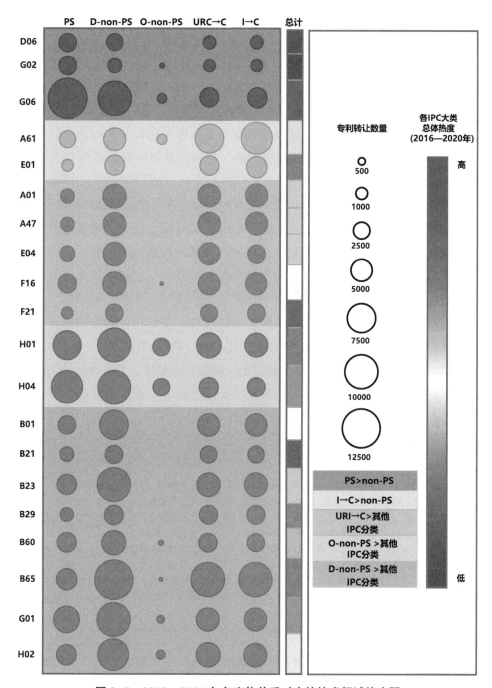

图 3-5 2016—2020 年各实体关系对应的技术领域热度图

注：每个圆表示各技术领域和关系对之间的专利转让数量。每个技术领域中的条形图表示专利交易的总量。矩形中的颜色分段表示根据右下角列出的标准定义的关系对类型。

分。① 因此，长期以来，类似 AAC 声学科技有限公司和歌尔股份有限公司这样的跨国公司通过 PS 专利转让实现了对该领域的垄断。②

在 I→C>non-PS 类别中的 IPC 特点包括高度市场化、其他专利交易实体类型的缺乏、高度集中于实用新型专利。由于个人专利被广泛认为质量较低③，这些领域的专利交易受到低水平创新的束缚。以 A61（医学或兽医学；卫生学）为例，作为后来者，我国的医疗企业在研发和市场参与方面的实力较为薄弱。④ 国内高端药品专利供应不足，专利交易集中在低端医疗设备领域，表明创新质量较低。⑤

URI→C >其他 IPC 分类中的专利交易通常出现在传统技术领域的转型中，这些领域在产学研合作方面已经配备了相对成熟的体系。E04（建筑物）是一个体现这种属性的典型技术领域。受环境污染和减排限制的影响，建筑行业的企业越来越倾向于引进来自高校和科研机构的技术，以实现智能和绿色制造的转型。⑥

在 O-non-PS 方面拥有最大份额的 IPC 代表了全球科技竞争的焦点。其中的典型技术包括 H01 和 H04，两者都涉及 ICT、物联网（IoT）、人工智能和区块链等关键技术领域。⑦ 海外企业在工业和创新链上建立了明确的分工，导致了活跃的专利交易。苹果公司和英特尔公司之间关于通信基带芯片和 CPU

---

① 骆清铭，周欣，叶朝辉. 生物医学影像学科发展现状和展望 [J]. 中国科学：生命科学，2020，50（11）：1158-1175；杨武，陈培，DAVID G. 专利引证视角下技术轨道演化与技术锁定识别：以光刻技术为例 [J]. 科学学研究，2022，40（2）：209-219；INABA T，SQUICCIARINI M. ICT：A new taxonomy based on the international patent classification [M]. Paris：OECD Publishing，2017.

② 杨武，陈培，DAVID G. 专利引证视角下技术轨道演化与技术锁定识别：以光刻技术为例 [J]. 科学学研究，2022，40（2）：209-219.

③ 孙震. 我国个人专利维持之谜：市场摩擦的证据 [J]. 科研管理，2019，40（3）：179-187.

④ 潘红玉，吕文栋，贺正楚，等. 专利视角的我国生物医药产业的技术创新 [J]. 科学决策，2017（4）：1-17.

⑤ 杨山石，金春林，黄玉捷，等. 国内外医药及医疗器械领域专利技术差异分析 [J]. 中国卫生资源，2020，23（3）：206-210.

⑥ SUN J，GONG X，ZHANG H，et al. Strategic path for high-quality development of construction industry driven by digitalization [J]. Strategic study of CAE，2021，23（4）：56-63.

⑦ CLARKE N S，JÜRGENS B，HERRERO-SOLANA V. Blockchain patent landscaping：An expert based methodology and search query [J]. World patent information，2020，61：101964；TSAY M-Y，LIU Z-W. Analysis of the patent cooperation network in global artificial intelligence technologies based on the assignees [J]. World patent information，2020，63：102000.

的广泛专利交易就是最典型的例子之一。① 结合对通信领域关键企业的制裁②，中国正面临着国内高端技术供应不足以及国外技术封锁重叠的困境。

D-non-PS 主导的专利转让集中在混合了基础和新兴技术的 IPC 领域，体现出传统技术不断更新，并在各个企业之间展开广泛技术转移的现实需求。以 H02（发电、变电或配电）为例，这个领域的广泛专利转让表明了我国新能源行业的蓬勃发展，并在一系列支持和激励政策的指导下，触发了大规模的创新③，从而提升了我国的自主创新能力④。

（二）专利交易的未来趋势

图 3-6 展示了 2016—2020 年，占专利交易最大份额的前 15 个行业中最经常交易的 IPC 类别的份额变化趋势，并用星号上标标记热点变化。通过上标星号和趋势的综合分析，将这 15 个行业进一步分类为技术热点迸发型、持续型和变动型行业。

热点迸发型行业指的是最近一段时间内核心技术突然变化的行业。例如，铁路、船舶、航空航天和其他运输设备制造业（C37）及文教、工美、体育和娱乐用品制造业（C24）属于这类行业，它们的共同之处是 2020 年专利交易热点的变化以及以前热点的下降趋势。具体来说，C37 中的专利转让热点从 B62（无轨陆用车辆）变为 B60（一般车辆），而 C24 中的专利转让热点则从 A63（运动；游戏；娱乐活动）变为 G09（教育）。传统汽车制造业内技术结构朝向新能源车辆的变化是导致 C37 变化的主要原因，因为 B60 中交易专利的大部分是 B60L（电动车辆动力装置）。政策激励⑤和创新发展⑥的协同作用推动了 C37 的这种变化。C24 的变化反映了数字文化、体育和娱乐产业的政

---

① 张鑫，王明辉. 中国人工智能发展态势及其促进策略 [J]. 改革，2019（9）：31-44.

② SHATTUCK T J. Stuck in the middle：Taiwan's semiconductor industry，the U. S. -China tech fight，and cross-strait stability [J]. Orbis，2021，65（1）：101-117.

③ WU Z L，SHAO Q L，SU Y T，et al. A socio-technical transition path for new energy vehicles in China：A multi-level perspective [J]. Technological forecasting and social change，2021，172：121007.

④ URBAN F. China's rise：Challenging the North-South technology transfer paradigm for climate change mitigation and low carbon energy [J]. Energy policy，2018，113：320-330.

⑤ WU Z L，SHAO Q L，SU Y T，et al. A socio-technical transition path for new energy vehicles in China：a multi-level perspective [J]. Technological forecasting and social change，2021，172：121007.

⑥ SUN H P，GENG Y，HU L X，et al. Measuring China's new energy vehicle patents：A social network analysis approach [J]. Energy，2018，153：685-693.

策导向，使得在线教育成为 C24 的核心技术领域，尤其是在 COVID-19 疫情的催化下。专利交易数据进一步验证了这一观点，因为 2020 年的专利交易主要集中在在线教育平台和远程虚拟现实教育设备上。

国民经济分类	IPC大类	2016年	2017年	2018年	2019年	2020年	Trend
C34	B65	△	▽	△	▬	▽	▬
C35	A61	▽	△	△	▬	△	▬
C38	H02	△*	▽	△	△	△	△
C39	G06	△	△	▽	△	▽	△
C40	G01	△	△	▽	△	△	△
C33	B23	△	△	▽	△	△	△
C26	C08	△	△	▽*	△*	△*	▽
I63	H04	△	△	△	▬	△	▽
C36	B60	△	△	▬	▬	△	▽
E48	E02	▽	△*	△*	▬*	△	▽
C37	B62	△	△	△	▽	▽*	▽
C24	A63	△	▬	△	▽	▽*	
C30	E04	△	△	△*	△	▽	
C27	A61	▽	△	△*	△*	▽*	
C31/32	C22	▽	△	▽*	△*	▽	

△ 上升趋势　　　▬ 平稳趋势　　　▽ 下降趋势　　　⌐*⌐ 热点变迁

图 3-6　前 15 个行业中热点专利交易领域份额变化趋势

　　热点持续型行业指的是那些持续受到技术瓶颈制约的行业，它们具有一个共同的特征：拥有不变的热点，并且在顶级 IPC 份额演变方面呈现上升趋势。这些行业主要包括通用和特定设备制造（C34 和 C35）、汽车制造（C36）、电气机械设备制造（C38）、计算机（C39）、仪器仪表（C40）以及电信、广播电视和卫星传输服务（I63）行业。它们都属于高端技术制造业，并且高度依赖进口。C38 行业中的 H02（发电、变电或配电）和 C40 行业中的 G01（测量；测试）被认为是这些领域的代表性热点。在 C38 行业中，H02 成为技术瓶颈的原因是该行业是一个典型的资本和技术密集型产业，具有高度的复杂性、漫长的研发周期和相对较晚的起步时间。因此，长期以来缺乏核心技术的有效供应，使得技术突破极为困难。[1] 至于 G01，它是物联网的基础，即传感器，是推动工业 4.0 和智能制造的关键驱动力之一。尽管我国在全球制造业中扮演着重要角色，但工业 4.0 和智能制造转型仍然受到依赖高端核心技术、技术创新系统效率低下以及产业链分散的限制。[2] 此外，由于起步较晚，我国大多数智能制造企业目前规模较小，持续创新能力相对较弱。[3]

热点变动型行业指的是在研究期间经历了多次专利交易技术热点变化的行业。产生这种变化现象的主要原因是行业转型升级所带来的需求变化，以及相关政策的推动。例如，在化工行业中，热点从 C08（有机高分子化合物；其制备或化学加工；基于此的组合物）转移到 B29（塑料加工；总体上处于塑料状态的物质加工），这符合绿色转型的迫切需求。[4] 例如，传统的聚合物化合物制造技术逐渐向新型安全环保技术如 3D 打印和复合材料等方向发展。类似地，在医疗制造业中，热点从 A61（医学或兽医学；卫生学）转移到 C12（生物化学；微生物学），这在很大程度上是因为受到政策导向的影响。例如，我国六个部委强调了医疗制造业向基因工程、生物催化剂技术、细胞培养和疫苗等领域发展，这一方向被明确提及于《医药工

① LI H K, HE H Y, SHAN J F, et al. Innovation efficiency of semiconductor industry in China: A new framework based on generalized three-stage DEA analysis [J]. Socio-economic planning sciences, 2019, 66: 136-148; YAN Z M, ZOU B L, DU K R, et al. Do renewable energy technology innovations promote China's green productivity growth? Fresh evidence from partially linear functional-coefficient models [J]. Energy economics, 2020, 90: 104842.

② 任继球. 推动装备制造业高质量发展 [J]. 宏观经济管理, 2019 (5): 24-29.

③ LI F Y, LIU W W, BI K X. Exploring and visualizing spatial-temporal evolution of patent collaboration networks: A case of China's intelligent manufacturing equipment industry [J]. Technology in society, 2021, 64: 101483.

④ YUAN Q Q, YANG D W, YANG F, et al. Green industry development in China: An index based assessment from perspectives of both current performance and historical effort [J]. Journal of cleaner production, 2020, 250: 119457.

业发展规划指南》中。① 这些政策引导着行业热点向新兴领域转变，以适应未来的发展需求。

第四节 结 论

一、主要结论

知识产权的取得与科技成果的商业化中，专利技术的运用扮演着关键角色，对推动区域经济发展和产业升级至关重要。学者们已对专利研发的动机、内在机制和结果提出了众多见解，但针对评估和展望目的，对专利技术布局演变的系统理解还较少。本研究通过对中国 2001—2020 年的 2282658 项专利交易数据进行分类分析，识别了技术领域的异质性、地理位置和参与实体关系，为问题发现和未来展望提供了依据。针对技术转移中的各种障碍和潜在机遇，不仅为从业者和政策制定者揭示了更广泛的利益相关者参与，也为推动有效技术转移和制定有针对性的政策提供了借鉴。主要结论如下：

2001—2020 年，电通信、基本电气元件和医学科学是专利技术交易量排名前三的技术领域，表明它们在经济进步和国家福祉中起着基础作用。智能制造、新能源和智能物流相关技术的交易数量明显呈上升趋势。

不同地理区域的专利技术演化受到技术和经济因素的决定性影响，这使得广东、江苏和浙江等发达地区成为最活跃的交易省份，具有最强的聚集和扩散能力。在全球范围内，南北技术转移显而易见，中国的主要专利进出口对象是传统科技强国，如美国、瑞典和德国。在双边关系方面，存在明显的马太效应：发达地区之间的专利技术联系日益密切，而欠发达地区之间的联系则相对较弱。中部地区的作用也在逐渐增强。

国内非集团公司间的专利技术交易份额经历了最剧烈的增长，从 13.53% 增至 77.70%，而国内母公司—子公司间的专利交易份额稍有增长。与此相

---

① 关于印发《医药工业发展规划指南》的通知 [EB/OL]. (2016-11-07) [2024-03-09]. https://www.miit.gov.cn/jgsj/ghs/wjfb/art/2020/art_46a9ce7092874472b61381c7f5e8adc6.html.

反，海外公司间的专利技术交易，不论是不是母公司—子公司关系，均随时间显著减少。另一个对比是个体参与交易的情况：中介辅助的公司对个人转让和高校专利转让份额呈上升趋势，而个人发明的市场化份额呈下降趋势。高校衍生企业和水平转移是两种得到推广的关系形式，但高校和研究机构发明的市场化份额有所下降。

主流专利交易关系在不同技术领域存在异质性。母公司—子公司之间的专利交易集中在国内智能技术等前沿技术领域，而海外母公司—子公司的专利交易集中在光学等技术领域，显示出国内外的技术垄断。以个体转让为主的 IPC 在创新水平上表现较差，这主要是由于转让的大量是实用新型专利，如医疗卫生技术。高校和科研机构主导的专利转让通常出现在传统技术领域向转型领域，包括传统行业的领域。在专利交易份额最高的 IPC 中，O-non-PS 公司占据主导地位，这是全球科技竞争的焦点，涵盖了中国最常交易的专利技术类型。D-non-PS 主导的专利交易则聚焦于基础和新兴技术领域，智能物流是典型技术领域。

未来技术转移领域的趋势可归纳为热点迸发、持续和变动。政策激励和市场需求变异导致了一些行业技术热点的迸发，如传统汽车制造向新能源车型的结构性转变。薄弱的基础和不足的自主创新能力导致高端制造业中技术瓶颈的持续存在，这些行业严重依赖进口。而拥有转移热点的行业基本上是对行业转型和升级的响应，这意味着未来可能会出现新的热点。

二、政策建议

第一，地区聚集的极化和双边交易中的马太效应加剧了地区间的不平衡。推动桥梁省份发挥枢纽功能，为中西部地区提供优惠政策，并加强东部沿海技术领先地区的辐射效应，是政策上的重点，有助于确保周边地区协调增长。同时，"南南合作"技术转移可以通过积极利用"一带一路"倡议机遇，加强与其他新兴国家的互动，充分开发技术需求市场。

第二，鉴于国内或国外的技术垄断和内部化继续主导着全球前沿技术的关注点，政府应出台优惠的研发税收政策，加强知识产权保护，并鼓励更多跨国公司参与国内市场导向的研发活动。应加强市场需求与高校/研究院研发之间的联系，以解决研究机构的参与限制。为增加研究机构技术转移的渠道，可以采用多种策略，如委托和合作研发、联合研发基地、联合创新中心，并通过商业联盟创建专利池。此外，市场摩擦和低端技术的集中影响着个人间的技术转移。为了减少专利申请的不确定性和市场交易中各方的知识不对称性，政府可以简化并缩短专利审查周期。推动专利交易的数字化平台将使没有技术转移服务渠道的个人发明者更容易、更透明地交换他们的技术。

第三，鉴于产业内预见的热点呈现迸发、持续和变动的趋势，应制定差异化的政策来培育、应对和引导。培育是指政府应投入资金和进行政策激励，确保新兴技术的顺利发展和增长。应对意味着政府应加强研究机构间的合作，调动国家力量进行联合研究以取得突破。引导意味着需要明确热点的现状和更新的需求，以推断技术发展的未来方向。

第五节　本章小结

深入了解专利交易布局的演变对于洞察问题、制定有针对性的政策至关重要。本章通过对中国2001—2020年的2282658起专利交易进行了数据挖掘和类型学分析，从技术领域的多样性、地理位置和参与实体的角度进行了评估和预测。研究发现，地理分布中存在两个显著特征。首先是双边专利交易关系中存在马太效应，以及区域聚集和扩散能力的极化情况。这些特征揭示了专利转让中的不平衡现象。尽管国内非母子公司间的专利转让呈现出激增的趋势，但前沿技术仍然主要由外国或国内技术垄断和内部化的转让所主导。此外，研究也发现产学研转移十分稀缺，而且局限于特定技术领域。个体转让面临市场摩擦，尤其是低端技术的集中转移。对于产业内专利交易的未来趋势，本研究发现可以从它们在技术热点行业中的分类推测出行业热点的迅速迸发、持续发展以及变动的情况。综上所述，本研究深刻洞察了中国专利交易格局演变的趋势。未来政策的制定应立足于消除地区间的不平衡，引导技术领域内的转让关系适当配置，并且针对不同行业量身定制相应的措施。

第四章
专利交易视角下的技术转移涌现机制

第一节　问题提出

作为技术转移的实质内容，知识元素在技术转移决策中的重要性日益凸显，以知识流动为目的而开展的技术转移活动已成为各产业创新发展的强大动力。例如，半导体巨头 AMD 公司通过收购芯片领域关键企业赛灵思以弥补自身在 DPU 领域的知识缺口，并借此进军通信等细分市场，成为全球十大芯片企业之一。而拥有较多独占性知识的半导体知识产权提供商 ARM 公司则通过向英特尔、三星、高通等公司授权芯片设计架构，从而获得大量许可收入。由此可见，表征于知识元素重组的知识创新不仅能够与技术转移相互关联，同时还可以和技术转移在双向互动中共同驱动产业技术不断发展。①

作为战略性新兴产业的重要组成部分，新能源汽车产业中技术转移与知识创新的关联互动现象尤为显著。这可从我国新能源汽车产业在 2012—2021 年不同专利转移关系类型的规模变化中得到验证。如图 4-1 所示，以知识流转为目的而进行的转移活动（非母公司—子公司及产学研转移）具有明显增幅，且其中非母公司—子公司技术转移在规模及增量上均远大于非知识流动转移（母公司—子公司间转移）。同时，新能源汽车产业知识及主体的多元特

---

① CARNABUCI G, OPERTI E. Where do firms' recombinant capabilities come from? Intraorganizational networks, knowledge, and firms' ability to innovate through technological recombination [J]. Strategic management journal, 2013, 34 (13): 1591-1613.

征也决定了技术转移和知识创新在产业链协同与多组织合作方面的重要地位。① 面对复杂技术难题，不同细分领域主体可通过构建大型研发中心实现多学科探索创新，并通过技术转移大量获取产业链上中下游专利以填补知识空缺。② 例如，我国新能源汽车龙头企业宇通客车在 2014 年加入了中国燃料电池汽车产业技术创新战略联盟，并通过该平台成功与同济大学、武汉理工大学以及中国科学院大连物理化学研究所等高校和科研机构开展技术攻关与转移合作，极大促进了我国燃料电池技术的研发和应用。③

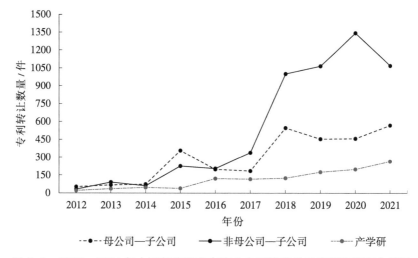

图 4-1　2012—2021 年中国新能源汽车产业专利转移关系类型规模变化情况

然而，技术转移与知识创新活动在广泛开展的同时也存在诸多瓶颈。在转移结构方面，企业始终是我国技术转移的主要参与者（占比为 84.66%），而作为研发主力的高校和科研机构则仅参与了 5.15% 的转移活动。④ 此外，外资企业在我国长期作为关键技术的转让方，其单份技术合同成交金额为内资企业的 4.4 倍，达

---

① 景睿，石秀，侯光明. 专利信息视角下我国新能源汽车技术创新研究 [J]. 科技管理研究，2018，38（15）：205-214.
② 陈芳，眭纪刚. 新兴产业协同创新与演化研究：新能源汽车为例 [J]. 科研管理，2015，36（1）：26-33.
③ 刘建华，蒲俊敏，姜照华. 新能源汽车三螺旋协同创新战略研究：以宇通为例 [J]. 企业经济，2017，36（5）：160-168.
④ 靳宗振，刘海波，曹俐莉. 新时期我国技术转移体系发展思考与建议 [J]. 软科学，2021，35（5）：50-55.

到 2322.6 万元。① 产学研合作深度不足以及核心技术获取的外部依赖性将极大制约国内技术市场的发展，同时也折射出我国各类技术主体自主创新能力薄弱的现实困境。② 在转移范围方面，我国技术转移的空间范围主要集中于区域内部，跨区域转移的互惠性与积极性均有所不足。③ 同时，集团内部主体间的技术流动比重较大，亲缘关系与组织邻近性的强作用将催生技术外溢壁垒，从而限制技术转移的扩散范围。④ 因此，如何突破我国技术转移在创新供给与技术扩散方面的瓶颈是构建和完善技术转移体系亟待攻克的难题。

基于上述背景，技术转移相关研究应充分考虑决定技术转移实质的知识簇，并以二者的因果表征与交互影响为逻辑起点，将技术转移嵌入反映组织知识整合与重组能力的知识网络中，从而探究二者的交互和驱动机制，并为消除技术转移障碍、提高技术转移效能提供参考。

第二节　研究假设

一、知识网络嵌入对技术转移方向的影响

（一）知识元素广度对技术转移的影响

知识元素广度指创新主体所拥有知识元素的数量和涉及领域的丰富程

---

① 2019 年全国技术市场统计分析 [EB/OL]. (2021-06-30) [2024-03-09]. http://www.most.gov.cn/kjbgz/202106/P020210630516698724531.pdf.

② 梁华，张宗益. 我国本土高技术企业技术创新渠道源研究 [J]. 科研管理，2011, 32 (6)：26-35；梁玲玲，张春鹏，黄静，等. 国家技术转移体系建设评估研究与实践 [J]. 科技管理研究，2020, 40 (10)：56-64.

③ 段德忠，谌颖，张杨. 中国城际技术转移等级体系空间演化与关联机制 [J]. 长江流域资源与环境，2020, 29 (1)：44-54；陈钰芬，王科平，喻成. 中国省际技术转移：空间关联与内生演化机制 [J]. 科学学研究，2023 (1)：38-50.

④ 刘佳，钟永恒. 基于专利许可的科创板企业技术转移特征研究 [J]. 科学学研究，2021, 39 (5)：892-899.

度。① 知识元素广度能够反映出创新主体知识组合活动的潜力和空间。② 较高的知识元素广度能够为创新主体建立知识元素的新组合提供更多机会，并有利于创新主体搜索和获取其他主体的知识。③ 同时，丰富的知识积累也能够增强创新主体对异质性知识的学习和理解能力，从而帮助创新主体创造更多样化的知识组合。④ 然而，多样的知识储备也可能阻碍技术转移活动的开展。一方面，当创新主体的知识基础较为多样时，不同主体之间知识结构的复杂性将会提升，这可能导致不同主体难以相互理解并形成有效的互动。⑤ 另一方面，丰富的知识元素储备也将使创新主体具备更强的知识自给能力，这将减少创新主体从其他主体获取技术的需要，从而不利于技术转移的发生。基于此，本章提出如下假设：

H1：知识元素广度对技术的转入和转出活动均具有影响。

（二）知识多元度对技术转移的影响

知识多元度指创新主体所拥有的知识资源在不同技术领域中的分布状况。⑥ Krafft 等⑦将知识多元度划分为相关多元度（related diversity）和非相关多元度（unrelated diversity），二者分别指主体在知识创新中所涉及的相关或全新技术领域知识的比例。

---

① WANG Q, VON TUNZELMANN N. Complexity and the functions of the firm：Breadth and depth [J]. Research policy, 2000, 29 (7)：805-818.

② 王萍萍，王毅. 知识单元特征对发明者知识组合行为的影响：知识网络的视角 [J]. 经济管理，2018, 40 (5)：92-107.

③ 王海花，王蒙怡，刘钊成. 跨区域产学协同创新绩效的影响因素研究：依存型多层网络视角 [J]. 科研管理，2022, 43 (2)：81-89.

④ 杨靓，曾德明，邹思明，等. 科学合作网络、知识多样性与企业技术创新绩效 [J]. 科学学研究，2021, 39 (5)：867-875.

⑤ CARNABUCI G, OPERTI E. Where do firms' recombinant capabilities come from? Intraorganizational networks, knowledge, and firms' ability to innovate through technological recombination [J]. Strategic management journal, 2013, 34 (13)：1591-1613.

⑥ KODAMA F. Technological diversification of Japanese industry [J]. Science, 1986, 233 (4761)：291-296；LIN B W, CHEN C, WU H. Patent portfolio diversity, technology strategy, and firm value [J]. IEEE transactions on engineering management, 2006, 53 (1)：17-26；ZHANG J, BADEN-FULLER C, MANGEMATIN V. Technological knowledge base, R&D organization structure and alliance formation：Evidence from the biopharmaceutical industry [J]. Research policy, 2007, 36 (4)：515-528.

⑦ KRAFFT J, QUATRARO F, SAVIOTTI P P. The knowledge-base evolution in biotechnology：A social network analysis [J]. Economics of innovation and new technology, 2011, 20 (5)：445-475.

　　知识相关多元度较高表明创新主体专注于某一特定领域的研发活动，这有利于创新主体提升自身的专业化程度和竞争优势。[1] 同时，由于同一学科范畴内的知识具有较大的互通性与关联性，因此知识元素新组合的构建难度往往较低，这将降低创新主体的学习成本，并提升知识积累的速度。[2] 但相关多元度较高也会导致创新主体所涉及的知识领域过于狭窄，并在创新过程中形成明显的路径依赖效应，进而限制创新主体通过技术转移补充其他技术领域知识的能力。[3] 此外，相关知识数量过多会使创新主体的知识冗余增多，导致创新主体知识组合的新颖性下降。[4]

　　知识非相关多元度的提升反映出创新主体在全新知识领域的不断探索。较高的非相关多元度可以提升创新主体创造新知识组合的机会和潜能，并有效分担研发风险。[5] 同时，对不同技术领域的广泛涉猎也能够为创新主体从外部获取大量异质性知识提供基础与条件。[6] 但需要注意的是，在知识吸收能力有限的情况下，差异过大的知识基础将导致创新主体出现"信息过载"现象，从而难以有效转化和吸收所获取的异质性知识。[7] 为了消化和转移这些异质性知识，创新主体往往需要付出高昂的学习成本与交易成本。[8]

　　不同类型和比例的知识多元度将对技术转移活动造成多样化影响。因此，

---

　　[1]　CHEN Y, CHANG K. Using the entropy-based patent measure to explore the influences of related and unrelated technological diversification upon technological competences and firm performance [J]. Scientometrics, 2012, 90 (3)：825-841.

　　[2]　刘岩，蔡虹，向希尧. 企业技术知识基础多元度对创新绩效的影响：基于中国电子信息企业的实证分析 [J]. 科研管理，2015，36 (5)：1-9.

　　[3]　CHEN Y, CHANG K. Using the entropy-based patent measure to explore the influences of related and unrelated technological diversification upon technological competences and firm performance [J]. Scientometrics, 2012, 90 (3)：825-841.

　　[4]　刘岩，蔡虹，裴云龙. 如何成为关键研发者?：基于企业技术知识基础多元度的实证分析 [J]. 科学学研究，2019，37 (8)：1471-1480.

　　[5]　GARCIA-VEGA M. Does technological diversification promote innovation?：An empirical analysis for European firms [J]. Research policy, 2006, 35 (2)：230-246；刘岩，蔡虹，向希尧. 企业技术知识基础多元度对创新绩效的影响：基于中国电子信息企业的实证分析 [J]. 科研管理，2015，36 (5)：1-9.

　　[6]　刘岩，蔡虹，裴云龙. 如何成为关键研发者?：基于企业技术知识基础多元度的实证分析 [J]. 科学学研究，2019，37 (8)：1471-1480.

　　[7]　刘岩，蔡虹，裴云龙. 如何成为关键研发者?：基于企业技术知识基础多元度的实证分析 [J]. 科学学研究，2019，37 (8)：1471-1480.

　　[8]　CHEN Y, CHANG K. Using the entropy-based patent measure to explore the influences of related and unrelated technological diversification upon technological competences and firm performance [J]. Scientometrics, 2012, 90 (3)：825-841.

本章提出以下假设：

  H2a：不同程度的知识相关多元度将对技术转移活动造成差异化影响。

  H2b：不同程度的知识非相关多元度将对技术转移活动造成差异化影响。

（三）知识网络中心性对技术转移的影响

  作为社会网络研究中最重要的指标之一，网络中心性可以衡量节点在网络中处于中心位置的程度，其主要包括度数中心性（degree centrality）、邻近中心性（closeness centrality）和中介中心性（betweenness centrality）三种类型。[①] 度数中心性表示与中心节点直接相连的其他节点个数，可用来考察节点充当网络中心枢纽的程度和对资源获取与控制的能力。[②] 邻近中心性指中心节点与网络中所有其他节点之间直接或间接联系的最短距离总和的倒数，能够反映整个网络中不同节点间的联系情况以及传输效率。[③] 而中介中心性则代表中心节点作为其他两个节点最短相连路径上桥梁的次数，其被广泛运用于组织合作网络中，表示中心节点能够连接和控制合作伙伴之间资源流动的程度。[④] 但在知识网络的背景下，知识元素之间并不存在控制关系，因此本节将不对该指标进行讨论。

  在知识网络中，知识元素较高的度数中心性表明其与较多其他知识元素建立过连接，因此在未来的创新活动中，这一知识元素将相应地具有较大的组合潜力。[⑤] 当新进入某一技术领域的创新主体拥有度数中心性较高的知识元素后，便能够掌握知识网络的核心枢纽，并可借此获取更多的新知识元素用

  ① FREEMAN L C. A set of measures of centrality based on betweenness [J]. Sociometry, 1977, 40 (1)：35-41.

  ② BURT R S. Structural holes：The social structure of competition [M]. London：Harvard University Press, 1992；WASSERMAN S, FAUST K. Social network analysis：Methods and applications [M]. Cambridge：Cambridge University Press, 1994.

  ③ FREEMAN L C. A set of measures of centrality based on betweenness [J]. Sociometry, 1977, 40 (1)：35-41.

  ④ DONG J Q, YANG C-H. Being central is a double-edged sword：Knowledge network centrality and new product development in U. S. pharmaceutical industry [J]. Technological forecasting and social change, 2016, 113：379-385.

  ⑤ 张振刚, 罗泰晔. 基于知识网络的技术预见研究 [J]. 科学学研究, 2019, 37 (6)：961-967, 985；张振刚, 罗泰晔. 基于知识组合理论的技术机会发现 [J]. 科研管理, 2020, 41 (8)：220-228.

于组合。① 而占据较高邻近中心性知识节点的创新主体则能够有效缩短获取其他知识元素的路径长度，从而降低技术获取的难度和交易成本。② 但应当注意的是，较高的度数中心性和邻近中心性将会使中心知识元素过度暴露，从而导致新知识元素组合的新颖性和独特性缺失，这将不利于创新主体将其知识成果转让给其他主体。同时，拥有中心知识元素的主体将面临大量信息的涌入，在吸收能力有限的情况下，这一主体将被丰富的知识所淹没，导致主体信息过载而无法吸收整合所获取的知识。③ 基于此，本章提出以下假设：

H3a：知识元素度数中心性将在创新主体发展的不同阶段对不同方向的技术转移活动造成影响。

H3b：知识元素邻近中心性将在创新主体发展的不同阶段对不同方向的技术转移活动造成影响。

（四）知识独占性对技术转移的影响

知识独占性是指知识元素所具有的仅被少数创新主体所掌握，且未被其他主体知悉或掌握的特性。④ 一个知识元素被越少的创新主体所掌握，则其独占性越高。知识独占性对技术转移活动具有多元影响。一方面，获取独占性知识能够为创新主体在陌生领域的创新活动创造更多价值。⑤ 因此，对于那些对独占性知识感兴趣的其他创新主体来说，独占性知识的存在将会吸引其与独占性知识拥有者建立联系并开展交流和技术转移活动。另一方面，独占性

① TSAI W. Knowledge transfer in intraorganizational networks：Effects of network position and nbsorptive capacity on business unit innovation and performance ［J］. Academy of management journal，2001，44 （5）：996-1004；钱锡红，杨永福，徐万里. 企业网络位置、吸收能力与创新绩效：一个交互效应模型 ［J］. 管理世界，2010 （5）：118-129.

② OPSAHL T，AGNEESSENS F，SKVORETZ J. Node centrality in weighted networks：Generalizing degree and shortest paths ［J］. Social networks，2010，32 （3）：245-251.

③ DONG J Q，YANG C-H. Being central is a double-edged sword：Knowledge network centrality and new product development in U. S. pharmaceutical industry ［J］. Technological forecasting and social change，2016，113：379-385.

④ BRENNECKE J，RANK O. The firm's knowledge network and the transfer of advice among corporate inventors：A multilevel network study ［J］. Research policy，2017，46 （4）：768-783.

⑤ BURT R S. Structural holes：The social structure of competition ［M］. London：Harvard University Press，1992.

知识也可能是其他创新主体不感兴趣或认为没有价值的知识。① 这将使其他创新主体缺乏与独占性知识拥有者进行联系的动机。此外，知识独占性还可能是由于知识元素难以同其他领域知识形成互补性组合而产生的。② 这意味着拥有独占性知识的创新主体可能会更专注于在特定知识领域内进行深入开发，从而失去同其他知识领域创新主体进行交流和技术转移的积极性。③ 基于此，本章提出以下假设：

H4：创新主体所拥有知识的独占性程度将对技术转移活动产生不同影响。

（五）知识邻近性对技术转移的影响

知识邻近性反映了不同创新主体在技术知识上的相似程度。④ 主体之间共有的知识元素越多，则知识邻近性越高，主体之间所转移知识的异质性程度也就越低。⑤ 知识邻近性能够为主体之间的有效交流创造认知基础，并能够促进主体高效获取和吸收外部知识资源。⑥ 同时，较高的知识邻近性还能够使创新主体之间对技术知识具有共同理解和共同语言，从而帮助创新主体降低沟通成本和技术交易成本，并进一步增强创新主体发现和吸收转移技术中所蕴含隐性知识的能力。⑦ 基于此，本章提出以下假设：

H5：知识邻近性对技术转移的开展具有促进作用。

---

① YAYAVARAM S, AHUJA G. Decomposability in knowledge structures and its impact on the usefulness of inventions and knowledge-base malleability [J]. Administrative science quarterly, 2008, 53 (2)：333-362.

② 张振刚，罗泰晔. 基于知识网络的技术预见研究 [J]. 科学学研究, 2019, 37 (6)：961-967, 985.

③ BRENNECKE J, RANK O. The firm's knowledge network and the transfer of advice among corporate inventors：A multilevel network study [J]. Research policy, 2017, 46 (4)：768-783.

④ 陈文婕，曾德明. 低碳技术合作创新网络中的多维邻近性演化 [J]. 科研管理, 2019, 40 (3)：30-40.

⑤ 曾德明，文金艳. 协作研发网络中心度、知识距离对企业二元式创新的影响 [J]. 管理学报, 2015, 12 (10)：1479-1486.

⑥ BOSCHMA R. Proximity and innovation：A critical assessment [J]. Regional studies, 2005, 39 (1)：61-74; CALLOIS J-M. The two sides of proximity in industrial clusters：The trade-off between process and product innovation [J]. Journal of urban economics, 2008, 63 (1)：146-162.

⑦ Brennecke J, Rank O. The firm's knowledge network and the transfer of advice among corporate inventors：A multilevel network study [J]. Research policy, 2017, 46 (4)：768-783; 刘晓燕，李金鹏，单晓红，等. 多维邻近性对集成电路产业专利技术交易的影响 [J]. 科学学研究, 2020, 38 (5)：834-842, 960.

二、技术转移网络嵌入对知识重组的影响

（一）技术转移关系类型对知识重组的影响

在技术转移众多的主体中，企业是技术转移网络的核心参与者与主导者。[①] 具体而言，按照规模不同，参与技术转移的企业可被划分为小型企业和大型企业。

相比于小型企业，大型企业往往具备更丰富的知识储备并涉及更多的技术领域，因而其知识获取与吸收能力将远远强于小型企业，并在技术转移中主要以受让方的形式存在。而小型企业在规模与发展时间的限制下知识储备往往较少，快速发展的压力将倒逼其从市场上获取其他技术；同时，为了创造更多的收益以支撑企业持续发展，小型企业也可能较为积极地将专利转出变现，因此小企业既可能是受让方，也可能是转让方。[②] 综上，本章将企业间的转移关系具体界定为两类，即小型企业向大型企业进行的技术转移以及小型企业之间进行的技术转移。

通过技术转移，小型企业可以将当前无法应用的技术进行变现以弥补研发成本，从而将更多的资金用于某一特定领域的研发活动，以此提升自身的创新能力并构成技术优势。[③] 而大型企业通过技术转移则可获取更多的空缺知识，从而弥补其在某些领域的知识空白，并降低自身研发所需的时间成本，提升自身的创新收益。[④] 基于此，本章提出以下假设：

H6a：小型企业向大型企业所进行的技术转移活动能有效促进知识重组。

H6b：小型企业间所进行的技术转移活动能有效促进知识重组。

---

① 温芳芳. 基于专利许可关系网络的技术转移现状及规律研究 [J]. 情报科学，2014，32（11）：24-29.

② FIGUEROA N, SERRANO C J. Patent trading flows of small and large firms [J]. Research policy, 2019, 48（7）：1601-1616.

③ FIGUEROA N, SERRANO C J. Patent trading flows of small and large firms [J]. Research policy, 2019, 48（7）：1601-1616.

④ BIDAULT F, FISCHER W A. Technology transactions：Networks over markets [J]. R&D management, 1994, 24（4）：373-386.

作为新知识组合的主要创造者，高校和科研机构是技术转移的重要供给方。[①] 因此，技术转移的另一种重要形式是高校和科研机构同企业进行的产学研转移。高校及科研机构的知识存量相较于企业往往更多，因而在知识势差的影响下，企业一般为技术的需求方，而高校和科研机构则为技术的供给方，二者以研发合同为基础，从而形成长期稳定的技术定向转移关系。[②] 通过产学研技术转移，企业、高校和科研机构能够有效整合各自的创新资源，并围绕行业紧缺技术进行联合攻关，以此促进研究成果向生产力和创造力快速转化。[③] 此外，企业、高校和科研机构之间的合作往往是基于知识互补性而开展的，因此具有互补知识的三方主体能够充分汇聚异质性知识元素，从而构建完备的产业知识体系，并促进显性和隐性知识在知识网络中不断产生新组合。[④] 基于此，本章提出以下假设：

H6c：高校和科研机构向企业进行的技术转移活动能有效促进知识重组。

（二）转让方、受让方中介中心性对知识重组的影响

技术转移的参与主体从广义上可被归纳为转让方（transferor）和受让方（transferee）两种类型，分别代表技术的供给方与吸收方。[⑤] 主体在网络中所处位置（即中心性）的差异将会影响知识创新的效率。[⑥] 而作为被广泛应用于组织网络中的中心性指标，中介中心性能够通过衡量主体对网络中资源流

① QUIÑONES R S, CALADCAD J A A, HIMANG C M, et al. Using Delphi and fuzzy DEMATEL for analyzing the intertwined relationships of the barriers of university technology transfer: Evidence from a developing economy [J]. International journal of innovation studies, 2020, 4 (3): 85-104.

② 涂振洲，顾新. 基于知识流动的产学研协同创新过程研究 [J]. 科学学研究，2013，31 (9): 1381-1390.

③ 余元春，顾新，陈一君. 产学研技术转移"黑箱"解构及效率评价 [J]. 科研管理，2017，38 (4): 28-37.

④ 涂振洲，顾新. 基于知识流动的产学研协同创新过程研究 [J]. 科学学研究，2013，31 (9): 1381-1390.

⑤ 温芳芳. 基于专利许可关系网络的技术转移现状及规律研究 [J]. 情报科学，2014，32 (11): 24-29.

⑥ GILSING V, NOOTEBOOM B, VANHAVERBEKE W, et al. Network embeddedness and the exploration of novel technologies: Technological distance, betweenness centrality and density [J]. Research policy, 2008, 37 (10): 1717-1731.

动的掌握程度来反映其在网络中的地位与作用。[①] 因此，本章将选取中介中心性这一指标来分析转让方和受让方所处网络位置对知识创新的影响。

中介中心性表示中心节点作为其他两个节点之间最短相连路径上桥梁的次数，能够有效反映作为中介的节点对其他相连节点之间信息资源流动的控制程度。[②] 具有较高中介中心性的节点往往位于许多其他节点直接或间接相连的路径上，这能够使核心节点更快获取多样化信息，从而影响整个网络信息和资源的流动。[③]

对转让方而言，较高的中介中心性是及时获取其他主体最新信息的重要前提，由此取得的信息优势能够增强转让方在转移活动中的议价和获益能力，并能使其有针对性地提供其他主体所稀缺的知识，从而提升网络整体创新水平。[④] 同时，中介中心性的提升也意味着转让方能够并且已经吸引了较多的转移伙伴，这将为其传递更多的新知识提供渠道和可能。[⑤] 而对于受让方而言，较高的中介中心性一方面可以帮助其获取更多新颖性知识，从而提升突破性创新形成的概率[⑥]；另一方面又会使受让方面临复杂多样知识的快速冲击，导致其知识基础在众多差异显著的方向上不断变化，这将加大受让方吸收整合新知识的难度。[⑦] 此外，大量知识的涌入也将提高知识消化吸收的成本，这意

---

① DONG J Q, YANG C-H. Being central is a double-edged sword: Knowledge network centrality and new product development in U. S. pharmaceutical industry [J]. Technological forecasting and social change, 2016, 113: 379-385.

② FREEMAN L C. A set of measures of centrality based on betweenness [J]. Sociometry, 1977, 40 (1): 35-41.

③ BURT R S. Structural holes: The social structure of competition [M]. London: Harvard University Press, 1992; NEWMAN M E J. A measure of betweenness centrality based on random walks [J]. Social networks, 2005, 27 (1): 39-54.

④ GNYAWALI D R, MADHAVAN R. Cooperative networks and competitive dynamics: A structural embeddedness perspective [J]. Academy of management review, 2001, 26 (3): 431-445.

⑤ GILSING V A, CLOODT M, BERTRAND - CLOODT D. What makes you more central? Antecedents of changes in betweenness-centrality in technology-based alliance networks [J]. Technological forecasting and social change, 2016, 111: 209-221.

⑥ GILSING V, NOOTEBOOM B, VANHAVERBEKE W, et al. Network embeddedness and the exploration of novel technologies: Technological distance, betweenness centrality and density [J]. Research policy, 2008, 37 (10): 1717-1731.

⑦ FLEMING L, SORENSON O. Technology as a complex adaptive system: Evidence from patent data [J]. Research policy, 2001, 30 (7): 1019-1039.

味着受让方将难以有效掌握所获得的新知识，从而导致其创新效率大幅下降。[1] 基于此，本章提出如下假设：

H7a：转让方中介中心性的提升将对知识重组产生正向影响。

H7b：受让方中介中心性的提升将对知识重组产生差异化影响。

（三）技术转移产业链位置对知识重组的影响

除对技术转移网络一般性特征进行分析外，本章还将针对新能源汽车产业自身的相关特征进行研究。新能源汽车产业具有分工明确且构成复杂的特征，产业链上、中、下游所对应的技术差异化显著。[2] 因此，产业链不同位置的技术转移活动在数量规模以及创新影响上也将存在差别。当前，新能源汽车产业链总体可划分为上游原料生产加工，中游电池、电机和整车控制系统研发生产，以及下游的充电设施与整车制造等环节。[3]

新能源汽车产业链上游所涉及的技术领域较为单一，表现出较高的知识相关性。因此，不同主体间所转移的知识较易被吸收运用，从而有助于渐进性创新的产生。但上游技术的研究在我国起步较晚，各类技术发展不均衡，且缺乏关键核心技术，因此现有技术转移活动难以促进上游技术产生突破性创新。[4] 产业链中游技术是我国新能源汽车产业最早发展的着力点，相关知识具有规模大、种类多的特点。[5] 多样的技术种类能够为技术转移的开展创造较多机会，从而提升知识组合的潜力，但这也反映出中游创新主体间知识差距较大的问题。[6] 过大的知识差距将增加不同主体间相互理解并转移吸收知识元素的难度和成本，因而较难促进中游技术创新的产生。与中游技术类似，下

---

① GNYAWALI D R, MADHAVAN R. Cooperative networks and competitive dynamics: A structural embeddedness perspective [J]. Academy of management review, 2001, 26 (3): 431-445.

② 郭本海，彭莹，薛会娟. 知识互溢视角下新能源汽车产业链功能演化 GERT 网络模型研究 [J]. 科技进步与对策，2021, 38 (2): 65-74.

③ 王琴英，王杰. 政策支持对中国新能源汽车产能利用率的影响效应研究 [J]. 工业技术经济，2021, 40 (8): 142-150.

④ 王静宇，刘颖琦，KOKKO A. 基于专利信息的中国新能源汽车产业技术创新研究 [J]. 情报杂志，2016, 35 (1): 32-38.

⑤ 刘国巍，邵云飞. 产业链创新视角下战略性新兴产业合作网络演化及协同测度：以新能源汽车产业为例 [J]. 科学学与科学技术管理，2020, 41 (8): 43-62.

⑥ CHEN Y, NI L, LIU K. Innovation efficiency and technology heterogeneity within China's new energy vehicle industry: A two-stage NSBM approach embedded in a three-hierarchy meta-frontier framework [J]. Energy policy, 2022, 161: 112708.

游技术同样具有种类多样、数量众多的特征，因技术差距过大而不利于创新的问题依然存在。[①] 但下游技术主要面向应用及服务领域，因此技术难度较低，相关技术在转移后较易被理解运用，从而能够促进利用式创新的产生。基于以上内容，本章提出如下假设：

H8a： 新能源汽车产业链上游技术转移能够小幅促进知识重组。

H8b： 新能源汽车产业链中游技术转移对知识重组具有差异化影响。

H8c： 新能源汽车产业链下游技术转移对知识重组具有差异化影响。

本章相关研究假设可总结为图 4-2 所示内容。

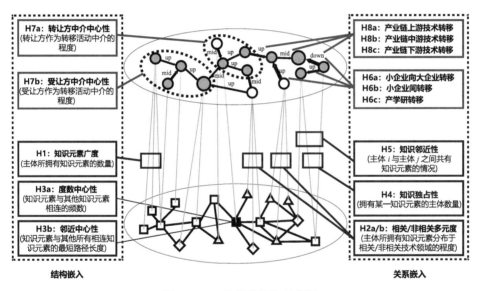

图 4-2 研究假设框架示意图

注：⬤代表企业，其大小对应企业规模；◯代表高校及科研机构；up，mid，down 分别代表产业链上、中、下游技术；□、◇、△分别代表不同类型的知识元素；▢代表技术转移嵌入对知识重组的影响因素；┊┊代表知识网络嵌入对技术转移方向的影响因素。

① CHEN Y，NI L，LIU K. Innovation efficiency and technology heterogeneity within China's new energy vehicle industry：A two-stage NSBM approach embedded in a three-hierarchy meta-frontier framework ［J］. Energy policy，2022，161：112708.

第三节　研究方法

一、数据获取

专利通常被视为技术转移和创新的主要载体，其能够反映最新的技术进步，并详细记录了技术发明和转移过程中的主要指标数据。[①] 而专利转让实质上是转让双方进行技术供需匹配的过程，这一过程中包含了技术转移所涉及的大部分信息，因而可以较好地反映技术转移关系的变化。[②] 同时，专利数据所包含的国际专利分类号可对一项技术所涉及的知识内容进行细致分类，故而较广泛地被用于表征知识元素。[③] 而 IPC 的共现（co-occurrence）关系则可有效反映不同知识元素之间的联系，从而实现知识网络的构建，并可进一步追踪知识元素组合的变化情况。[④] 因此，本章选取专利数据来实现技术转移网络与知识网络的构造。

在数据来源选取方面，本章使用 IncoPat 数据库对专利数据进行检索与下载。该数据库当前收录了全球 157 个国家/组织/地区的 1 亿余件专利信息，库内数据均来自各国知识产权管理部门和权威商业机构，相关数据内容真实可靠。且该数据库的全球专利信息每周更新四次，因此可及时获取最新的专利信息。

由于新能源汽车产业所涉及的 IPC 代码较为广泛且复杂，为了防止遗漏重要信息，本章将采用关键词组合的方法对新能源汽车产业专利数据进行检索。参考谢志明等[⑤]的做法，本章主要选取"新能源汽车""燃料电池汽车"

---

① LI F Y, LIU W W, BI K X. Exploring and visualizing spatial-temporal evolution of patent collaboration networks: A case of China's intelligent manufacturing equipment industry [J]. Technology in society, 2021, 64: 101483.

② 刘晓燕，李金鹏，单晓红，等. 多维邻近性对集成电路产业专利技术交易的影响 [J]. 科学学研究，2020，38（5）：834-842，960.

③ WANG C L, RODAN S, FRUIN M, et al. Knowledge networks, collaboration networks, and exploratory innovation [J]. Academy of management journal, 2014, 57 (2): 484-514.

④ 王萍萍，王毅. 知识单元特征对发明者知识组合行为的影响：知识网络的视角 [J]. 经济管理，2018，40（5）：92-107.

⑤ 谢志明，张媛，贺正楚，等. 新能源汽车产业专利趋势分析 [J]. 中国软科学，2015（9）：127-141.

"混合动力汽车""纯电动车"作为关键词构建检索式，并将专利申请国别限定为"中国"，专利申请时间设定为 2012—2021 年。由于专利类型可分为发明专利、实用新型专利和外观设计专利，其中发明专利因其"新颖性、创造性和实用性"的授权条件而最具创新意义，故本章将主要筛选"发明申请"和"发明授权"专利作为分析数据。此外，本章主要分析的是参与转移的相关技术，因此进一步将专利法律事件限定为"转让"及"许可"。最终，本章共获取 10419 条中国新能源汽车发明专利转让数据。

随后，为了获取知识网络分析所需数据，本章将已有专利转让数据中的参与主体提取为主体名单，并根据该名单构建申请人列表检索式以获取转移主体所拥有的全部专利。需要注意的是，外观设计专利由于不具备 IPC，故无法用于构建知识网络，因此本章将对其进行剔除处理。同时，考虑到技术转移与知识创新之间相互影响的结果产生存在一定的时间滞后性，故将检索时间范围扩大为 2008—2021 年。最终，本章共获取 667859 条中国新能源汽车技术转移主体知识元素专利数据。

二、数据处理

（一）转移主体识别、类型判断及筛选

1. 转让方、受让方识别

尽管专利著录项中已包含转让方与受让方信息，但此类数据通常会同时合并显示多个转让方或受让方，因此需要对转移主体进行识别与拆分，以避免重复计算或遗失转移关系。参考 He 等[①]的做法，本章构建了转让人与受让人关系识别规则，并利用 Python 代码进行拆分识别处理。其中，A、B、C 分别代表不同转移主体，箭头代表转移方向，具体规则如表 4-1 所示。

---

① HE X J, DONG Y B, WU Y Y, et al. Factors affecting evolution of the interprovincial technology patent trade networks in China based on exponential random graph models [J]. Physica A：Statistical mechanics and its applications, 2019, 514：443-457.

表 4-1　转移主体识别规则

类型	识别规则	类型	识别规则	类型	识别规则
A→AB	A→B	AB→C	A→C	A→BC	A→B
AB→A	B→A	AB→ABC	B→C		A→C

2. 转移主体类型判断

专利著录项信息中仅包含专利申请人类型信息，而转让人与受让人的类型信息则并无相关数据记录，因此需要对其进行进一步判断处理。本章将运用 Python 按照转移主体名称关键词遍历的方式对转移主体类型进行初步判断，在初筛结束后进行结果检查，并对少量剩余主体进行手动分类。参考温芳芳①的做法，本章将转移主体分为企业、高校、研究机构和个人四类。具体判断规则如表 4-2 所示。

表 4-2　转移主体类型判断规则

转移主体类型	判断关键词	判断规则
企业	公司、集团	出现关键词即判断为企业
高校	大学、学院	出现关键词即判断为高校
科研机构	研究院、研究所	出现关键词即判断为研究机构
个人	—	主体名称小于或等于 3 个字符

由于企业主体存在多种细分类型及关系，因此还需对其进行进一步的判断。本章将企业类型主要划分为大型企业、小型企业、母子公司以及技术服务企业。

对于大型和小型企业的划分，本章将参照国家统计局印发的《统计上大中小微型企业划分办法（2017）》②，根据企业营业收入及注册资本进行判断。完成大型企业筛选后，其余企业即为小型企业。部分大型企业及相关指标如表 4-3 所示。

---

① 温芳芳. 基于专利许可关系网络的技术转移现状及规律研究 [J]. 情报科学，2014，32（11）：24-29.

② 关于印发《统计上大中小微型企业划分办法（2017）》的通知 [EB/OL]. (2020-08-11) [2024-03-09]. http://www.stats.gov.cn/xxgk/tjgz/gjtjbz/202008/t20200811_1782335.html.

表 4-3 部分大型企业 2021 年营业收入及注册资本

企业名称	2021 年 营业收入/万元	注册资本 /万元
国家电网公司	12309900	82950000
北汽福田汽车股份有限公司	4474800	657519.2
浙江吉利控股集团有限公司	10160000	103000
北京理想汽车有限公司	2701000	100000
广州小鹏汽车科技有限公司	2098800	612631.6
上海蔚来汽车有限公司	3613600	300000
宁德时代新能源科技股份有限公司	7336200	232900.8
科力远混合动力技术有限公司	216100	202077.6

对于母子公司的判断，本章将通过转让方、受让方企业名称重合度进行初步筛选，即若企业名称在删除一般性词语（如科技、能源、公司等）后具有重合内容，则可将其判定为母子公司。此外，考虑到部分母子公司并不存在名称上的关联，因此本章将进一步对初筛后所剩结果进行手动检索。表4-4 展示了部分筛选结果。

表 4-4 部分母子公司关系对

母公司	子公司
北汽福田汽车股份有限公司	北京宝沃汽车有限公司
国家电网有限公司	北京智芯微电子科技有限公司
国家电网有限公司	北京中电普华信息技术有限公司
武汉格罗夫氢能汽车有限公司	中极氢能汽车（长治）有限公司
恒大新能源汽车投资控股集团有限公司	睿驰智能汽车（广州）有限公司
吉林博承传动系统科技有限公司	青岛莱吉传动系统科技有限公司
威马汽车科技集团有限公司	晖马中欧汽车科技成都有限公司
长城汽车股份有限公司	蜂巢能源科技股份有限公司

对于技术服务企业的判断，本章主要按照"知识产权""信息科技""服务""咨询"等关键词进行遍历判断。同时，本章也将考虑名称中无"知识产权"字样但实际为知识产权运营服务公司的企业（如"博鳌纵横"等）。

部分技术服务企业名单如表4-5所示。

表4-5　部分技术服务企业名单

企业名称
广东高航知识产权运营有限公司
合肥沃智信息科技有限公司
安徽知之信息科技有限公司
深圳鹏渤信息科技有限公司
蚌埠启邦科技信息咨询有限公司
北京中联浩科技服务有限公司
聊城敏锐信息科技有限公司
武汉投知家信息科技有限公司
合肥智慧龙图腾知识产权股份有限公司
广州博鳌纵横网络科技有限公司

3. 转移主体筛选

为了保证转移活动对知识创新产生实质影响，本章还需对不同主体间的专利转让数据进行进一步清洗筛选。具体筛选规则如表4-6所示。最终共保留863条转让记录，所涉及转移主体包括：①大型企业（7家）；②小型企业（168家）；③高校（13家）；④科研机构（4家）。

表4-6　专利数据筛选规则

筛选内容	筛选规则
① 删除个人参与转让的记录	个人创新能力较弱，且转让关系较为随机，研究价值不大
② 删除母子公司间转让的记录	集团内部出于创新动机的转让较少，且创新溢出效应不明显
③ 删除海外企业在中国进行转让的记录	本章研究对象为中国新能源汽车产业
④ 删除最终流转到知识产权公司并且未进行下一步转让的记录	此类专利未完成转让的全流程，无法体现真正意义上的技术流动
⑤ 删除小型企业一次性将全部专利转移给大型企业的记录	排除由于小型企业经营不善或被兼并收购而进行的转移

续表

筛选内容	筛选规则
⑥ 删除无专利申请记录或专利持有量小于10 的企业转让记录	此类企业知识储备过少，创新能力较弱，分析价值不足

（二）转移信息提取

1. 转让人、受让人地理位置信息提取

专利著录项中仅记录申请人地址，对转让人与受让人的地址则主要记录于专利法律状态文本中。为了提取转让人与受让人地址，本章将通过 Python 正则表达式对专利法律状态进行文本分析与地址提取。最终提取地址中包含转让人与受让人所处的国别、省份及地市信息。基于基础地理位置信息，本章进一步参考余谦等①的做法，通过百度地图开放平台对转让人和受让人所处地理位置经纬度信息进行批量检索与记录。

2. 转让时间提取

与转让人、受让人地理位置信息相同，专利转让的时间信息同样记录于专利法律状态文本中。因此，本章通过 Python 正则表达式对转让时间进行提取，具体日期精确到日。

3. 转让专利 IPC 代码提取

根据世界知识产权组织所制定的 IPC 分级规则②，一项专利的 IPC 代码按照分类细致程度可划分为部、大类、小类、大组和小组共 5 级。现有研究多采用小类 IPC（即 IPC 代码的前 4 位）来表示一项技术所涉及的知识元素，其原因在于前 4 位 IPC 代码已能够较为充分详细地反映一项专利的知识特征。③ 因此，本章将沿用已有研究的做法，将每项专利所涉及的 IPC 代码提取至前 4 位进行保存。此外，面对包含多个 IPC 代码的专利，本章将对所有 IPC

---

① 余谦，白梦平，覃一冬. 多维邻近性能促进中国新能源汽车企业的合作创新吗？［J］. 研究与发展管理，2018，30（6）：67-74.

② WIPO［EB/OL］.［2024-03-09］. https://www.wipo.int/classifications/ipc/en/ITsupport/Version20210101/.

③ GUAN J, LIU N. Invention profiles and uneven growth in the field of emerging nano-energy［J］. Energy policy, 2015, 76: 146-157; BRENNECKE J, RANK O. The firm's knowledge network and the transfer of advice among corporate inventors: A multilevel network study［J］. Research policy, 2017, 46（4）: 768-783.

代码进行去重处理，并逐一拆分保存。

4. 转移关系类型提取

基于前文筛选的四种转移主体类型，本章将对其进行进一步组合分类，最终所构建的转移关系类型包括：①小型企业→大型企业转让（195 条）；②小型企业→小型企业转让（487 条）；③高校、科研机构→企业转让（181 条）。

5. 转让专利产业链位置划分

参考刘国巍和邵云飞①以及 Chen 等②的做法，本章将通过 IPC 分类号及专利名称结合判定的方式对新能源汽车技术产业链位置进行划分。其中，上游技术转移记录包括上游原料（5 个）及上游其他（18 个）；中游技术转移记录包括电池模块（327 个）、电机和控制（225 个）、整车控制系统（38 个）和中游其他（57 个）；下游技术转移记录包括充电设施（91 个）、整车制造（58 个）和下游其他（44 个）。

（三）数据区间划分

我国新能源汽车产业的发展在很大程度上与国家政策及战略规划密切相关。我国新能源汽车技术研发攻关总体开始于 2001 年启动的国家"863 计划"电动汽车重大专项，该项目确立了"三纵三横"（三纵：混合动力汽车、纯电动汽车、燃料电池汽车；三横：电池、电机、电控）的新能源汽车技术研发布局。③

此后，科学技术部于 2012 年 3 月印发了《电动汽车科技发展"十二五"专项规划》④，提出于 2010—2015 年实现混合动力汽车产业化技术突破，2015—2020 年则将实现纯电动汽车规模产业化，并开始启动下一代纯电动汽

---

① 刘国巍，邵云飞. 产业链创新视角下战略性新兴产业合作网络演化及协同测度：以新能源汽车产业为例 [J]. 科学学与科学技术管理，2020，41（8）：43-62.

② CHEN Y, NI L, LIU K. Innovation efficiency and technology heterogeneity within China's new energy vehicle industry: A two-stage NSBM approach embedded in a three-hierarchy meta-frontier framework [J]. Energy policy, 2022, 161: 112708.

③ 科学技术部. "十五"电动汽车重大科技专项通过验收 [EB/OL]. （2006-02-20）[2024-03-09]. http://www.most.gov.cn/kjbgz/200602/t20060219_28821.html.

④ 科学技术部. 关于印发电动汽车科技发展"十二五"专项规划的通知 [EB/OL]. （2012-04-24）[2024-03-09]. http://www.most.gov.cn/xxgk/xinxifenlei/fdzdgknr/fgzc/gfxwj/gfxwj2012/201204/t20120424_93860.html.

车产业化进程。同年 6 月，国务院印发《节能与新能源汽车产业发展规划（2012—2020 年）》①，该规划提出："到 2015 年，纯电动汽车和插电式混合动力汽车累计产销量力争达到 50 万辆；到 2020 年，纯电动汽车和插电式混合动力汽车生产能力达 200 万辆、累计产销量超过 500 万辆，燃料电池汽车、车用氢能源产业与国际同步发展"，标志着中国新能源汽车产业化发展的全面启动。

2017 年党的十九大提出"建立健全绿色低碳循环发展的经济体系"的高质量发展目标，在这一背景下，我国新能源汽车产业政策再次进行了重大调整。2017 年 1 月，工信部出台了《新能源汽车生产企业及产品准入管理规定》②，从设计开发能力、生产能力、产品生产一致性保证能力、售后服务及产品安全保障能力等方面提高了新能源汽车产业的准入门槛及监管要求，促进了新能源汽车产业的持续健康发展。同年 9 月，工信部、财政部、商务部、海关总署及原质检总局等联合出台了《乘用车企业平均燃料消耗量与新能源汽车积分并行管理办法》③，该办法提出建立节能与新能源汽车管理长效机制，促进汽车产业健康发展的目标，明确了未来中国汽车产业的发展方向。

因此，基于上述国家政策与产业战略规划，并参考刘岩等④以五年为数据分割节点来降低技术环境变化噪声影响的处理方法，本章将新能源汽车产业专利数据划分为 2012—2016 年以及 2017—2021 年两个阶段。

三、网络构建

（一）技术转移网络构建

技术转移的主体为企业、高校或科研机构，因此本章将使用 $N_i^T(i = 1,$

---

① 国务院关于印发节能与新能源汽车产业发展规划（2012 - 2020 年）的通知［EB/OL］.（2012 - 07 - 09）［2024 - 03 - 09］. http://www.gov.cn/zhengce/content/2012 - 07/09/content_3635.htm.

② 政策法规司. 新能源汽车产生企业及产品准入管理规定［EB/OL］.（2017 - 01 - 16）［2024 - 03 - 09］. https://www.miit.gov.cn/zwgk/zcwj/flfg/art/2020/art_3babdec2018a43a1ab5d4ccca96baf37.html.

③ 工业和信息化部. 乘用车企业平均燃料消耗量与新能源汽车积分并行管理办法［EB/OL］.（2017 - 09 - 28）［2024 - 03 - 09］. https://www.miit.gov.cn/jgsj/zbys/qcgy/art/2020/art_f09be90b302f4875928ac1c05a5c3bbc.html.

④ 刘岩，蔡虹，向希尧. 企业技术知识基础多元度对创新绩效的影响：基于中国电子信息企业的实证分析［J］. 科研管理，2015，36（5）：1-9.

$2,\cdots,n$）表示技术转移的参与主体 i（即节点）。由于技术转移活动具有明显的方向性（即技术将会从转让方转移到受让方），故技术转移网络应为有向网络。基于此，本章将使用有向邻接矩阵 $\boldsymbol{L}^T = [l_{ij}^T]$ 表示主体间的技术转移关系（即连边），其中，$l_{ij}^T = 1$ 即表示主体 i 将自身专利技术转移给主体 j。此外，考虑到主体间的技术转移活动往往不止一次，因此本章将构建权重矩阵 $\boldsymbol{W}^T = [w_{ij}^T]$ 来表示主体 i 和主体 j 之间的技术转移频次。基于 N_i^T、$\boldsymbol{L}^T$、$\boldsymbol{W}^T$ 即可构建技术转移活动的有向加权网络。

（二）知识网络构建

本章所构建知识网络的节点主要为专利所蕴含的知识元素（即一项专利中所包含的 IPC 前四位代码），因此本章将使用 $N_i^K (i = 1, 2, \cdots, n)$ 表示知识网络中的知识元素 i（即节点）。一项知识创新成果往往是多个知识元素重新组合关联而形成的，因而当若干个未组合过的 IPC 出现在同一项专利中时，两两知识元素之间即可形成新的连边关系。[①] 同时，该连边关系并不具备方向性，故本章所构建的知识网络应为无向网络。鉴于此，本章将使用无向对称矩阵 $\boldsymbol{L}^K = [l_{ij}^K]$ 来表示不同知识元素间的新关联情况（即连边），其中，若 $l_{ij}^K = 1$，则表示知识元素 i 与知识元素 j 之间相较于上一年度（环比）存在新关联。与技术转移网络相似，不同知识元素也可能同时出现在多个专利中，因此知识元素之间的连边关系也应当加入权重以反映关联频次。本章将构建权重矩阵 $\boldsymbol{W}^K = [w_{ij}^K]$ 来表示知识元素 i 和知识元素 j 之间相关联的频次。基于 N_i^K、$\boldsymbol{L}^K$、$\boldsymbol{W}^K$ 即可构建知识元素的无向加权网络。

图 4-3 和图 4-4 所示为 2012—2016 年和 2017—2021 年两个阶段中国新能源汽车产业技术转移与知识创新双层网络。

---

① GRANT R M. Toward a knowledge-based theory of the firm [J]. Strategic management journal, 1996, 17 (S2): 109-122; CARNABUCI G, OPERTI E. Where do firms' recombinant capabilities come from? Intraorganizational networks, knowledge, and firms' ability to innovate through technological recombination [J]. Strategic management journal, 2013, 34 (13): 1591-1613.

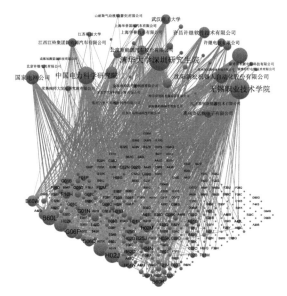

图 4-3　2012—2016 年技术转移与知识创新双层网络

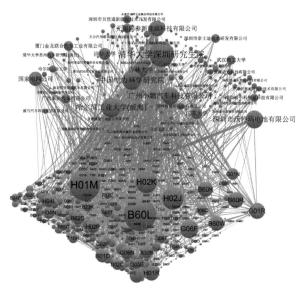

图 4-4　2017—2021 年技术转移与知识创新双层网络

四、网络描述性分析

（一）技术转移网络特征分析

表 4-7 展示了技术转移网络的基本统计数据。结合节点数量与边数量可知，

技术转移网络在两个阶段内的网络规模出现了显著扩大趋势，节点数量由最初的 52 个增加到了 230 个。由图 4-5 和图 4-6 可知，在 2012—2016 年的所有节点中，国家电网公司、科力远混合动力技术有限公司和江苏大学是最为活跃的三个主体。这一结构特征与该阶段我国以发展混合动力技术为主，同时进行新能源汽车基础设施建设和技术研发的产业背景相吻合。而在 2017—2021 年，技术转移活跃度排名前三的主体则转变为威马汽车科技集团有限公司、深圳市贝优通新能源技术开发有限公司和深圳市奈士迪技术研究有限公司，反映出我国新能源汽车产业的快速发展态势以及市场主体多元化特征。

考虑网络整体演化特征可知，随着技术转移网络规模的扩大，网络密度呈现出下降趋势（由 0.014 下降至 0.004），这反映出新能源汽车技术转移主体间的关联愈发稀疏。同时，节点间连接关系主要为单向转移，表明技术转移的互惠性仍较为缺乏。而两个阶段网络的平均路径长度呈现下降趋势，表明技术转移网络的信息传输效率以及转移主体学习掌握外部知识的能力均有所提升。[1] 由图 4-5 和图 4-6 可知，两个阶段技术转移网络均表现出少量节点具有大量连接，而大量节点则仅有少量连接的情况，且网络节点度数均呈幂律分布（见图 4-7），因此技术转移网络具有无标度（scale-free）特征，即少量核心节点的存在将对网络的演化产生较大影响。[2] 进一步观察网络结构与度数和强度指标可发现，技术转移网络具有明显的优先链接效应（preferential attachment），即网络中度数较低的主体往往倾向于优先同具有较高度数和强度的主体建立联系。[3]

表 4-7　技术转移网络的基本统计数据

时期	2012—2016 年	2017—2020 年
节点数量	52	230
边数量	36	204

① 刘凤朝，楠丁. 地理邻近对企业创新绩效的影响 [J]. 科学学研究，2018，36（9）：1708-1715.

② BARABÁSI A-L, BONABEAU E. Scale-Free networks [J]. Scientific American, 2003, 288（5）：60-69；范如国. 复杂网络结构范型下的社会治理协同创新 [J]. 中国社会科学，2014（4）：98-120, 206.

③ BARABÁSI A-L, ALBERT R. Emergence of scaling in random networks [J]. Science, 1999, 286（5439）：509-512.

续表

时期	2012—2016 年	2017—2020 年
网络密度	0.014	0.004
平均路径长度	1.379	1.291
平均度	0.692	0.887
入度最大值	8	32
入度标准差	1.294	2.249
出度最大值	3	17
出度标准差	0.748	1.988
平均强度	3.135	3.096
入强度最大值	48	104
入强度标准差	8.571	8.497
出强度最大值	34	51
出强度标准差	5.965	6.741

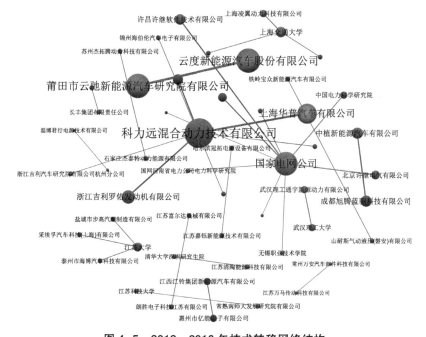

图 4-5　2012—2016 年技术转移网络结构

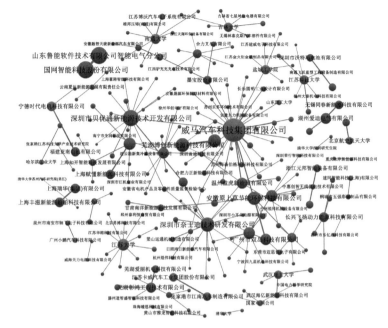

图 4-6 2017—2021 年技术转移网络结构

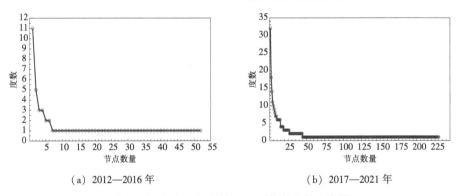

（a）2012—2016 年　　　　　　　　（b）2017—2021 年

图 4-7 两个阶段技术转移网络节点度数分布情况

（二）知识网络特征分析

知识网络的基本统计信息如表 4-8 所示。由知识网络的节点数量、边数量、密度、度数和强度等指标变化情况可知，2012—2021 年新能源汽车知识网络整体规模伴随着连接数量和权重的增加而显著上升，同时整体网络变得更加密集，表明知识新组合类型不断丰富，且不同知识元素间的联系日益紧密。从图 4-8 和图 4-9 中可知，两个阶段知识网络中的核心知识元素均为 H02J（供电或配电的电路装置或系统；电能存储系统）、H02K（电机）、

H01M（用于直接转变化学能为电能的方法或装置，如电池组）、B60L（电动车辆动力装置）以及 B60K（车辆驱动装置），表明我国新能源汽车产业正在按照国家制定的"三横"（即电池、电机、电控）研发布局开展创新活动。

　　进一步对知识网络平均路径长度和平均聚类系数进行分析可知，两个阶段知识网络的平均聚类系数（0.269 和 0.400）均高于相同节点大小和密度的随机网络聚类系数（0.030 和 0.032）。而平均路径长度（3.181 和 2.639）则均小于相同节点大小和密度的随机网络（3.304 和 2.709）。因此，新能源汽车技术网络表现出了小世界（small world）特征。[①] 同时，2017—2021 年网络的平均路径长度较 2012—2016 年显著减小，而平均聚类系数则显著增大，表明网络中知识元素流动的损耗减少，信息传递效率提升，并且网络节点间的连通度不断增强。[②]

表 4-8　知识网络基本统计信息

时期	2012—2016 年	2017—2021 年
节点数量	192	352
边数量	477	1854
网络密度	0.026	0.030
平均路径长度	3.181	2.639
平均聚类系数	0.269	0.400
平均度	4.969	10.534
度最大值	44	107
度标准差	7.341	16.259
平均强度	217.99	667.688
强度最大值	4830	25627
强度标准差	525.96	1899.417

---

　　① WATTS D J, STROGATZ S H. Collective dynamics of 'small-world' networks [J]. Nature, 1998, 393 (6684)：440-442.

　　② 汪涛, HENNEMANN S, LIEFNER I, 等. 知识网络空间结构演化及对 NIS 建设的启示：以我国生物技术知识为例 [J]. 地理研究, 2011, 30 (10)：1861-1872.

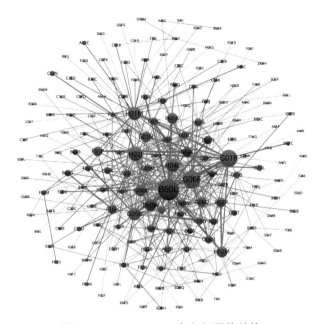

图 4-8　2012—2016 年知识网络结构

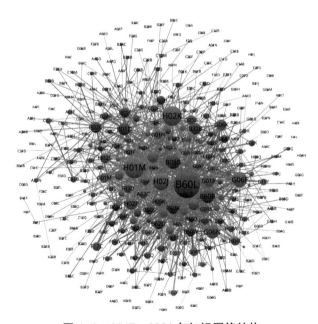

图 4-9　2017—2021 年知识网络结构

五、模型设定

（一）指数随机图模型

不同于以往研究主要通过传统统计或计量方法（如负二项回归、Probit 模型等）来分析技术转移与知识创新的相关问题[1]，本章将使用指数随机图模型来探究技术转移网络及知识网络的内在机理与影响因素。

ERGM 最早起源于 Frank 和 Strauss[2] 所提出的马尔科夫随机图模型，该模型主要用于解决网络关系变量中相互依赖的问题。之后，Wasserman 和 Faust[3] 对该方法进行了扩展并将其运用到更多的网络分析中，他们将此类模型统称为 p* 模型。近年来，ERGM 被广泛应用于创新扩散网络、合作研发网络以及区域协同创新网络等不同网络研究中。[4]

ERGM 是一种以网络结构特征为核心的统计分析模型，其能够通过类似于逻辑回归（logistic regression）的一般指数形式来拟合并解释所观测到的网络结构特征。[5] 不同于传统计量或统计模型将内生变量与外生变量分开研究的做法，ERGM 能够综合考虑网络内生结构与外生因素对网络演化的影响，这对于解释网络关系之间的依赖性具有显著优势。[6] 同时，ERGM 允许进行多样

① LIU C L, NIU C C, HAN J. Spatial dynamics of intercity technology transfer networks in China's three urban agglomerations：A patent transaction perspective［J］. Sustainability, 2019, 11（6）；王萍萍，王毅. 知识单元特征对发明者知识组合行为的影响：知识网络的视角［J］. 经济管理, 2018, 40（5）：92-107.

② FRANK O, STRAUSS D. Markov Graphs［J］. Journal of the American statistical association, 1986, 81（395）：832-842.

③ WASSERMAN S, FAUST K. Social network analysis：Methods and applications［M］. Cambridge：Cambridge University Press, 1994.

④ 王海花，孙芹，杜梅，等. 长三角城市群协同创新网络演化及形成机制研究：依存型多层网络视角［J］. 科技进步与对策, 2020, 37（9）：69-78；MA D, YU Q, LI J, et al. Innovation diffusion enabler or barrier：An investigation of international patenting based on temporal exponential random graph models［J］. Technology in society, 2021, 64：101456；MA D, LI Y, ZHU K, et al. Who innovates with whom and why? A comparative analysis of the global research networks supporting climate change mitigation［J］. Energy research & social science, 2022, 88：102523.

⑤ 刘华军，杜广杰. 中国雾霾污染的空间关联研究［J］. 统计研究, 2018, 35（4）：3-15.

⑥ KIM J Y, HOWARD M, COX PAHNKE E, et al. Understanding network formation in strategy research：Exponential random graph models［J］. Strategic management journal, 2016, 37（1）：22-44；HE X J, DONG Y B, WU Y Y, et al. Factors affecting evolution of the interprovincial technology patent trade networks in China based on exponential random graph models［J］. Physica A：Statistical mechanics and its applications, 2019, 514：443-457.

变形和扩展，从而将影响网络生成的各类因素尽可能多地纳入模型中。[1] 一般而言，影响网络形成演化的因素可分为三类：①内生结构效应，即网络内部节点能够通过自我组织的形式生成某些特定结构关系，而这些内生结构关系的出现则往往会影响网络中其他关系的形成；②节点属性效应，主要指网络节点自身所具备的某些特征能够影响网络中连边的形成概率；③外生网络效应，主要指不同网络之间存在的共生现象能够影响对应位置网络连边形成的概率。ERGM 能够考虑的外生网络类型较为丰富，主要包括地理、知识、经济、文化、制度、语言等方面。[2]

参考 Robins 等[3]的研究，ERGM 的一般形式可表现为：

$$P_r(Y = y) = \left(\frac{1}{k}\right) \exp\left\{\sum_A \theta_A g_A(y)\right\} \qquad (4-1)$$

式中，Y 表示模型生成的所有拟合网络；y 表示观测到的具体网络；$P_r(Y = y)$ 表示模型生成网络 Y 实现观测网络 y 的概率；k 为归一化常数，用于确保式（4-1）符合适当的概率分布，并使所有概率的取值之和为 1；θ_A 为所观测网络中 A 类网络结构或节点属性统计量的系数，其方向和大小能够反映 A 类因素对网络形成发展的影响情况。θ_A 的取值由模型拟合来估计，并主要通过指数转化方法（e^{θ_A}）计算优势比（Odds Ratios，OR）来表示某一变量对网络关系形成的影响程度。[4] $g_A(y)$ 表示 A 类网络结构或节点属性所对应的网络统计量。

本章所采用的 ERGM 可具体表述为：

$$P_r(Y = y) = \left(\frac{1}{k}\right) \exp\{\theta_\alpha g_\alpha(y) + \theta_\beta g_\beta(y,x) + \theta_\gamma g_\gamma(y,x)\} \qquad (4-2)$$

式中，$g_\alpha(y)$ 表示影响网络形成演化的内生结构统计量；$g_\beta(y,x)$ 表示网络的节点属性统计量；$g_\gamma(y,x)$ 表示外生网络协变量；θ_α，θ_β，θ_γ 分别表示各统计量对应的系数。

ERGM 的初始值通常使用伪极大似然估计方法（Pseudo Maximum Likelihood Estimation，PMLE）获取，然后通过马尔科夫链-蒙特卡罗（Markov Chain Monte

---

① 刘华军，杜广杰. 中国雾霾污染的空间关联研究 [J]. 统计研究，2018，35（4）：3-15.
② 哈瑞斯. 指数随机图模型导论 [M]. 杨冠灿，译. 上海：格致出版社，2016.
③ ROBINS G, PATTISON P, KALISH Y, et al. An introduction to exponential random graph（p*）models for social networks [J]. Social networks, 2007, 29（2）：173-191.
④ 哈瑞斯. 指数随机图模型导论 [M]. 杨冠灿，译. 上海：格致出版社，2016.

Carlo，MCMC）参数估计方法来选取可能实现的网络进行反复迭代比较直至模型收敛，从而完成随机图概率的构建。① 此外，ERGM 可通过比较赤池信息准则（Akaike Information Criterion，AIC）与贝叶斯信息准则（Bayesian Information Criterion，BIC）的大小来评价模型对真实网络的拟合情况，AIC 和 BIC 的数值越小，则表明模型越接近观测网络。② 最后，ERGM 可通过拟合优度（Goodness of fit，Gof）来比较最优模型生成的随机网络与观测网络间的匹配程度。③ 本章研究过程中的模型处理均通过 R 语言中的"ERGM"包④实现⑤。

（二）ERGM 变量测度

ERGM 假设网络关系的形成演化具有自组织特征，并且会受到外生因素的影响。⑥ 因此，ERGM 中的解释变量应包括内生结构效应、节点属性效应和外生网络效应三种主要类型。⑦

1. 内生结构效应变量

内生结构效应的种类众多，主要包括边数、交互性、聚敛性、扩散性和传递性等指标，这些指标能够从多角度考虑网络关系间的特定依赖结构对网络关系形成所产生的影响。⑧ 其中，聚敛性、扩散性和传递性是当前使用最广泛的三种内生

① MORRIS M，HANDCOCK M S，HUNTER D R. Specification of exponential-family random graph models：Terms and computational aspects [J]. Journal of statistical software，2008，24（4）：1548-7660.

② SCOTT T A. Analyzing policy networks using valued exponential random graph models：Do government-sponsored collaborative groups enhance organizational networks? [J]. Policy studies journal，2016，44（2）：215-244；SILK M J，FISHER D N. Understanding animal social structure：Exponential random graph models in animal behaviour research [J]. Animal behaviour，2017，132：137-146.

③ 何喜军，董艳波，武玉英，等. 基于 ERGM 的科技主体间专利技术交易机会实证研究 [J]. 中国软科学，2018（3）：184-192.

④ https：//cran. r-project. org/web/packages/ergm/index. html.

⑤ HUNTER D R，HANDCOCK M S，BUTTS C T，et al. ERGM：A package to fit，simulate and diagnose exponential-family models for networks [J]. Journal of statistical software，2008，24（3）：1-29.

⑥ HUNTER D R，HANDCOCK M S，BUTTS C T，et al. ERGM：A package to fit，simulate and diagnose exponential-family models for networks [J]. Journal of statistical software，2008，24（3）：1-29.

⑦ HE X J，DONG Y B，WU Y Y，et al. Factors affecting evolution of the interprovincial technology patent trade networks in China based on exponential random graph models [J]. Physica A：Statistical mechanics and its applications，2019，514：443-457.

⑧ 刘华军，杜广杰. 中国雾霾污染的空间关联研究 [J]. 统计研究，2018，35（4）：3-15.

结构变量。[①] 聚敛性和扩散性主要用于有向网络中，能够通过计算节点的入度（in-degree）和出度（out-degree）来分别考察网络中每个节点所具有的发送者（sender）效应和接收者（receiver）效应，反映出了节点在网络中的受欢迎程度以及对资源的吸收和发送能力。[②] 而传递性（transitivity）则指拥有共同连接关系的两个节点之间更有可能建立新的联系，即"朋友的朋友也能够成为我的朋友"。[③] 传递性的两个重要细分指标分别为二元组共享伙伴（Dyad-wise Shared Partner，DSP）和边共享伙伴（Edge-wise Shared Partner，ESP），它们分别是交替k两路径（alternating k-two-path）和交替k三角（alternating k-triangle）结构在加入共享伙伴统计量后的表现形式。[④] 其中，二元组共享伙伴指存在一个不论是否连通的二元组（dyad，即成对的相连或未相连节点），其所包含的每个节点都与网络中的若干个第三方节点相连接的情况。而边共享伙伴则是二元组共享伙伴的一种特殊情况，其主要指一个相连通的二元组所包含的每个节点都与网络中若干个第三方节点相连。[⑤]

结合技术转移网络的无标度特征以及知识网络的小世界特征，本章拟将聚敛性和扩散性用于研究技术转移网络中转让方和受让方的结构特性对新技术转入或转出关系产生的影响。而传递性则将用于考察知识网络中已有知识元素组合的存在对新知识组合产生概率的影响。同时，为了弥补模型退化所导致的模型内生结构变量缺失，并准确分析加权网络的内生结构效应，本章将参考刘华军和杜广杰[⑥]的做法，通过使用几何加权项来衡量网络中的复杂结构依

① HE X J，DONG Y B，WU Y Y，et al. Factors affecting evolution of the interprovincial technology patent trade networks in China based on exponential random graph models [J]. Physica A：Statistical mechanics and its applications，2019，514：443-457；刘晓燕、李金鹏，单晓红，等. 多维邻近性对集成电路产业专利技术交易的影响 [J]. 科学学研究，2020，38（5）：834-842，960.

② HUNTER D R. Curved exponential family models for social networks [J]. Social networks，2007，29（2）：216-230；SHI J，WANG X，PENG T-Q，et al. Understanding interactions in virtual HIV communities：A social network analysis approach [J]. AIDS Care，2017，29（2）：239-243.

③ 哈瑞斯. 指数随机图模型导论 [M]. 杨冠灿，译. 上海：格致出版社，2016；SNIJDERS T A B，PATTISON P E，ROBINS G L，et al. New specifications for exponential random graph models [J]. Sociological methodology，2006，36（1）：99-153.

④ HUNTER D R. Curved exponential family models for social networks [J]. Social networks，2007，29（2）：216-230；HUNTER D R，HANDCOCK M S，BUTTS C T，et al. ERGM：A package to fit，simulate and diagnose exponential-family models for networks [J]. Journal of statistical software，2008，24（3）：1-29.

⑤ HUNTER D R. Curved exponential family models for social networks [J]. Social networks，2007，29（2）：216-230.

⑥ 刘华军，杜广杰. 中国雾霾污染的空间关联研究 [J]. 统计研究，2018，35（4）：3-15.

赖关系。具体地，几何加权入度（Geometrically Weighted in-degree，GWID）和几何加权出度（Geometrically Weighted out-degree，GWOD）将被用于技术转移网络的内生结构效应分析；而几何加权二元组共享伙伴（Geometrically Weighted Dyadwise Shared Partner，GWDSP）和几何加权边共享伙伴（Geometrically Weighted Edgewise Shared Partner，GWESP）则将被用于知识网络的内生结构效应分析。

2. 节点属性效应变量

为了探究知识网络嵌入将会对技术转移主体间的转入、转出关系产生何种影响，本章将基于第二节所提出的各类假设，将知识网络的多种特征变量嵌入技术转移网络，并将这些变量作为节点属性纳入技术转移网络 ERGM。参考 Brennecke 和 Rank[1] 以及王萍萍和王毅[2] 的做法，本章所选取的知识网络嵌入技术转移网络节点属性包括：①知识元素广度（breadth）；②知识相关多元度（related diversity）与非相关多元度（unrelated diversity）；③知识网络加权度数中心性（weighted degree centrality）与邻近中心性（closeness centrality）；④知识独占性（uniqueness of knowledge）。此外，鉴于本章所构建的技术转移网络为有向加权网络，故节点属性对网络连边形成概率的方向性影响（即接收者效应与发送者效应）也需纳入模型。为了实现该目标，本章拟将上述节点属性分别作为节点入协变量（nodeicov）和节点出协变量（nodeocov）进行分析。

而对于技术转移网络嵌入将如何影响知识网络创新组合关系形成这一问题，本章将基于第二节所提出的假设，分别从转移主体关系类型、转移主体中介中心性以及转移技术所属产业链位置三个方面引入知识网络的节点协变量。具体而言，转移主体关系类型包括：小型企业→大型企业（small to large）、小型企业→小型企业（small to small）以及高校和科研机构→企业（university & research institution to company）三种；转移主体中介中心性包括：转让方中介中心性（transferor betweenness centrality）与受让方中介中心性（transferee betweenness centrality）两种；而转移技术所属产业链位置则

---

① BRENNECKE J, RANK O. The firm's knowledge network and the transfer of advice among corporate inventors: A multilevel network study [J]. Research policy, 2017, 46 (4): 768-783.

② 王萍萍，王毅. 知识单元特征对发明者知识组合行为的影响：知识网络的视角 [J]. 经济管理，2018, 40 (5): 92-107.

可分为：产业链上游（upstream）、产业链中游（midstream）以及产业链下游（downstream）三种。

3. 外生网络效应变量

ERGM 的一个显著优点是能够将外生网络纳入模型进行分析。[1] 外生网络对观测网络形成概率的影响通常为固定值，且由二元协变量衡量。[2] 在众多与技术转移和知识创新相关的外生网络中，多维邻近性（multi-dimensional proximity）以及知识认知距离（cognitive distance）是被广泛使用的两大指标。[3] 多维邻近性可具体划分为地理、知识、组织、经济、制度、社会、语言等多个角度。其中，现有研究普遍认为地理邻近性与知识邻近性在主体间技术转移网络中的作用最为显著。[4] 而知识认知距离则能够反映现有知识元素之间的非相似性程度，故而是一个较为良好的外生网络指标。[5] 因此，本章拟将转移主体间的地理距离以及共有 IPC 数量生成邻接矩阵，从而实现对技术转移网络地理邻近性与知识邻近性的测度。而对于知识网络，本章将通过计算知识元素之间的认知距离来构建基于 IPC 的对称矩阵，从而将知识认知距离作为外生网络引入知识网络 ERGM 进行分析。

本章所涉及的 ERGM 变量及测度方法如表 4-9 和表 4-10 所示。

① 刘华军，杜广杰. 中国雾霾污染的空间关联研究 [J]. 统计研究，2018，35（4）：3-15.

② MA D, YU Q, LI J, et al. Innovation diffusion enabler or barrier: An investigation of international patenting based on temporal exponential random graph models [J]. Technology in society, 2021, 64: 101456.

③ 刘晓燕，李金鹏，单晓红，等. 多维邻近性对集成电路产业专利技术交易的影响 [J]. 科学学研究，2020，38（5）：834-842，960；GILSING V, NOOTEBOOM B, VANHAVERBEKE W, et al. Network embeddedness and the exploration of novel technologies: Technological distance, betweenness centrality and density [J]. Research policy, 2008, 37 (10): 1717-1731.

④ Hong W, Su Y S. The effect of institutional proximity in non-local university – industry collaborations: An analysis based on Chinese patent data [J]. Research policy, 2013, 42 (2): 454-464；刘凤朝，肖站旗，马荣康. 多维邻近性对技术交易网络的动态影响研究 [J]. 科学学研究，2018，36（12）：2205-2214；LI Y, ZHANG Y, LEE C-C, et al. Structural characteristics and determinants of an international green technological collaboration network [J]. Journal of cleaner production, 2021, 324: 129258.

⑤ NOOTEBOOM B. Learning and innovation in organizations and economies [M]. Oxford: Oxford University Press, 2000; COLOMBELLI A, KRAFFT J, QUATRARO F. High-growth firms and technological knowledge: Do gazelles follow exploration or exploitation strategies? [J]. Industrial and corporate change, 2014, 23 (1): 261-291.

表 4-9　技术转移网络变量及测度方法

变量名称	变量符号	拓扑结构	变量含义	测度方法
边数	*Edges*		模型常数项，用于反映模型的边数	$\sum_{i,j} y_{ij}$
几何加权入度	*GWID*		加权度分布网络统计量，反映主体从多少个其他主体 i 获取技术	$\sum_{i=0}^{n} e^{-\alpha x_{i+}}$ 其中，x_{i+} 表示连入中心节点的其他节点，α 为延迟参数①
几何加权出度	*GWOD*		加权度分布网络统计量，反映主体向多少个其他主体 i 输出技术	$\sum_{i=0}^{n} e^{-\alpha x_{i-}}$ 其中，x_{i-} 表示从中心节点连出的其他节点，α 为延迟参数②
知识元素广度接收者效应	*Nodeicov_bre*		主体 i 在所属网络 x 中拥有的知识元素数量 k 对主体获取/转出技术的影响	$\sum_{k} x_{ik}$ ③
知识元素广度发送者效应	*Nodeocov_bre*			

①　HUNTER D R. Curved exponential family models for social networks [J]. Social networks, 2007, 29 (2)：216-230；HE X J, DONG Y B, WU Y Y, et al. Factors affecting evolution of the interprovincial technology patent trade networks in China based on exponential random graph models [J]. Physica A：Statistical mechanics and its applications, 2019, 514：443-457.

②　HUNTER D R. Curved exponential family models for social networks [J]. Social networks, 2007, 29 (2)：216-230；HE X J, DONG Y B, WU Y Y, et al. Factors affecting evolution of the interprovincial technology patent trade networks in China based on exponential random graph models [J]. Physica A：Statistical mechanics and its applications, 2019, 514：443-457.

③　HONG W, SU Y S. The effect of institutional proximity in non-local university – industry collaborations：An analysis based on Chinese patent data [J]. Research policy, 2013, 42 (2)：454-464.

续表

变量名称	变量符号	拓扑结构	变量含义	测度方法
知识相关多元度接收者效应	*Nodeicov_RD*	△△△…	主体所拥有知识组合分布于相关技术领域对主体获取/转出技术的影响	$\sum_{i=1}^{n} p_i \ln \frac{1}{p_i} - \sum_{j=1}^{n} p_j \ln \frac{1}{p_j}$ 其中，p_i 和 p_j 分别代表属于技术分类 i 和 j 的专利占所有专利数的比例，而 i 和 j 则分别代表 IPC 的小类和部①
知识相关多元度发送者效应	*Nodeocov_RD*	△△△…		
知识非相关多元度接收者效应	*Nodeicov_UD*	□◇△…	主体所拥有知识组合分布于非相关技术领域对主体获取/转出技术的影响	$\sum_{j=1}^{n} p_j \ln \frac{1}{p_j}$ 其中，p_j 代表属于技术分类 j 的专利占所有专利数的比例，而 j 则代表 IPC 的部②
知识非相关多元度发送者效应	*Nodeocov_UD*	□◇△…		
加权度数中心性接收者效应	*Nodeicov_WDC*	■	主体所拥有知识元素与其他知识元素相连接的频数对主体获取/转出技术的影响	$\sum_{i}^{N} \sum_{j}^{K} w_{ij}^{K}$ 其中，w^K 为知识元素加权矩阵，若知识元素 i 与 j 相连，则 $w_{ij}^{K} > 0$，且取值为连接频数③
加权度数中心性发送者效应	*Nodeocov_WDC*	■		
邻近中心性接收者效应	*Nodeicov_CC*	■	主体所拥有知识元素与其他所有相连知识元素的最短路径长度大小对主体获取/转出技术的影响	$\sum_{i}^{N} \left[\sum_{j}^{K} d(i,j) \right]^{-1}$ $d(i,j) = \min(x_{ih} + \cdots + x_{hj})$ 其中，h 是节点 i 和 j 中间路径上的节点，$d(i,j)$ 代表节点 i 到节点 j 的最短路径长度④
邻近中心性发送者效应	*Nodeocov_CC*	■		

① 刘岩，蔡虹，向希尧. 企业技术知识基础多元度对创新绩效的影响：基于中国电子信息企业的实证分析 [J]. 科研管理，2015，36（5）：1-9.

② 刘岩，蔡虹，向希尧. 企业技术知识基础多元度对创新绩效的影响：基于中国电子信息企业的实证分析 [J]. 科研管理，2015，36（5）：1-9.

③ OPSAHL T，AGNEESSENS F，SKVORETZ J. Node centrality in weighted networks：Generalizing degree and shortest paths [J]. Social networks，2010，32（3）：245-251.

④ OPSAHL T，AGNEESSENS F，SKVORETZ J. Node centrality in weighted networks：Generalizing degree and shortest paths [J]. Social networks，2010，32（3）：245-251.

续表

变量名称	变量符号	拓扑结构	变量含义	测度方法
知识独占性接收者效应	*Nodeicov_uniq*		与主体同时拥有某一知识元素的其他主体数量对主体获取/转出技术的影响	$(-1)\sum_i x_{ik}$ 其中，x 为主体与知识元素的关联网络矩阵，$\sum_i x_{ik}$ 表示与某一知识元素 k 相关联的主体 i 的数量①
知识独占性发送者效应	*Nodeocov_uniq*			
知识邻近性	*Edgecov_know*		主体 i 与主体 j 之间共有知识元素的情况对主体获取/转出技术的影响	统计技术转移网络中主体 i 与主体 j 之间共有知识元素（IPC）的数量
地理邻近性	*Edgecov_ geo*		主体间的地理距离对主体获取/转出技术的影响	$Dist_{ij} = 6371 \times$ $\{arccos\,[\,sin(lat_i)sin(lat_j) +$ $cos(lat_i)cos(lat_j)cos(long_i-long_j)\,]\,]\}$ $Geo_{ij} =$ $\dfrac{dist_{ij} - \min(dist_{ij})}{\max(dist_{ij}) - \min(dist_{ij})}$ 其中，$Dist_{ij}$ 表示主体 i 与 j 之间的距离；lat_i，lat_j，$long_i$，$long_j$ 表示主体 i 和 j 的纬度和经度；6371（千米）为地球的平均半径；Geo_{ij} 表示主体 i 和 j 的地理邻近性数值②

注：●指网络内转移主体；○指可能关联的主体；○指外生网络转移主体；□指一般性知识元素；■指带有属性特征的知识元素；◇、△指不同领域的知识元素。

---

① BRENNECKE J, RANK O. The firm's knowledge network and the transfer of advice among corporate inventors：A multilevel network study［J］. Research policy，2017，46（4）：768-783.

② HONG W，SU Y S. The effect of institutional proximity in non-local university – industry collaborations：An analysis based on Chinese patent data［J］. Research policy，2013，42（2）：454-464.

表4-10 知识网络变量及测度方法

变量名称	变量符号	拓扑结构	变量含义	测度方法
边数	*Edges*	▣—▣	模型常数项，用于反映模型的边数	$\sum_{i,j} y_{ij}$
几何加权边共享伙伴	*GWESP*		传递性统计量，反映若两个知识元素同时与第三个知识元素相连，则这两个知识元素将更可能建立联系	$e^{\alpha}\sum_{i=1}^{n-2}\{1-(1-e^{-\alpha})^i\}\,ESP_i(y)$ 其中，$ESP_i(y)$ 代表具有 i 个共享伙伴节点的边的数量；α 为选择或估计所得的衰减参数，用于控制权重，其取值为非负；$\{1-(1-e^{-\alpha})^i\}$ 为包含几何函数的乘数，用于加权该统计量所对应的共享伙伴节点数量[①]。参考 Leifeld 等[②]的做法，本章将 α 设定为 0
几何加权二元组共享伙伴	*GWDSP*		传递性统计量，反映当两个知识元素同时与第三个知识元素相连时，这两个知识元素将存在相关性	$e^{\alpha}\sum_{i=1}^{n-2}\{1-(1-e^{-\alpha})^i\}\,DSP_i(y)$ 其中，$DSP_i(y)$ 代表具有 i 个共享伙伴的二元组的数量。其余变量的含义与 GWESP 一致[③]。同样地，本章将 α 设定为 0

① HUNTER D R. Curved exponential family models for social networks［J］. Social networks, 2007, 29 (2)：216-230.

② LEIFELD P, CRANMER S J, DESMARAIS B A. Temporal exponential random graph models with btergm：Estimation and bootstrap confidence intervals［J］. Journal of statistical software, 2018, 83 (6)：1-36.

③ HUNTER D R. Curved exponential family models for social networks［J］. Social networks, 2007, 29 (2)：216-230.

续表

变量名称	变量符号	拓扑结构	变量含义	测度方法
转让关系类型小型企业→大型企业	$Nodecov\_S\_L$		反映小型企业向大型企业、小型企业向小型企业以及高校和科研机构向企业所进行的转移活动对知识创新产生的影响	$w_i^{K_{T_n}} = \sum_j^N w_{ij}^{T_n}$ 其中，T_n 表示不同转移关系类型，$n = 1,2,3$，分别对应小型企业→大型企业、小型企业→小型企业、高校和科研机构→企业三种转移关系类型；$w_{ij}^{T_n}$ 表示拥有知识元素 i 的主体 j 参与 T_n 类型转移活动的次数，$w_i^{K_{T_n}}$ 表示知识元素 i 在 T_n 类型转移活动中出现的全部次数
转让关系类型小型企业→小型企业	$Nodecov\_S\_S$			
转让关系类型高校和科研机构→企业	$Nodecov\_URI\_C$			
转让方中介中心性	$Nodecov\_out\_BC$		反映转让方或受让方作为转移活动中介的程度对知识创新所产生的影响	$w_i^{K_{T_{BC-/+}}} = \sum_j^N \frac{g_{mn}(j^i)}{g_{mn}}$ 其中，g_{mn} 表示网络中所有两个主体 m 和 n 之间最短路径的数量；$g_{mn}(j^i)$ 表示网络所有最短路径中经过拥有知识元素 i 的主体 j 的路径数量[①]；$T_{BC-/+}$ 分别表示转让方或受让方的中介中心性
受让方中介中心性	$Nodecov\_in\_BC$			
产业链上游技术	$Nodecov\_up$		反映转移技术所处产业链位置对知识创新的影响	统计转移专利所包含的全部IPC 分别在对应产业链位置出现的频次
产业链中游技术	$Nodecov\_mid$			
产业链下游技术	$Nodecov\_down$			

---

① OPSAHL T，AGNEESSENS F，SKVORETZ J. Node centrality in weighted networks：Generalizing degree and shortest paths ［J］. Social networks，2010，32（3）：245-251.

续表

变量名称	变量符号	拓扑结构	变量含义	测度方法
知识认知距离	$Edgecov\_cog\_dis$	cog_dis	反映不同知识元素间的认知距离对知识创新的影响	$1 - \dfrac{\sum\limits_{k=1}^{K} C_{mk}C_{nk}}{\sqrt{\sum\limits_{k=1}^{K} C_{mk}^2}\sqrt{\sum\limits_{k=1}^{K} C_{nk}^2}}$ 其中，C_{mk} 和 C_{nk} 分别表示知识元素 m 和 n 与其他 k 个知识元素同时出现的次数①

注：■指网络内知识元素；▦指可能关联的知识；□指外生网络知识；○指一般主体；●代表企业，其大小反映企业规模；◌代表高校和科研机构；● 指带有属性特征的转移主体。

第四节　ERGM 分析

一、模型评估与诊断

基于前面所确定的各类变量，本章将内生结构效应、节点属性效应和外生网络效应逐步纳入技术转移网络和知识网络的 ERGM 中，从而实现对技术转移网络与知识网络关联机制和交互影响的探索分析。表 4-11~表 4-14 分别展示了技术转移网络与知识网络在 2012—2016 年以及 2017—2021 年两个阶段相互关联嵌入的 ERGM 拟合结果。每个阶段的 ERGM 都包含 7 个模型，分别用 Model 1~Model 7 表示。其中，Model 1 是仅加入网络结构变量的内生效应估计模型，Model 2 是仅加入节点属性变量的节点属性效应估计模型，Model 3 是仅含外生网络变量的外生效应估计模型，Model 4~Model 6 是三种效应两两组合形成的估计模型，而 Model 7 则是包括内生结构效应、节点属性效应和外生网络效应的综合影响估计模型。

通过观察两阶段网络拟合结果可知，Model 7 在两阶段各网络中的 AIC 或 BIC 值均为最小，表明包含内生结构、节点属性和外生网络变量的 ERGM 最

---

① BRESCHI S, LISSONI F, MALERBA F. Knowledge-relatedness in firm technological diversification [J]. Research policy, 2003, 32（1）：69-87；徐露允，龚红. 协作研发伙伴多元化、知识网络凝聚性与企业新产品开发绩效 [J]. 南开管理评论，2021，24（3）：160-172.

为精简且拟合效果最接近真实网络。同时，为了判断各阶段网络中 Model 7 的 ERGM 估计算法是否收敛或存在近似退化问题，本章将进一步对模型进行 MCMC 诊断。诊断的图形化结果如图 4-10～图 4-13 所示，其分别展示了 ERGM 在最后一次迭代结束时呈现的状态。各子图的左侧为模型中各变量在 MCMC 链时间序列上的变化情况，右侧则为相应 MCMC 链的直方图。若模型收敛，则模型中的各个变量都将呈现以 0 为中心的随机变化，其中 0 代表观测网络中对应变量的统计值。① 由图 4-10～图 4-13 中的 MCMC 诊断结果可知，两个网络中的全部变量均随机分布于 0 附近，因此本章中各 ERGM 的 Model 7 均为稳定且收敛。完成上述模型选择与诊断流程后，本章将基于 ERGM 最优拟合结果对技术转移网络与知识网络在各阶段的关联嵌入影响因素进行具体分析。

表 4-11　2012—2016 年技术转移网络 ERGM 估计结果

变量	Model 1	Model 2	Model 3	Model 4	Model 5	Model 6	Model 7
Edges	-4.7219*** (0.4395)	-4.4480*** (0.6370)	-3.5794*** (0.2764)	-7.3292*** (1.3469)	-4.4135*** (0.5489)	-2.7392*** (0.7120)	-5.5729*** (1.3664)
内生结构变量							
GWID	-0.3707 (0.5321)			0.5991 (0.5907)	0.1136 (0.5596)		0.7357 (0.5885)
GWOD	1.0768* (0.5371)			2.8570** (0.9427)	1.3598* (0.5530)		2.9343** (0.9835)
节点属性变量							
Nodeicov_bre		-5.1330 (7.8510)		-6.1195 (8.8066)		-7.6767 (7.9208)	-8.3412 (8.8101)
Nodeocov_bre		8.1380 (6.6720)		19.1752 (11.7455)		7.3914 (7.0774)	18.9165 (12.5257)
Nodeicov_RD		-4.0410 (4.4630)		-4.7117 (4.9474)		-2.2409 (4.7390)	-2.9623 (5.2637)
Nodeocov_RD		1.6390 (3.1240)		3.9833 (5.0594)		0.6031 (3.4682)	2.5086 (5.4568)
Nodeicov_UD		-2.8580† (1.5280)		-3.3238† (1.7407)		-3.7355* (1.5953)	-4.2903* (1.8238)
Nodeocov_UD		0.7020 (1.1980)		1.5774 (1.7586)		0.0139 (1.2111)	0.5925 (1.7846)

① GOODREAU S M, HANDCOCK M S, HUNTER D R, et al. A statnet tutorial [J]. Journal of statistical software, 2008, 24 (9): 1-26.

续表

变量	Model 1	Model 2	Model 3	Model 4	Model 5	Model 6	Model 7
Nodeicov_WDC		8.0550 （9.1610）		8.9965 （10.2983）		11.6183 （10.2969）	13.1576 （11.5456）
Nodeocov_WDC		7.9390 （6.9200）		17.1491 （11.3082）		9.7683 （7.5684）	19.0727 （11.6385）
Nodeicov_CC		14.9620 （20.8690）		17.6917 （23.3334）		7.4166 （22.2797）	9.7917 （24.6253）
Nodeocov_CC		−10.2340 （15.8620）		−24.4853 （25.8401）		−12.3453 （17.0438）	−25.6261 （27.2946）
Nodeicov_uniq		−21.5410† （11.2980）		−24.6372† （13.1352）		−15.3204 （12.5381）	−19.2699 （14.3400）
Nodeocov_uniq		−5.4660 （5.4410）		−10.7287 （8.7555）		−5.1343 （6.0384）	−11.7010 （9.6669）
外生网络变量							
Edgecov_know			40.3939*** （8.0582）		44.3229*** （8.6314）	39.4332** （13.8690）	37.2234** （14.1638）
Edgecov_geo			−4.7527*** （1.4185）		−4.6883*** （1.3661）	−5.1449*** （1.4579）	−5.4652*** （1.4396）
AIC	382.7	373.9	351.2	362.6	349.0	349.8	337.6
BIC	400.4	450.3	368.8	450.8	378.4	438.1	437.6

注：表格内容包括变量系数、标准差（括号内）以及显著性水平。其中，符号"***""**""*"和"†"分别代表0.1%、1%、5%和10%的显著性水平。表4-12~表4-14同理。

表4-12　2017—2021年技术转移网络 ERGM 估计结果

变量	Model 1	Model 2	Model 3	Model 4	Model 5	Model 6	Model 7
Edges	−5.0128*** （0.1380）	−6.6680*** （0.1735）	−5.0572*** （0.1122）	−6.3136*** （0.2467）	−4.6265*** （0.1487）	−6.0603*** （0.1954）	−5.7899*** （0.2694）
内生结构变量							
GWID	0.2650 （0.2242）			0.4807* （0.2282）	0.3358 （0.2225）		0.5398* （0.2338）
GWOD	−1.7638*** （0.2282）			−1.0518*** （0.2509）	−1.7035*** （0.2333）		−0.9745*** （0.2514）
节点属性变量							
Nodeicov_bre		16.4008** （5.1546）		18.9110*** （5.7408）		15.2757** （5.1779）	18.3325** （5.8890）
Nodeocov_bre		20.3459*** （4.0073）		14.4337*** （3.6324）		20.0687*** （4.0179）	14.1706*** （3.8738）
Nodeicov_RD		3.1474* （1.2551）		3.6939** （1.3804）		3.3981** （1.2872）	4.0066** （1.4105）

续表

变量	Model 1	Model 2	Model 3	Model 4	Model 5	Model 6	Model 7
$Nodeocov\_RD$		2.5006*** (0.5888)		1.9340*** (0.5666)		2.4631*** (0.5902)	1.8561** (0.5661)
$Nodeicov\_UD$		1.3601*** (0.3813)		1.6053*** (0.4367)		1.3072*** (0.3923)	1.5749*** (0.4622)
$Nodeocov\_UD$		0.8546** (0.3200)		0.6214* (0.2827)		0.7486* (0.3171)	0.5121† (0.2813)
$Nodeicov\_WDC$		5.0273† (2.6487)		5.9601* (2.9744)		5.6039* (2.7402)	6.5577* (2.9811)
$Nodeocov\_WDC$		-5.8337*** (1.4777)		-4.4175*** (1.3418)		-6.0169*** (1.4604)	-4.7327*** (1.3584)
$Nodeicov\_CC$		-22.0965*** (6.3165)		-25.6974*** (7.1082)		-21.8517*** (6.4745)	-26.1207*** (7.2377)
$Nodeocov\_CC$		-7.8699* (3.5168)		-5.1524 (3.1837)		-6.9846* (3.5130)	-4.0339 (3.2994)
$Nodeicov\_uniq$		-0.3308 (4.5972)		-0.2018 (5.1513)		-0.0913 (4.6472)	0.1138 (5.2989)
$Nodeocov\_uniq$		-10.3015*** (1.7955)		-7.6778*** (1.6345)		-10.6286*** (1.7815)	-8.1851*** (1.7426)
外生网络变量							
$Edgecov\_know$			19.5963*** (4.6105)		19.4469*** (4.6522)	11.0591 (7.2172)	11.8278 (7.7167)
$Edgecov\_geo$			-2.9367*** (0.5769)		-2.6664*** (0.5698)	-3.3791*** (0.5962)	-3.2653*** (0.5980)
AIC	2615	2542	2642	2523	2585	2507	2489
BIC	2642	2657	2669	2656	2630	2640	2640

表4-13 2012—2016 年知识网络 ERGM 估计结果

变量	Model 1	Model 2	Model 3	Model 4	Model 5	Model 6	Model 7
$Edges$	-8.2375*** (0.1549)	-10.1637*** (0.1903)	-6.1047*** (0.0658)	-9.7417*** (0.2043)	-9.9327*** (0.2128)	-10.2417*** (0.1921)	-9.8920*** (0.2084)
内生结构变量							
$GWESP$	0.4477*** (0.1088)			0.4406*** (0.1088)	0.4573** (0.1160)		0.4408*** (0.1097)
$GWDSP$	0.0022 (0.0588)			-0.0061 (0.0058)	0.0039 (0.0062)		0.0035 (0.0059)

续表

变量	Model 1	Model 2	Model 3	Model 4	Model 5	Model 6	Model 7
节点属性变量							
Nodecov_S_L		0.3627 (0.4704)		0.2446 (0.4474)		0.1975 (0.4741)	0.1848 (0.4549)
Nodecov_S_S		0.2836 (0.3812)		0.2801 (0.3669)		0.2634 (0.3846)	0.2434 (0.3527)
Nodecov_URI_C		3.1388*** (0.6202)		2.7433*** (0.5980)		3.0543*** (0.6301)	2.8342*** (0.6107)
Nodecov_out_BC		1.8579** (0.6441)		1.6348** (0.6227)		1.5234* (0.6452)	1.3146* (0.6139)
Nodecov_in_BC		1.4094*** (0.3320)		1.2185*** (0.3239)		1.2893*** (0.3335)	1.1491*** (0.3165)
Nodecov_up		0.6043 (0.4190)		0.6427 (0.4098)		0.9698* (0.4306)	0.8178† (0.4216)
Nodecov_mid		−0.4026 (0.9566)		−0.2266 (0.9242)		0.4438 (0.9833)	0.3814 (0.9266)
Nodecov_down		−1.1597** (0.4350)		−0.9749* (0.4022)		−1.1480** (0.4419)	−1.0580* (0.4376)
外生网络变量							
Edgecov_cog_dis			2.5561*** (0.0923)		−0.5136*** (0.1227)	−0.5172*** (0.1215)	−0.5033*** (0.1286)
AIC	3791	3739	5533	3723	3735	3722	3710
BIC	3865	3825	5552	3829	3842	3819	3825

表4-14　2017—2021 年知识网络 ERGM 估计结果

变量	Model 1	Model 2	Model 3	Model 4	Model 5	Model 6	Model 7
Edges	−7.7813*** (0.0851)	−7.7912*** (0.0806)	−4.9827*** (0.0373)	−7.7101*** (0.0887)	−7.7369*** (0.0891)	−7.7721*** (0.0818)	−7.7343*** (0.0923)
内生结构变量							
GWESP	1.0322*** (0.0811)			1.0368*** (0.0801)	1.0295*** (0.0851)		1.0286*** (0.0861)
GWDSP	−0.0241*** (0.0017)			−0.0230*** (0.0016)	−0.0239*** (0.0013)		−0.0236*** (0.0016)
节点属性变量							
Nodecov_S_L		0.8269*** (0.1040)		0.4312*** (0.0990)		0.8274*** (0.1040)	0.4381*** (0.0984)
Nodecov_S_S		4.7747*** (0.3454)		2.1472*** (0.3684)		4.7806*** (0.3458)	2.0709*** (0.3732)

续表

变量	Model 1	Model 2	Model 3	Model 4	Model 5	Model 6	Model 7
Nodecov_URI_C		2.5034 *** (0.1664)		1.4992 *** (0.1633)		2.5267 *** (0.1677)	1.4337 *** (0.1673)
Nodecov_out _BC		1.5872 *** (0.3220)		1.4498 *** (0.3120)		1.5867 *** (0.3225)	1.4915 *** (0.3257)
Nodecov_in_BC		−0.5473 *** (0.0986)		−0.3194 *** (0.0935)		−0.5502 *** (0.0988)	−0.3101 *** (0.0913)
Nodecov_up		0.7298 *** (0.2200)		0.3715† (0.2130)		0.7224 ** (0.2204)	0.3632† (0.2069)
Nodecov_mid		−2.9120 *** (0.4570)		0.0447 (0.4711)		−2.9151 *** (0.4577)	0.1314 (0.4951)
Nodecov_down		−0.6368 (0.3964)		0.5832 (0.3979)		−0.6283 (0.3975)	0.5974 (0.4239)
外生网络变量							
Edgecov_cog_dis			1.7472 *** (0.0481)		0.0721 (0.0482)	−0.0551 (0.0465)	0.0828† (0.0477)
AIC	12618	12565	18283	12183	12295	12565	12181
BIC	12307	12653	18302	12291	12583	12663	12299

图4-10　2012—2016年技术转移网络 ERGM 变量 MCMC 诊断结果

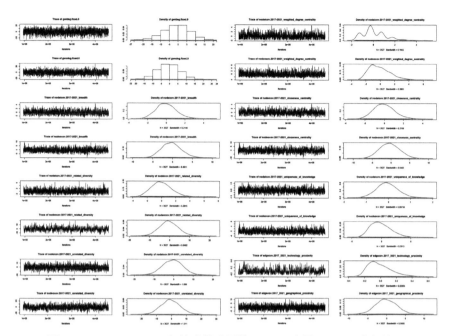

图 4-11　2017—2021 年技术转移网络 ERGM 变量 MCMC 诊断结果

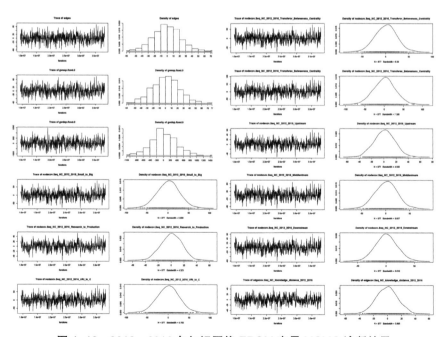

图 4-12　2012—2016 年知识网络 ERGM 变量 MCMC 诊断结果

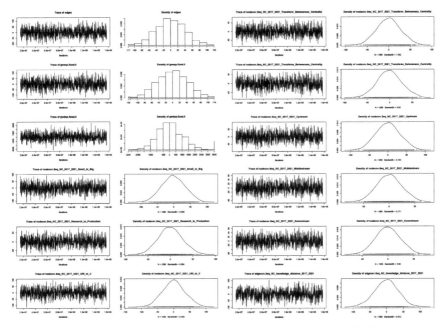

图 4-13 2017—2021 年知识网络 ERGM 变量 MCMC 诊断结果

二、驱动因素分析

（一）知识网络嵌入对技术转移涌现的影响

首先考虑作为模型常数项的边数（*Edges*）。由表 4-11 和表 4-12 可知，两阶段的边数统计项均显著为负，表明技术转移网络在两个阶段内都较为稀疏，其密度长期处于 0.500 以下水平（分别为 0.014 和 0.004）。该结果与许多相关研究一致[1]，同时也是真实观测网络的典型特征。[2]

在内生结构变量方面，几何加权入度（*GWID*）在两阶段几乎均为正向影响，但仅在第二阶段较为显著，表明转移主体在第二阶段才更倾向于同那些接收大量技术转入的主体建立转移关系。而几何加权出度（*GWOD*）在第

---

① HE X J, DONG Y B, WU Y Y, et al. Factors affecting evolution of the interprovincial technology patent trade networks in China based on exponential random graph models [J]. Physica A：Statistical mechanics and its applications, 2019, 514：443-457；刘晓燕，李金鹏，单晓红，等. 多维邻近性对集成电路产业专利技术交易的影响 [J]. 科学学研究，2020, 38（5）：834-842, 960.

② 哈瑞斯. 指数随机图模型导论 [M]. 杨冠灿，译. 上海：格致出版社，2016.

一阶段显著为正，在第二阶段则显著为负，这意味着转移主体在新能源汽车产业发展的初期往往更倾向于同那些大量转出技术的主体开展技术转移活动，而在第二阶段则更偏向于和那些与自身转出技术能力相近的主体建立转移关系。[①]

进一步分析节点属性效应。知识元素广度（*Nodei/ocov_bre*）在第一阶段对技术转入和转出的作用并不显著。其原因可能是中国新能源汽车产业内的多数主体在2012—2016年尚处于发展起步阶段，各主体所拥有知识元素的数量与涉及领域的丰富程度均较低。在缺少广泛知识储备的情况下，知识元素广度对技术转移的影响将难以发挥。[②] 而在2017—2021年，知识元素广度则对技术的转入和转出均存在显著的正向影响。这意味着经过多年发展后，各类主体的知识元素积累逐渐具备规模，丰富多样的知识储备能够极大提升主体创造多样化知识新组合的潜力，从而使其他主体更希望从高知识广度主体处获取技术。[③] 同时，较高的知识元素广度也能够增强主体搜索、理解和掌握其他主体技术的能力，这将增加主体从外部获取知识的可能。[④] 因此，假设1（H1）仅在2017—2021年阶段得到验证。

对于知识多元度，相关和非相关多元度在两个区间内对转入和转出的作用存在一定差异。具体地，相关多元度对转入和转出的影响（*Nodei/ocov_RD*）以及非相关多元度对转出的影响（*Nodeocov_UD*）皆呈现出由第一阶段不显著到第二阶段正向显著的变化，而非相关多元度对转入的影响（*Nodeicov_UD*）则表现为从第一阶段显著为负转变至第二阶段显著为正。知识相关多元度对技术转入和转出逐渐显著的正向影响表明转移主体在各自产业技术领域中的专业化程

① LUSHER D, KOSKINEN J, ROBINS G. Exponential random graph models for social networks: Theory, methods, and applications [M]. Cambridge: Cambridge University Press, 2013.

② GUAN J C, LIU N. Exploitative and exploratory innovations in knowledge network and collaboration network: A patent analysis in the technological field of nano-energy [J]. Research policy, 2016, 45 (1): 97-112.

③ BRENNECKE J, RANK O. The firm's knowledge network and the transfer of advice among corporate inventors: A multilevel network study [J]. Research policy, 2017, 46 (4): 768-783.

④ 杨靓，曾德明，邹思明，等. 科学合作网络、知识多样性与企业技术创新绩效 [J]. 科学学研究，2021，39 (5): 867-875.

度正在逐渐提升。这一结果与 Chen 和 Chang[①] 等的研究发现一致，即知识相关多元度的增加有助于提升转移主体的专业化程度和竞争优势。当所积累的知识集中分布于相关技术领域时，主体便能够集中资源在特定领域不断深挖创新，从而打造自身的核心技术优势，这将吸引相同领域内的其他新进主体与其建立技术转移关系。[②] 同时，当主体所拥有的知识均处于同一学科范畴内时，主体获取和吸收相关领域知识的难度与成本也将相应降低，因此主体将更容易通过转移活动获取技术。同样地，知识非相关多元度对转出活动的影响也呈现出逐渐正向显著的趋势，这意味着主体能够通过持续涉猎不同技术领域来扩大自身知识元素的分布范围，从而提升突破性创新实现的可能性。[③] 尽管突破性创新实现的难度较大，但主体一旦成功实现突破，产业中的其他主体便会在技术差距的驱使下积极向其寻求技术支持。[④] 而知识非相关多元度对技术转入先负后正的影响则可能与主体知识吸收能力的阶段性差异有关。较高的非相关多元度会导致行业创新活动所涉及的全新知识元素数量增多。[⑤] 在新能源汽车产业发展初期，各类主体有限的知识积累会极大地限制其知识吸收能力。[⑥] 这意味着当全新知识出现时，创新主体需要花费大量时间和精力来学习理解新知识元素的内在原理，较高的学习成本将迫使主体放弃从外部获取技术的动机，从而不利于主体技术转入关系的产生。[⑦] 但随着新能源汽车产业内主体知识的不断丰富，其知识吸收能力将逐渐满足掌握全新知识所需的要求。在该阶段，较高的非相关多元度能够帮助主体识别和探索不同技术领域中的全新知识，并能够增强主体从多维角度消化吸收全新知识的能力，这将极大地促进主体技术转

① CHEN Y, CHANG K. Using the entropy-based patent measure to explore the influences of related and unrelated technological diversification upon technological competences and firm performance [J]. Scientometrics, 2012, 90 (3): 825-841.

② 刘岩, 蔡虹, 向希尧. 企业技术知识基础多元度对创新绩效的影响：基于中国电子信息企业的实证分析 [J]. 科研管理, 2015, 36 (5): 1-9.

③ GARCIA-VEGA M. Does technological diversification promote innovation?: An empirical analysis for European firms [J]. Research policy, 2006, 35 (2): 230-246.

④ 姜军, 武兰芬. 专利平台战略的空间竞争优势 [J]. 科学学研究, 2007 (1): 117-122.

⑤ 刘岩, 蔡虹, 向希尧. 基于专利的行业技术知识基础结构演变分析 [J]. 科学学研究, 2014, 32 (7): 1019-1028.

⑥ 陈劲, 蒋子军, 陈钰芬. 开放式创新视角下企业知识吸收能力影响因素研究 [J]. 浙江大学学报：人文社会科学版, 2011, 41 (5): 71-82.

⑦ 刘岩, 蔡虹, 向希尧. 企业技术知识基础多元度对技术合作的影响：技术创新能力的中介作用 [J]. 系统管理学报, 2016, 25 (2): 203-210.

入关系的形成。① 因此，假设2a（H2a）和假设2b（H2b）均得到验证。

在知识元素中心性方面，不论是加权度数中心性（ $Nodei/ocov\_WDC$ ）还是邻近中心性（ $Nodei/ocov\_CC$ ），其对第一阶段的技术转移活动均不存在显著影响，这可能与第一阶段知识网络节点和连边数量较少导致相关中心性指标较小有关。在第二阶段，加权度数中心性对转入和转出活动分别具有正向和负向显著影响，而邻近中心性则仅对转入活动具有负向显著影响，对转出活动依旧没有明显作用。知识加权度数中心性对转入活动的正向影响可参考 Tsai② 的观点进行解释，即当主体占据较高度数中心性的知识元素时，其便能够通过已有知识元素在网络中的中心地位和广泛连接来探索与掌握更多其他知识元素，这将极大地提升主体的技术获取能力。而知识加权度数中心性对转出活动的负向影响则可通过 Dong 和 Yang③ 的中心性"双刃剑"作用进行解释，即知识元素较高的度数中心性不仅表明知识元素拥有丰富的连接关系，也意味着知识元素在知识网络中已经过度暴露，这将导致其他知识元素与其相组合而形成的创新成果往往会丧失新颖性和独特性，因而其他主体也将失去从该主体处获取新技术的意愿。同样地，Dong 和 Yang 的中心性"双刃剑"作用理论也能够解释邻近中心性对转入活动的负向影响。他们指出，尽管主体占有邻近中心性较高的知识节点能够提升其获取其他知识的效率，但这也意味着主体将更容易被其从知识网络中获取的大量知识所迅速淹没。在吸收能力难以短时快速提升的情况下，主体可能会面临"信息过载"所带来的知识整合吸收效率严重低下问题，这将极大地抑制主体从外部获取技术的行为。邻近中心性对转出活动持续缺乏显著作用的原因可能与其自身的特性有关。正如 Freeman④ 所指出的，邻近中心性主要反映核心节点与网络中其他节点联系的平均最短路径长度。这一指标突出的是核心节点对其他节点资源的访问

---

① 曾德明，赵旭雯，冯科. 同构型知识基础合作研发伙伴的优势 [J]. 科技管理研究，2018，38（2）：131-138.

② TSAI W. Knowledge transfer in intraorganizational networks：Effects of network position and absorptive capacity on business unit innovation and performance [J]. Academy of management journal, 2001, 44（5）：996-1004.

③ DONG J Q, YANG C-H. Being central is a double-edged sword：Knowledge network centrality and new product development in U. S. pharmaceutical industry [J]. Technological forecasting and social change, 2016, 113：379-385.

④ FREEMAN L C. A set of measures of centrality based on betweenness [J]. Sociometry, 1977, 40（1）：35-41.

效率，因而其产生影响的侧重点也将偏向于资源的获取而非输出。① 因此，假设 3a 仅在 2017—2021 年阶段成立，而假设 3b 则仅在 2017—2021 年的转入中成立。

观察知识独占性对技术转移的影响结果可知，其仅在第二阶段对技术转出（ *Nodeocov_uniq* ）具有负向显著影响，而在其他转移方向和阶段均无显著作用。知识独占性对转入活动影响（ *Nodeicov_uniq* ）的缺失可能是由其自身特点决定的。独占性较高的知识元素往往难以同其他领域知识形成互补组合，这可能会导致拥有独占性知识的创新主体专注于某个特定领域长期进行探索式创新，从而较少需要从外部获取其他领域知识。② 这也解释了知识独占性在第一阶段并未显著影响技术转出活动的原因，即开展探索式创新往往需要多样研发能力与丰富知识积累，尚处于起步阶段的各类主体显然无法立即满足该条件。③ 知识独占性在第二阶段对转出活动的负向显著影响可参考 Yaya-varam 和 Ahuja④ 的观点进行解释。他们认为，独占性知识不仅表明其可能是陌生领域中的全新发现，也可能意味着该类知识是其他主体所不感兴趣或认为没有价值的存在。因此，由独占性知识所形成的探索式创新成果对整个新能源汽车产业而言可能并不是一项有意义的创新。⑤ 这将极大降低主体向外传播自身技术成果的可能性。由上述结果可知，假设 4（H4）仅在 2017—2021 年阶段的转出活动中得到验证。

最后考察外生网络变量的影响。知识邻近性（ *Edgecov_know* ）在两个阶段网络中呈现出由正向显著转变为不显著的趋势。这一结果与苏屹等⑥的研究结论一致，表明随着新能源汽车产业的发展，知识邻近性对技术转移活动的

① OPSAHL T, AGNEESSENS F, SKVORETZ J. Node centrality in weighted networks：Generalizing degree and shortest paths [J]. Social networks, 2010, 32 (3)：245-251.

② 张振刚，罗泰晔. 基于知识网络的技术预见研究 [J]. 科学学研究, 2019, 37 (6)：961-967, 985.

③ 蔡宁，潘松挺. 网络关系强度与企业技术创新模式的耦合性及其协同演化：以海正药业技术创新网络为例 [J]. 中国工业经济, 2008 (4)：137-144.

④ YAYAVARAM S, AHUJA G. Decomposability in knowledge structures and its impact on the usefulness of inventions and knowledge-base malleability [J]. Administrative science quarterly, 2008, 53 (2)：333-362.

⑤ 王凤彬，陈建勋，杨阳. 探索式与利用式技术创新及其平衡的效应分析 [J]. 管理世界, 2012 (3)：96-112, 188.

⑥ 苏屹，郭家兴，王文静. 多维邻近性下新能源合作创新网络演化研究 [J]. 科研管理, 2021, 42 (8)：67-74.

促进作用正在由强减弱。在产业发展的第一阶段，较高的知识邻近性能够为新进主体间的交流活动提供认知基础，这意味着创新实力较弱的各类主体能够以极低的交易和学习成本高效获取外部技术。① 而随着产业持续发展，各类主体通过邻近性知识所构建的技术网络将会出现重合冗余现象。② 此时较高的知识邻近性便会导致主体在"认知锁定"现象的作用下丧失差异性和竞争力。③ 日益激烈的行业竞争将使主体不得不放弃对邻近性知识的继续投入，继而转向同拥有互补性和异质性知识的主体进行合作，因而知识邻近性的作用便会逐渐减弱。④ 因此，假设 5（H5）仅在 2012—2016 年阶段成立。

地理邻近性在两阶段网络中的作用始终保持负向显著影响，但该负向作用正在逐渐减弱。需要注意的是，本章所使用的地理邻近性指标为主体间的地理距离。因此，负向影响代表着地理距离的扩大将会持续抑制技术转移活动的开展，这与许多现有研究的结论一致。⑤ 较远的地理距离会加大不同主体间进行交流合作的难度与成本，这势必将对主体间的技术转移活动产生负面影响。⑥ 但随着通信技术的发展，地理距离所带来的转移障碍将会在一定程度上得到缓解，因此地理距离的负向作用正在减弱。⑦

（二）技术转移网络嵌入对知识创新的影响

与技术转移网络相同，知识网络的边数（*Edges*）在两个阶段同样为负

① BOSCHMA R. Proximity and innovation：A critical assessment [J]. Regional studies, 2005, 39 (1)：61-74.

② 刘凤朝，肖站旗，马荣康. 多维邻近性对技术交易网络的动态影响研究 [J]. 科学学研究，2018, 36 (12)：2205-2214.

③ 阮平南，王文丽，刘晓燕. 基于多维邻近性的技术创新网络演化动力研究：以 OLED 产业为例 [J]. 研究与发展管理，2018, 30 (6)：59-66.

④ 刘凤朝，肖站旗，马荣康. 多维邻近性对技术交易网络的动态影响研究 [J]. 科学学研究，2018, 36 (12)：2205-2214.

⑤ 赵炎，王琦，郑向杰. 网络邻近性、地理邻近性对知识转移绩效的影响 [J]. 科研管理，2016, 37 (1)：128-136；苏屹，郭家兴，王文静. 多维邻近性下新能源合作创新网络演化研究 [J]. 科研管理，2021, 42 (8)：67-74.

⑥ QUATRARO F, USAI S. Are knowledge flows all alike? Evidence from European regions [J]. Regional studies, 2017, 51 (8)：1246-1258.

⑦ CAPONE F, LAZZERETTI L. The different roles of proximity in multiple informal network relationships：Evidence from the cluster of high technology applied to cultural goods in Tuscany [J]. Industry and innovation, 2018, 25 (9)：897-917；GUI Q, LIU C, DU D. Globalization of science and international scientific collaboration：A network perspective [J]. Geoforum, 2019, 105：1-12.

向显著影响。这表明两阶段的知识网络密度均较低（分别仅为 0.026 与 0.030），连边数量的增加远远少于节点规模的稀疏增大。[①]

在内生结构变量方面，几何加权边共享伙伴（GWESP）在两个阶段均为正向显著影响，且影响程度逐渐增加 [由 $\exp(0.4408) = 1.5539$ 提升为 $\exp(1.0286) = 2.7971$]，表明两个阶段网络均能够形成闭合三角形结构并具有较强的传递效应和自组织效应。[②] 同时，这也意味着之前产生过组合的两个知识元素很可能通过共同的其他知识元素组合形成间接联系。[③] 与此相反，几何加权二元组共享伙伴（GWDSP）仅在第二阶段对知识网络具有负向显著作用，且影响程度较小 [仅为 $\exp(-0.0236) = 0.9767$]，说明第二阶段网络中形成开放三角形连接的可能性较低。这表明之前并未进行过直接组合的两个知识元素很难通过共有的其他知识元素组合形成直接组合。[④]

在节点属性变量方面，企业间的两种转移关系对知识创新的影响（Nodecov_S_L 和 Nodecov_S_S）均仅在第二阶段具有正向显著作用，表明企业间技术转移对知识创新产生促进作用的前提是企业拥有足够的知识存量。这一结果与 Figueroa 和 Serrano[⑤] 的研究发现一致，即企业在可能获取的专利技术类别中的知识存量能够提升其识别和吸收外部知识从而用于创新的能力。而高校和科研机构向企业所进行的转移活动（Nodecov_URI_C）对知识创新的影响则较为稳定，其在两阶段内均表现为正向显著影响。由此可知，长期以来我国新能源汽车产业已经形成了较为稳定的产学研技术转移关系，并且正在持续促进产业技术创新的实现。[⑥] 同时，这也意味着高校和科研机构通过技术合同与企业形成稳定的科技成果转化关系，并以此整合各方资源用于对

---

① MA D, YU Q, LI J, et al. Innovation diffusion enabler or barrier: An investigation of international patenting based on temporal exponential random graph models [J]. Technology in society, 2021, 64: 101456.

② MA D, LI Y, ZHU K, et al. Who innovates with whom and why? A comparative analysis of the global research networks supporting climate change mitigation [J]. Energy research & social science, 2022, 88: 102523.

③ 刘晓燕, 李金鹏, 单晓红, 等. 多维邻近性对集成电路产业专利技术交易的影响 [J]. 科学学研究, 2020, 38 (5): 834-842, 960.

④ 马永红, 杨晓萌, 孔令凯. 关键共性技术合作网络演化机制研究: 以医药产业为例 [J]. 科技进步与对策, 2021, 38 (8): 60-69.

⑤ FIGUEROA N, SERRANO C J. Patent trading flows of small and large firms [J]. Research policy, 2019, 48 (7): 1601-1616.

⑥ 涂振洲, 顾新. 基于知识流动的产学研协同创新过程研究 [J]. 科学学研究, 2013, 31 (9): 1381-1390.

行业关键技术进行联合攻关，从而有效促进新能源汽车产业技术的进步升级。① 基于上述结果可知，假设 6a（H6a）与假设 6b（H6b）仅在第二阶段成立，而假设 6c（H6c）则得到完全验证。

进一步考察中介中心性的影响情况。由表 4-13 和表 4-14 可知，转让方中介中心性（$Nodecov\_out\_BC$）在两个阶段均为正向显著影响。而受让方中介中心性（$Nodecov\_in\_BC$）对知识创新的影响则存在一定的差异性，具体表现为由正向显著转变为较小的负向显著影响。转让方中介中心性的长期正向影响表明转让方作为其他众多转移主体的中介能够有效掌握产业前沿信息，并能够以此向较多其他主体提供有针对性的技术支持，从而有效提升产业整体的技术创新水平。② 而受让方中介中心性对知识创新的差异化影响则可能与技术转移网络规模的变化有关。在第一阶段，由于技术转移网络的规模较小，因此具有较高中介中心性的受让方能够充分获取产业内有限的新颖性知识并用于创新。③ 而随着第二阶段网络规模的不断扩大，具有较高中介中心性的受让方将面临复杂多样技术信息的频繁冲击。④ 这将导致受让方所吸收知识的多元化程度过高，从而提升了受让方整合新知识的难度与成本，并降低了受让方的创新效率。⑤ 因此，假设 7a（H7a）与假设 7b（H7b）均被验证。

在产业链方面，上、中、下游技术转移对知识创新的影响存在较大的异质性。具体而言，产业链上游技术转移在两个阶段均表现为显著水平较低的正向影响；产业链中游技术转移在两阶段基本无显著影响；而产业链下游技术转移则呈现出由负向显著影响到不显著影响的变化。上述差异化现象的成因可能是产业链不同位置的技术特点不同。产业链上游技术主要关注新能源

---

① 余元春，顾新，陈一君. 产学研技术转移"黑箱"解构及效率评价 [J]. 科研管理，2017，38（4）：28-37.

② GILSING V A, CLOODT M, BERTRAND - CLOODT D. What makes you more central? Antecedents of changes in betweenness-centrality in technology-based alliance networks [J]. Technological forecasting and social change, 2016, 111：209-221.

③ GILSING V, NOOTEBOOM B, VANHAVERBEKE W, et al. Network embeddedness and the exploration of novel technologies：Technological distance, betweenness centrality and density [J]. Research policy, 2008, 37（10）：1717-1731.

④ FLEMING L, SORENSON O. Technology as a complex adaptive system：Evidence from patent data [J]. Research policy, 2001, 30（7）：1019-1039.

⑤ GNYAWALI D R, MADHAVAN R. Cooperative networks and competitive dynamics：A structural embeddedness perspective [J]. Academy of management review, 2001, 26（3）：431-445.

汽车车身材料及电池原料的研发，其所涉及的技术领域相对较为单一集中。因此较高的知识相关性将有助于上游主体整合吸收所转移的技术，并在特定领域不断深挖以实现探索式创新。① 不同于产业链上游技术，中游技术涉及电池、电机以及整车控制系统等多个技术领域，故中游技术具有知识种类繁多的特征。② 这意味着中游各类主体间所拥有知识的差距较大，而较大的知识差距将不利于转移活动的开展以及转移范围的扩大，同时也不利于主体对已转移技术进行吸收与重组。③ 因此，中游技术转移在转移范围与吸收效果的制约下将难以作用于主体的知识创新。与中游技术相同，产业链下游技术也涉及众多领域，因此尽管下游技术创新难度较低，但知识多样性的问题同样将制约知识创新的产生。而随着第二阶段行业技术标准的提升，创新价值不足的下游技术转移将难以通过重组形成有价值的新知识组合，故下游技术转移在第二阶段将无法影响知识创新的形成。综上可知，假设 8a（H8a）得到验证，假设 8b（H8b）并不成立，而假设 8c（H8c）则仅在 2012—2016 年阶段成立。

最后，关于外生网络变量的影响，知识认知距离（$Edgecov\_cog\_dis$）在第一阶段表现为负向显著影响，而在第二阶段则转变为正向显著影响。对这一现象的解释可以参考 Nooteboom 等④的研究结论，即较大的知识认知距离不仅能够为创新活动提供差异化的互补知识以促进新颖性创新的形成，同时也会导致主体理解差异化知识的难度相应增加并形成"认知障碍"。在产业发展的第一阶段，各类主体受制于自身创新水平不足，将主要在自身所熟悉的技术领域开展利用式创新，此时较大的知识认知距离将阻碍主体理解所转移的技术，从而不利于知识创新的形成。而随着主体知识积累的不断丰富以及行业竞争的日益激烈，主体将不再依赖于相似度较高的知识元素，而是转向新颖度更高的差异化知识，此时较大的认知距离将对创新活动起到促进作用。

---

① 张振刚, 罗泰晔. 基于知识网络的技术预见研究 [J]. 科学学研究, 2019, 37（6）: 961-967, 985.

② 刘国巍, 邵云飞. 产业链创新视角下战略性新兴产业合作网络演化及协同测度: 以新能源汽车产业为例 [J]. 科学学与科学技术管理, 2020, 41（8）: 43-62.

③ CHEN Y, NI L, LIU K. Innovation efficiency and technology heterogeneity within China's new energy vehicle industry: A two-stage NSBM approach embedded in a three-hierarchy meta-frontier framework [J]. Energy policy, 2022, 161: 112708.

④ NOOTEBOOM B, VAN HAVERBEKE W, DUYSTERS G, et al. Optimal cognitive distance and absorptive capacity [J]. Research policy, 2007, 36（7）: 1016-1034.

三、拟合优度评价

完成上述模型拟合后，还需要对模型的拟合优度（gof）进行检验以诊断上述结果的有效性。本章将参考 Hunter 等[①]的做法，通过可视化图形比较随机网络对真实观测网络的拟合效果。技术转移网络与知识网络在两个阶段的拟合优度结果如图 4-14~图 4-17 所示。图中横坐标为 ERGM 中不同网络结构指标的取值，纵坐标为在某个指标的特定取值下，网络中具有该指标值的节点、连边或二元组的数量占比。图中的黑色粗线代表真实观测网络结构变量结果的测量曲线，上下两条灰色细线则代表随机网络在 95% 置信区间（箱型图）的计算结果。当黑色粗线落在两条灰色细线之间时，则说明随机网络能够较好地反映真实观测网络的各项结构特征。由图 4-14~图 4-17 可知，所有代表结构变量结果的黑色粗线总体均落在两条灰色细线之间，表明本章所构建的随机网络模型能够充分涵盖并再现真实观测网络所具有的各项特征。

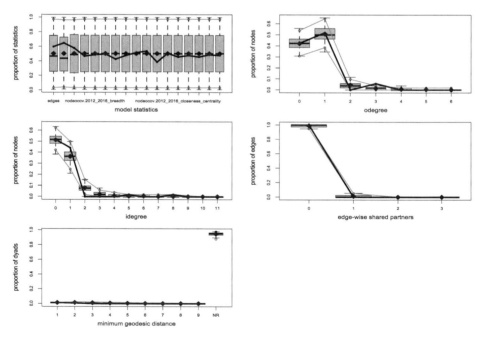

图 4-14　2012—2016 年技术转移网络拟合优度检验结果

---

①　HUNTER D R, GOODREAU S M, HANDCOCK M S. Goodness of fit of social network models［J］. Journal of the American statistical association，2008，103（481）：248-258.

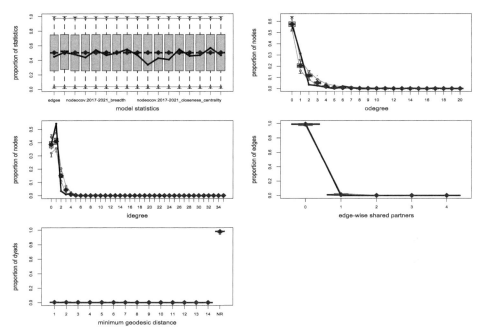

图 4-15 2017—2021 年技术转移网络拟合优度检验结果

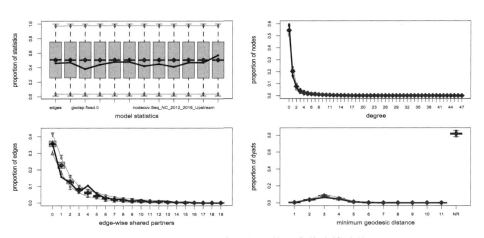

图 4-16 2012—2016 年知识网络拟合优度检验结果

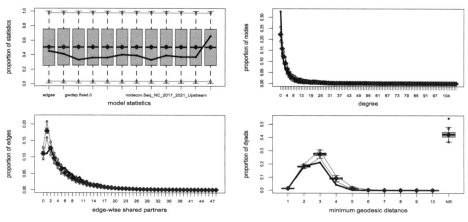

图4-17　2017—2021年知识网络拟合优度检验结果

第五节　结果与讨论

一、主要研究结论

本章选取2012—2021年中国新能源汽车产业专利转移数据以及各类主体所拥有全部专利数据作为研究对象，采用网络统计推断的随机指数图模型（ERGM），从网络嵌入视角探讨知识网络与技术转移网络的关联机理。同时，通过分析知识网络嵌入对技术转移方向和连接生成的影响，以及技术转移网络嵌入对知识元素重组的作用，揭示二者如何进行良性互动，主要研究结论如下。

（一）知识网络嵌入对技术转移网络的影响

1. 技术转移网络结构特征

首先，规模扩张与主体多元化表象下暗藏转移生态健全性不足问题。技术转移网络在2012—2021年的节点规模出现显著增加，且转移主体构成日益演化为以民营企业为主的多元主体格局。但与此同时，转移网络密度过低以及转移关系方向单一的问题长期存在，稀疏而简单的转移关系将制约产业技术扩散水平的提升。因此，一个联系紧密的双向互动转移生态系统有待建立。

其次，无标度特征将强化优先连接机制，转移网络马太效应长期存在。技术转移网络在两个阶段呈现出较为显著的无标度特征，少量核心主体占据了网络中的多数转移连接，并将吸引更多度数较低的主体与其优先建立合作关系。在这种情况下，核心主体的优势会持续扩大，"强者愈强，弱者愈弱"的两极分化现象长期存在。

2. 技术转移网络影响因素

在内生结构方面，聚敛性与扩散性在技术转移网络中的影响情况各异。2012—2016 年仅扩散性特征显著，因此主体更倾向于同集中的技术供应者建立转移关系以获取前期技术积累。随着创新能力的提升，2017—2021 年聚敛性影响逐渐显著，而扩散性影响则发生反向变化。这意味着主体将倾向于同网络中的技术需求大户建立转移关系以提高技术受让集中度，而技术转出则向均衡关系演进。

在节点属性方面，各变量影响情况的阶段性特征显著。2012—2016 年，仅非相关知识多元度对转入活动具有显著负向影响，表明主体整合吸收多元知识的难度与成本限制了技术受让。2017—2021 年，知识元素广度、相关知识多元度和非相关知识多元度是转入和转出活动开展的三大促进因素，且广度的影响程度最大。知识储备的增加不仅能够直接大幅促进转移活动的开展，同时也可以加强主体对特定领域知识的识别、获取与深度开发能力，并能够增加主体整合异质知识进而形成突破性创新的可能。而加权度数中心性对转入和转出活动存在差异化影响，具体表现为促进转入而抑制转出。拥有连接关系丰富的知识元素不但能够降低主体搜寻并获取其他知识的难度，同时也会导致其创新成果丧失独创性与吸引力。邻近中心性和知识独占性均仅对单向转移活动存在负向影响。其中，邻近中心性将抑制转入活动，拥有较高邻近中心性的知识元素意味着主体正在面临大量其他知识的快速冲击，由此带来的"信息过载"问题将会降低主体整合吸收其他知识的效率。而知识独占性则将降低转出关系发生的概率，表明新能源汽车产业中主体所拥有的独占性知识更有可能是某一知识元素无人问津的结果，由其形成的创新产出将极有可能"滞销"。

在外生网络方面，知识邻近性对技术转移活动的正向影响呈下降趋势。新能源汽车产业创新的同质化问题迫使主体放弃对邻近性知识的投入，进而转向寻求差异化知识创新以巩固自身竞争优势。而地理邻近性对技术转移则持续发挥负向作用。产业主体技术转移范围长期集中于周边地区，地理距离过远带来的合作难度与成本提升将会抑制转移活动的开展，但该问题在通信技术的助力下已得到一定缓解。

（二）技术转移网络嵌入对知识网络的影响

1. 知识网络结构特征

规模扩大伴随密度提升，小世界特性助力知识高效流动。2012—2021年知识网络的节点与连边数量均显著增加，网络密度的提升意味着知识新组合的日益丰富。而小世界特性下的较大聚类系数与较短平均路径则能够提升知识信息的流动效率，各类知识元素的紧密连通也将带来稳定的创新产出。整体而言，我国新能源汽车产业知识网络的演化呈现出稳中向好态势。

2. 知识网络影响因素

在内生结构方面，几何加权边共享伙伴的正向作用逐渐增强，而几何加权二元组共享伙伴则逐渐显现出负向影响。具有直接组合关系的知识元素能够通过其他共有联系再次形成间接组合，而仅具有间接联系的知识元素则难以产生直接组合。

在节点属性方面，技术转移网络嵌入以正向影响为主，同时伴随少量抑制作用。首先，在转移关系类型中，企业间两种转移关系逐渐发挥正向显著影响，但其前提在于企业需要拥有足够的知识存量。而产学研转移则持续促进产业知识创新，稳定的产学研技术成果转化关系能够充分对接行业前沿技术需求，并可以通过整合各方资源有效促进产业技术升级。其次，转让方与受让方中介中心性对知识创新具有差异化影响。当转让方成为其他众多转移主体的中介时，其便能够优先掌握产业前沿信息，并以此向其他主体提供针对性技术支持，从而促进产业整体创新水平提升。而受让方成为中介后对创新所发挥的影响则与技术转移网络规模有关。前期较小的网络规模有利于中介受让方充分吸收产业内有限的新知识并用于创新。但随着网络规模的扩大，复杂多样信息的频繁冲击将带来知识整合难度与成本的大幅上升，从而不利于受让方开展创新活动。最后，产业链不同位置技术转移对知识创新存在显著性较低的差异化影响。上游技术领域单一集中的特性将有助于不同主体吸收共性知识，从而在特定领域不断深挖以实现探索式创新。与此相反，中游技术种类多元分散的特征将加大各主体间的知识差距，不利于新转移关系的产生以及新知识的转移与吸收。转移范围固化与吸收难度提升将共同限制中游技术转移对知识创新产生影响。下游技术尽管创新难度较低，但其同样会因为知识差距过大而抑制创新形成。而随着第二阶段产业技术标准的提升，创新价值不足问题将使下游技术转移难以继续发挥对知识创新的影响。

在外生网络方面，知识认知距离表现出由负转正的影响变化。第一阶段主体有限的创新能力将限制其仅在熟悉领域开展利用式创新，此时较大的认知距离将阻碍主体理解所转移技术。而随着主体知识积累的不断丰富以及行业竞争的日益激烈，获取新颖度更高的差异化知识将成为主体打造竞争优势的重要途径，故此时认知距离的增加对创新活动具有促进作用。

二、管理启示与政策建议

（一）管理启示

首先，在技术转移阶段，企业不仅需要注重自身知识广度、相关知识多元度与非相关知识多元度的提升，还应注意加权度数中心性和知识独占性对转出活动的抑制作用，以及邻近中心性对转入活动的负向影响。对此，企业可通过内部研发与外部转移持续积累相关领域知识元素，并在核心知识储备数量足以实现自主创新后适当涉及全新技术领域。[①] 而当拥有较高加权度数中心性或独占性知识时，企业应定期对其进行科技查新或价值评估，并根据结果决定是否继续围绕此类知识进行创新研发。另外，企业还应在自身吸收能力范围内掌握具有较高邻近中心性的知识，以免由于"信息过载"问题而降低知识整合效率。

其次，在技术转移后的创新阶段，企业应从转移关系选择和产业链技术布局两方面提升创新能力，同时注意避免中介中心性与知识认知距离带来的不利影响。具体而言，企业在创新过程中应积极与高校和科研机构进行技术合作，并在拥有一定知识储备后再考虑同其他企业建立合作关系。同时，企

---

① 刘岩，蔡虹，裴云龙. 如何成为关键研发者？：基于企业技术知识基础多元度的实证分析 [J]. 科学学研究，2019, 37（8）：1471-1480.

业可优先在产业链上游进行战略性技术布局，并主动在电池、电机和电控等关键领域开展自主创新。① 当成为产业技术中介时，企业应积极运用所掌握的前沿信息开展转出活动，并注意限制技术转入规模，防止"信息过载"问题发生。此外，企业在前期还应当着重在核心领域培养技术优势，并在优势形成后通过广泛建立合作关系来适当获取认知距离较大的多元知识，从而在探索式创新中培育新优势。②

（二）政策建议

为了促进新能源汽车产业高质量发展，政府在技术转移方面应深入推动产学研合作关系的构建，并加强对中介主体的识别与培育，同时还需要特别注意知识创新阶段产业链中、下游开放式创新环境的构建，并努力消除地理距离对转移和创新活动的限制。首先，对于产学研合作，政府需要协调高校和科研机构以企业为核心共同组建大型研发基地，从而通过"新型举国体制"对行业关键难点技术进行联合攻关，并给予参与主体研发补贴、税收减免和成果奖励与保护等支持。③ 其次，政府需要有效识别转移网络的中介主体并培育其自主创新优势，从而通过鼓励其开展技术转出活动以提升产业整体创新水平。此外，针对产业链中、下游技术转移创新推动作用不足问题，政府应当在促进技术领域内部合作的同时，通过举办产业峰会和项目对接会等活动，鼓励企业针对共性技术问题开展跨领域、跨环节合作。④ 最后，为了削弱地理距离对转移活动的抑制作用，政府可基于数字技术构建产业线上合作平台，从而拓展创新主体间的跨地区信息沟通渠道，并实现技术供需信息的广泛传播与高效匹配。⑤

---

① 王静宇，刘颖琦，KOKKO A. 基于专利信息的中国新能源汽车产业技术创新研究 [J]. 情报杂志，2016，35（1）：32-38.

② 徐露允，龚红. 协作研发伙伴多元化、知识网络凝聚性与企业新产品开发绩效 [J]. 南开管理评论，2021，24（3）：160-172.

③ 周亚虹，蒲余路，陈诗一，等. 政府扶持与新型产业发展：以新能源为例 [J]. 经济研究，2015，50（6）：147-161；曾宪奎. 我国构建关键核心技术攻关新型举国体制研究 [J]. 湖北社会科学，2020（3）：26-33.

④ 刘国巍，邵云飞，阳正义. 网络的网络视角下新能源汽车产业链创新系统协同评价：基于复合系统协调度和脆弱性的整合分析 [J]. 技术经济，2019，38（6）：8-18.

⑤ 苏屹，郭家兴，王文静. 多维邻近性下新能源合作创新网络演化研究 [J]. 科研管理，2021，42（8）：67-74.

三、研究展望

首先，从研究数据来看，本章主要基于专利转让数据构建技术转移网络，但能够表征技术转移的载体并不局限于专利转让数据，因此未来还可从专利许可数据或文献引用数据等其他角度进行技术转移网络的构建。

其次，从研究框架来看，本章通过构建双层网络框架探究了技术转移与知识创新的关联机制和因果表征。然而，与知识创新相关联的活动远不止技术转移这一项，故后续研究可将该框架扩展至技术合作网络与知识网络或利益相关者网络与知识网络等其他研究领域，从而丰富对知识创新全流程中不同模块及其内部关联机制的认知。

最后，在研究对象方面，本章选取了新能源汽车产业这一当前较为热门的战略性新兴产业进行多层网络分析。尽管该研究对象已具有相当大的战略意义与研究价值，但其并不能完全反映我国科技创新战略的整体特征与现实困境。未来的研究工作可进一步围绕集成电路、新型材料以及高端装备制造等其他战略性新兴产业进行扩展性对比分析，或聚焦电池、电机和电控等新能源汽车产业具体关键技术开展针对性研究，从而得出关于我国技术转移体系构建和知识创新高质量发展的针对性建议。

第六节 本章小结

表征于知识要素组合的知识网络与组织交换知识资源的技术转移网络之间的关联对链接创新前端研发与后端转移具有指导意义。现有的基于邻近性机制的研究无法揭示技术转移的内在动力，也缺乏对技术转移网络反馈作用的探讨。鉴于此，本章从双层网络因果表征的视角探究何种知识网络嵌入有利于技术转入和转出，以及技术转移网络嵌入如何反作用于知识重组。

基于2012—2021年中国新能源汽车产业专利数据，本章采用指数随机图模型（ERGM）研究两网双向因果表征。结果表明：①技术转移网络核心节点呈现出由技术扩散到吸纳的转变，主体知识元素广度、相关和非相关知识多元度对转入和转出均起到逐渐增强的促进作用，而加权度数中心性和知识独占性对技术扩散以及邻近中心性对技术吸收则具有抑制影响；②对于技术转移网络嵌入的反馈，产学研转移的关系嵌入、转让方中介中心性的结构嵌入以及转移技术的上游属性均显著促进知识重组，而受让方中介中心性则具有先促进后抑制的影响。基于上述结果，本章建议企业从知识存量积累、知识结构改善、知识吸收增益以及关系技术布局四个维度提升技术转移效能。而政府则可从产学研合作深化、中介职能培育、跨界协同对接和转移平台构建四个方面增强产业创新活力。

第五章
专利交易视角下的技术转移效能仿真

第一节　研究背景

在全球科技创新活动愈发密集活跃的背景下，我国正面临新一轮科技革命和产业变革所带来的机遇与挑战。尽管部分高技术产业和战略新兴产业已达到世界一流水平，但我国仍面临外部技术封锁制裁、内部资源配置不均衡、技术创新动力不足，以及技术转移链条不顺畅等问题，并表现为企业自主创新能力薄弱[①]、技术获取外部依赖性强[②]，以及技术扩散溢出效应不足[③]等困境。党的二十大报告作出了"加快实现高水平科技自立自强，强化企业科技创新主体地位，不断提高科技成果转化和产业化水平"的重要论述，明确了企业作为创新主力军的战略意义，以及完善国家技术转移体系的重大需求。2023年是全面贯彻落实党的二十大精神的开局之年，也是实施"十四五"规划承上启下的关键之年。在日益激烈的全球科技创新竞争中，如何促进企业知识创新与技术转移形成良性循环，引导企业突破关键核心技术难题，并提高企业科技成果转移与产业化水平，是完善国家技术创新体系，加快实现高水平科技自立自强亟须解决的问题。

---

① 郭爱芳，杨艺璇，王正龙，等. 企业技术搜寻行为与自主创新能力共演机制仿真分析 [J].
科技管理研究，2021，41（24）：9-17.
② 梁华，张宗益. 我国本土高技术企业技术创新渠道源研究 [J]. 科研管理，2011，32（6）：
26-35.
③ 陈钰芬，王科平，喻成. 中国省际技术转移：空间关联与内生演化机制 [J]. 科学学研究，
2023（1）：38-50.

第二节 技术转移效能理论模型构建

一、知识创新与技术转移的互动效能分析

企业知识资源存量是知识创新的基础。外部知识获取和内部知识创造是企业实现知识积累的两种重要方式。[①] 中小企业由于内部知识基础的不足，尤其依赖于从外部获取所需知识。[②] 而技术转移则是知识获取最常见的方式之一。在技术转移过程中，知识势差是企业技术搜寻策略的主要参考因素，决定了企业的技术搜索意愿和受其他创新主体欢迎的程度。[③] 搜索意愿与受欢迎程度分别正向影响企业技术受让和技术转让的频率。企业可同时进行技术受让和技术转让，但不同行为的知识获取效率不同。一方面，技术受让行为会使企业直接接触到关键知识资源，企业依靠自身的知识吸收能力，可对技术中蕴含的资源进行吸收和消化。[④] 另一方面，技术转让行为通过提升企业的技术转移网络中心性，扩大企业的知识获取范围，并间接整合零散知识资源，实现知识获取。[⑤] 由于知识间的耦合关系远比知识元素本身更为重要，因此企业获取知识资源的关键在于获取知识组合，即企业进行技术转移是为了获取互补性知识组合而非知识元素本身。综上所述，企业的知识创新与技术转移活动会沿着"知识基础→知识势差→技术搜寻→技术转移→知识吸收与整合→知识基础"的路径交互循环发展。

① FORÉS B, CAMISÓN C. Does incremental and radical innovation performance depend on different types of knowledge accumulation capabilities and organizational size？［J］. Journal of business research，2016，69（2）：831-848.

② 李艳华. 中小企业内、外部知识获取与技术能力提升实证研究［J］. 管理科学，2013，26（5）：19-29.

③ BRENNECKE J, RANK O. The firm's knowledge network and the transfer of advice among corporate inventors：A multilevel network study［J］. Research policy，2017，46（4）：768-783；朱姗姗，刘凤朝，冯雪. 基于技术位的企业技术搜索策略研究［J］. 科研管理，2020，41（4）：182-191.

④ 赵健宇，任子瑜，裘希. 知识嵌入性对合作网络知识协同效应的影响：吸收能力的调节作用［J］. 管理工程学报，2019，33（4）：49-60.

⑤ 钱锡红，杨永福，徐万里. 企业网络位置、吸收能力与创新绩效：一个交互效应模型［J］. 管理世界，2010（5）：118-129.

值得注意的是，本章没有沿用第四章或第六章中"知识网络"的说法，而是替换成"知识创新"。这样做的原因在于，企业知识网络的嵌入特征在本框架中是内生变量，在系统动力学的循环因果中无法作为外生变量进行研究。而作为表征于知识元素创造和重组的知识创新是知识网络概念的延伸，反映知识网络演变的结果，因此与知识网络具有内在一致性。在本章的系统动力学建模中，以知识元素和组合为内生变量，而从知识网络嵌入的维度，将知识元素广度、知识互补性与知识集聚性作为外生变量也达到了分析知识网络与技术转移互动效能的目的。

二、理论模型构建

技术转移系统是指从企业技术研发、传播、应用到最终实现商业化全过程所形成的有机整体，具有多阶段、复杂性、需求驱动的特征。[①] 本章构建了企业知识创新—技术转移系统，用于反映从企业进行知识创新、技术研发、技术转移、技术应用到实现商业化的全过程。

本章将知识创新—技术转移系统划分为三个功能各异但相互联系的子系统，即知识创新子系统、技术转移子系统和技术应用子系统。知识创新子系统指企业在吸收和整合外部互补性知识资源后，通过内部知识重组和再利用以挖掘出新的知识组合，或将已有知识组合用于新场景的过程。该子系统是技术应用和技术转移的先决条件。技术转移子系统描绘了企业基于自身与外部知识资源之间的知识势差制定技术搜寻策略，从而完成技术转移的过程。企业一方面可通过技术受让直接吸收所需知识资源，另一方面也可通过技术转让提升企业中心地位，从而便于整合零散知识资源。该子系统是企业获取新知识资源的重要渠道。技术应用子系统指企业将新知识组合转化为专利和产品等技术成果，从而使其商业化以获取创新收入，并将所得收益投入新一轮知识创新活动中的过程。该子系统是决定新知识资源能否顺利得到应用的关键环节，并直接决定企业所拥有技术成果的数量。基于知识重组和知识势差视角，分析知识创新和技术转移系统内部运行以及交互机制，从而构建企业知识创新—技术转移系统理论模型框架，如图5-1所示。

---

① 刘志迎，谭敏. 纵向视角下中国技术转移系统演变的协同度研究：基于复合系统协同度模型的测度 [J]. 科学学研究，2012，30（4）：534-542，533.

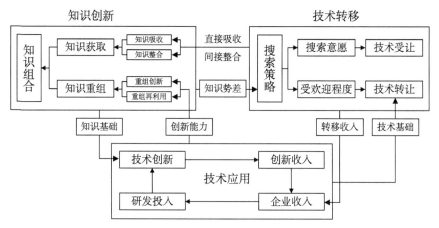

图 5-1　知识创新—技术转移系统理论模型框架

第三节　研究方法

一、系统动力学方法介绍

(一) 系统动力学概念与特征

系统动力学 (system dynamics) 基于系统论, 同时融合了信息论、控制论的精华, 强调运用整体、系统的视角去研究物质间的信息反馈, 是认识和解决系统问题的综合性学科。[①] 在系统动力学体系中, 系统的运行与发展模式取决于系统内部结构组成与反馈机制, 即继承了 "凡系统必有结构, 系统结构决定系统功能" 的系统科学思想。根据系统内部组成要素互为因果的反馈关系, 从系统内部结构来寻找问题发生的根源, 并分析系统外部干扰和随机事件对系统运行的影响作用。由于系统动力学可以解决复杂动态的系统问题, 因此其在

---

①　王其藩. 系统动力学理论与方法的新进展 [J]. 系统工程理论方法应用, 1995 (2): 6-12.

各领域的应用非常广泛，包括技术创新①、风险识别②、知识流动③等。

系统动力学具有如下特征：①适合处理长期性和周期性问题，如社会中的经济问题、自然界的演化发展等，通过长时间的历史数据来构建解释性更强、适用性更好、更为可靠的系统模型；②适合处理数据缺失或不足的问题，系统动力学更多关注系统的运行与发展而不是某些要素的具体数值；③可以模拟不同情境下系统的演化发展情况，以及预测系统未来的发展；④从系统角度分析复杂问题，着重研究系统内部的结构和动态变化，同时使用定性和定量两种分析方法，对问题的分析更加客观全面。

（二）系统动力学建模步骤

运用系统动力学解决问题主要包括系统分析、结构分析、建立系统模型、模型检验、模拟仿真分析五个步骤。

第一步，系统分析。在掌握系统动力学原理和方法的基础上，对研究对象进行全面、系统的了解，确定研究目标与预期结论。

第二步，结构分析。确定系统边界，边界内为系统的内部结构，直接影响系统的运行机制，并随系统运行而动态变化；边界外为外部环境，不随系统运行而变化。根据研究目标设立基本假设，以降低模型的复杂度，增强适用性。划分组成系统的各子系统，分析子系统内部以及各子系统之间的因果关系。

第三步，建立系统模型。基于各子系统间的因果关系，构建全系统的因果关系图和系统流图，并确定模型中的变量数值、影响系数和方程，建立规范的模型。

第四步，模型检验。运用结构性、稳健性、极端情况、稳定性等方法对模型的正确性和有效性进行检验，并评估检验结果。通过后可开始仿真分析，未通过则需要修改模型再次进行检验，直到通过检验为止。

---

① 刘志迎，毕盛，谭敏. 基于 SD 中国技术转移系统演化的动态模型研究 [J]. 科学学研究，2014，32（12）：1811-1819.

② 帅珍珍，傅纯. 基于系统动力学的施工项目安全管理预测研究 [J]. 铁道科学与工程学报，2017，14（6）：1340-1346.

③ 蔡坚，杜兰英. 企业创新网络知识流动运行机理研究：基于系统动力学的视角 [J]. 技术经济与管理研究，2015（10）：23-28.

第五步，模拟仿真分析。利用软件对通过检验的系统动力学模型进行模拟仿真分析，包括多情境分析、灵敏度分析等，从而得出研究结论。

综上所述，系统动力学建模的关键在于通过因果关系对系统内运行机制进行正确描述，以及通过多种检验方法对模型进行不断修正和完善。系统动力学建模的步骤如图 5-2 所示。

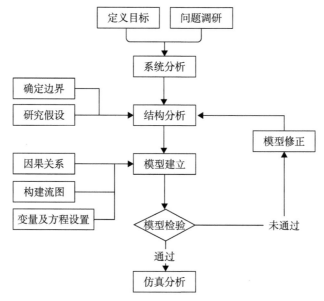

图 5-2　系统动力学建模步骤

（三）系统动力学建模原则

系统动力学模型的构建，不仅要遵循系统动力学的基本规律，还要尽可能构建契合实际问题、反映真实情形的模型。因此，本章模型构建主要遵循以下两个原则：①概况和简化性原则。在充分反映系统内部结构和运行机制的基础上，尽可能减少变量之间的因果回路，因为企业知识创新—技术转移系统非常庞大和复杂，很难将现实情境全部复现出来。②真实性原则。为了提高模型的适用性和有效性，系统的变量和参数设定不能凭空设置而脱离现实企业情况，因此部分变量和参数采用新能源汽车企业、战略性新兴产业的平均数据进行估计。

（四）系统动力学在技术创新领域的应用

企业创新是一种复杂的系统性活动，现实情形中，创新战略的制定需要综合考虑各方面的因素。而系统动力学是一种研究和分析复杂系统内部结构与关系的方法，可以帮助研究者系统和整体地分析企业技术创新行为，其应用主要集中于创新生态系统方面。郭爱芳等[①]通过构建企业技术搜寻行为与自主创新能力互动的系统动力学模型，分析其共演机制。Zhuang[②]从创新失败角度出发，构建创新失败企业再创新支持的系统动力学模型，分析外部政策和环境因素对企业再创新绩效的影响。贺新杰等[③]基于知识协同理论，构建联盟企业创新系统动力学模型，发现联盟企业间的知识流动、知识共享协同以及交互学习均对创新绩效具有较强驱动作用。在创新生态系统外部，系统动力学在技术转移系统[④]、知识转移系统[⑤]中均有一定的应用。

二、系统结构分析

（一）建模目的

本章的建模目的有以下三个：①反映企业知识创新、技术转移、技术应用过程的内部运行与交互机制；②充分描绘出企业知识特征、技术交易网络特征和制度环境三个方面对企业知识创新—技术转移系统的影响路径；③基于单因素和多因素灵敏度分析，探究不同影响因素及其组合对系统的影响机制，识别出作用效果最好的因素和组合，为企业的知识资源管理和政府构建技术创新环境提供有建设性的管理启示与政策建议。

---

① 郭爱芳、杨艺璇、王正龙，等. 企业技术搜寻行为与自主创新能力共演机制仿真分析 [J]. 科技管理研究，2021，41（24）：9-17.

② ZHUANG X. Intelligent simulation of enterprise re-innovation support system based on system dynamics [J]. Journal of intelligent & fuzzy systems, 2020, 38: 6883-6893.

③ 贺新杰、李娜、王瑶. 联盟企业创新绩效提升的系统动力学分析：基于知识协同视角 [J]. 系统科学学报，2021，29（3）：125-130.

④ 黄正亮、冯秀珍. 北京技术转移系统仿真模型研究 [J]. 科技管理研究，2015，35（5）：84-87，93.

⑤ 储节旺、李章超. 创新驱动背景下企业知识转移的系统动力学研究 [J]. 图书馆，2018（6）：28-34.

（二）系统边界与模型假设

在建模之前，需要根据建模目的为系统确定合适的边界，即划定所研究的空间和时间范围。系统范围过大，则系统复杂冗余，使研究无法直观反映系统运行本质；系统范围过小，模型无法真实反映系统运行情况，则会使研究受限。基于本章的建模目的，企业的知识创新和技术转移系统运行机制是研究的关键，因此本章所构建模型以企业内部运行为边界，企业外部变量均作为环境因素对系统产生影响，模型时间范围设定为 2013—2025 年①以反映长期变化趋势。模型主要假设为：①技术转移网络特征可影响单一企业行为，但单一企业行为无法影响网络结构，即网络结构为外生变量；②假设企业知识特征不随时间变化且不受内部因素的影响，是外生变量；③系统中仅考虑中介机构对企业的影响，而不考虑其他创新主体；④企业参与技术转移的动机仅为搜寻和获取所需的互补性知识，不考虑其他动机。

三、系统因果关系分析

因果关系图可以描述系统内部结构的因果反馈关系。本章基于知识创新—技术转移系统理论模型框架，建立了知识创新、技术转移和技术应用三个子系统的因果关系图，以反映各个子系统内部运行机制与彼此间的交互关系，并综合为企业知识创新—技术转移系统整体因果关系图。

通过梳理系统内各变量间的因果关系，可构建如图 5-3 所示的系统因果关系图。首先，企业通过自身知识资源和外部知识资源的对比势差，制定技术转移策略，在获取关键技术的同时扩大资源获取范围。其次，企业对获取的技术进行吸收与消化，同时整合可获得范围内的零散知识，使其转化为自身可理解和使用的知识组合，再通过知识组合的重组再利用和重组创新实现知识创新，并进一步改变企业与外部的知识势差，影响企业下一期的技术转移行为，实现动态反馈。最后，企业对新知识组合进行技术转化、应用和实施，使其形成创新收入，同时增加企业可转让技术的数量，影响企业下一期的技术转移行为、研发投入与创新动机。

---

① 2024 年和 2025 年数据为预测数据。

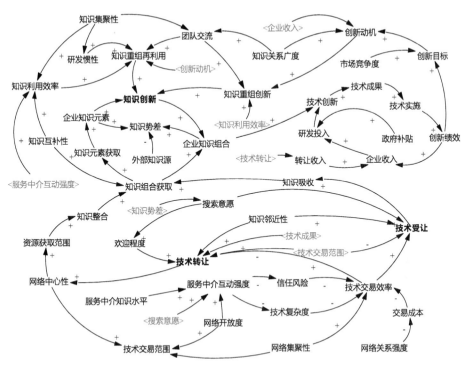

图 5-3　企业知识创新—技术转移系统因果关系图

四、系统存量流图构建

在系统动力学中，因果关系图虽然可以描述内部的反馈关系和运行机制，但只能反映变量之间的定性关系，不能体现出变量之间的状态差异以及各变量之间的量化关系[①]，如状态变量的累积。因此，为了更清晰地反映变量之间的数量关系与动态系统的累积效应，构建更完善的系统动力学模型，需要基于因果关系图衍生出系统存量流图来进一步对模型进行分析。

本章在因果关系图的基础上，构建了如图 5-4 所示的企业知识创新—技术转移系统存量流图，其包含 5 个状态变量、7 个速率变量、25 个辅助变量以及 21 个常量（见表 5-1）。

---

① 王昌林. 创新网络与企业技术创新动态能力的协同演进：基于系统动力学的分析 [J]. 科技管理研究，2018, 38 (21)：1-10.

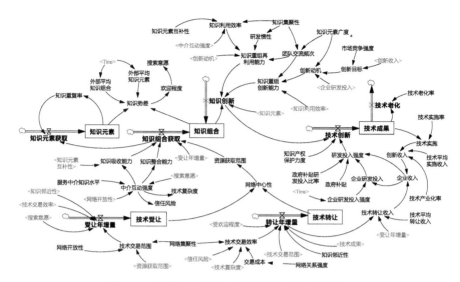

图5-4　企业知识创新—技术转移系统存量流图

表5-1　系统变量及取值

变量类别	变量名称
状态变量	知识元素数量，知识组合数量，技术转让数量，技术受让数量，技术成果数量
速率变量	知识创新，技术创新，技术老化，转让年增量，受让年增量，知识元素获取，知识组合获取
辅助变量	知识重组再利用能力，知识重组创新能力，团队交流频次，知识利用效率，研发惯性，创新动机，知识重复率，创新目标，技术实施，研发投入强度，企业研发投入，企业收入，创新收入，信任风险，技术转移范围，技术转移效率，转移成本，知识势差，受欢迎程度，搜索意愿，网络中心性，资源获取范围，中介互动强度，技术复杂度，技术转让收入
常量	知识元素广度（6），知识元素互补性（0.3），知识集聚性（0.4），可获得知识元素总数（300），市场竞争强度（0.4），技术产业化率（0.512），技术实施率（0.692），技术老化率（0.261），知识产权保护力度（4.14），政府补贴（3000），政府补贴研发投入比率（0.1），企业研发投入强度（表函数，$0.0053 \times Time - 10.63$），技术平均实施收入（5000），技术平均转让收入（100），外部知识元素数量［表函数，$100 + 10 \times (Time - 2013)$］，外部知识组合数量［表函数，$70 + 5 \times (Time - 2013)$］，知识邻近性（0.3），网络开放性（0.3），网络集聚性（0.2），网络关系强度（1.1），服务中介知识水平（0.4）

五、研究数据及变量方程设置

在设计方程前，需要确定流图中各变量的相互关系。为了尽可能贴合现实并提高模型的适用性，本研究选取新能源汽车企业数据，并采用以下三种方法对模型参数进行估计：①历史数据统计分析，主要用于计算企业收入、政府补贴、研发投入、创新绩效等宏观变量的行业整体平均水平，并通过回归分析计算彼此之间的影响系数；②参考已有文献、报告和统计年鉴数据，如知识元素互补性、有效专利产业化率、实施率等；③实际数据计算，如知识集聚性、知识元素互补性等特征采用新能源汽车企业的专利数据计算得到，并使用行业平均值来衡量。相关数据来源如表5-2所示。模型主要变量方程设置如表5-3所示。

表5-2　数据来源

数据来源	获取内容
《中国专利调查报告》	战略性新兴企业技术数据
中国市场化指数数据库	知识产权保护指标
IncoPat专利数据库	企业专利申请、转让及许可数据
《中国科技统计年鉴》	企业创新与技术转让收入数据
同花顺数据中心	上市企业年报数据

表5-3　主要变量方程设置

主要变量	相关变量方程
知识元素数量	知识元素数量=INTEG（知识元素获取，60）→知识元素获取=2×知识组合获取×（1-知识重复率）→知识组合获取=知识整合能力×资源获取范围+技术受让×知识吸收能力；知识重复率=知识元素数量/可获得知识元素总数→知识整合能力=0.2+0.5×中介互动强度；知识吸收能力=0.5×中介互动强度+0.5×知识元素互补性

续表

主要变量	相关变量方程
知识组合数量	知识组合数量=INTEG(知识组合获取+知识创新,40)→知识创新=0.3×知识元素×知识重组创新能力+0.3×知识组合×知识重组再利用能力→知识重组创新能力=创新动机×团队交流频次×知识利用效率;知识重组再利用能力=知识利用效率×研发惯性×创新动机×团队交流频次→创新动机=IF THEN ELSE(企业研发投入/创新目标<0,0,知识元素广度×企业研发投入×创新目标);团队交流频次=IF THEN ELSE(知识集聚性>0.5,知识元素广度×(1-知识集聚性),知识元素广度×知识集聚性);知识利用效率=0.3×知识集聚性+0.4×中介互动强度+0.3×知识元素互补性;研发惯性=知识集聚性
技术转让数量	技术转让数量=INTEG(年转让增量,5)→年转让增量=技术转移效率×技术转移范围×技术成果×受欢迎程度×(1-知识邻近性)×0.2→技术转移效率=网络集聚性×(1-0.5×转移成本-0.5×信任风险)/技术复杂度;技术转移范围=资源获取范围×网络开放性;受欢迎程度=1/[1+exp(-0.01×知识势差)]→转移成本=1/网络关系强度;信任风险=1-中介互动强度;技术复杂度=IF THEN ELSE(1/中介互动强度>3,3,1/中介互动强度);资源获取范围=网络中心性;知识势差=0.3×(知识元素-外部平均知识元素存量)+0.7×(知识组合-外部平均知识组合数量)→中介互动强度=0.4×搜索意愿+0.4×服务中介知识水平+0.2×网络开放性;网络中心性=0.5×技术受让+0.5×技术转让
技术受让数量	技术受让数量=INTEG(年受让增量,5)→年受让增量=技术转移效率×技术转移范围×搜索意愿×(1-知识邻近性)×100→搜索意愿=1-受欢迎程度
技术成果数量	技术成果数量=INTEG(技术创新-专利老化-技术实施,20)→技术创新=知识创新×研发投入强度×知识产权保护力度;技术老化=技术成果×技术老化率;技术实施=技术成果×技术实施率→研发投入强度=IF THEN ELSE((企业研发投入+政府补贴×政府补贴研发投入比率)/企业收入≤0,0,(企业研发投入+政府补贴×政府补贴研发投入比率)/企业收入)→企业研发投入=企业研发投入强度×企业收入;企业收入=3×创新收入+50×技术转让收入+5000→创新收入=技术实施×技术产业化率×技术平均实施收入;技术转让收入=(转让年增量-受让年增量)×技术平均转让收入

第四节　模型仿真与结果分析

一、模型检验

为了保证模型稳定可靠，仿真前还需要对模型进行稳定性检验和极端条件检验。其中，稳定性检验的目的是模拟不同时间间隔下仿真结果是否稳定。极端条件检验的目的则是将模型中的某些参数设置为极端情况，并观察模型其他变量的变化是否符合实际。对于稳定性检验，分别选取正常情况（1年时间步长）以及0.25年时间步长进行比较。对于极端条件检验，选取由知识组合数量所产生的知识势差这一模型主要驱动因素进行分析，并将知识组合数量的初始值设置为300这一极端值。表5-4展示了模型5个变量分别在正常情况（1年时间步长）和0.25年时间步长下的检验结果。图5-5所示为模型极端情况检验结果。

表5-4　模型稳定性检验结果

变量	步长/年	2013年	2014年	2015年	2016年	2017年	2018年	2019年	2020年	2021年	2022年	2023年	2024年	2025年
知识元素数量	1	60.00	64.13	68.65	73.52	78.68	84.07	89.57	95.06	100.45	105.66	110.65	115.42	120.00
	0.25	60.00	64.28	68.93	73.90	79.10	84.44	89.80	95.06	100.13	105.00	109.64	114.09	118.38
知识组合数量	1	40.00	53.76	70.98	92.31	118.39	149.88	187.45	231.80	283.70	343.97	413.62	493.99	586.89
	0.25	40.00	55.03	73.85	97.12	125.50	159.68	200.34	248.20	304.08	368.91	443.98	531.00	632.37
技术转让数量	1	5.00	5.03	5.07	5.10	5.14	5.19	5.25	5.32	5.43	5.56	5.73	5.96	6.24
	0.25	5.00	5.03	5.07	5.11	5.15	5.21	5.28	5.37	5.49	5.64	5.84	6.09	6.41
技术受让数量	1	5.00	6.20	7.51	8.88	10.29	11.66	12.93	14.02	14.90	15.56	16.04	16.36	16.56
	0.25	5.00	6.24	7.56	8.93	10.28	11.54	12.65	13.55	14.22	14.72	15.05	15.26	15.38
技术成果数量	1	20.00	16.70	15.16	15.19	16.70	19.64	24.03	29.98	37.60	47.10	58.72	72.83	89.99
	0.25	20.00	17.32	16.18	16.51	18.24	21.41	26.06	32.31	40.31	50.28	62.54	77.56	96.07

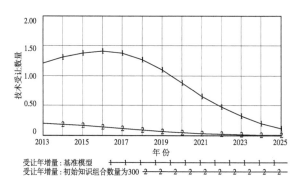

图 5-5　模型极端情况检验结果

由表 5-4 可知，知识元素数量、知识组合数量、技术转让数量、技术受让数量和技术成果数量在两种时间步长下的模拟结果趋势具有一致性，说明系统可通过稳定性检验。图 5-5 所示结果表明，当初始知识组合数量为 300 时，企业与外部知识源间的知识势差较大，因此企业的知识搜索意愿趋近于 0，即技术受让数量趋近于 0。正常情况下，技术受让数量先增加后减少，表明企业初始知识存量不足，驱动企业不断进行技术受让从而吸收互补性知识。当知识资源达到一定水平后，企业对外部知识的需求降低，因此将减少技术受让行为。由此可判断模型通过了极端情况检验。

二、企业知识创新—技术转移系统互动影响路径分析

（一）知识创新对技术转移的影响分析

技术转移网络演化的内在机制包括形成动因、路径依赖、优先连接以及邻近性机制。[①] 其中，邻近性机制因主要作用于整体转移关系而无法在转让或受让层面加以区分，故对其不做讨论。知识势差是技术转移形成的动因，能够反映不同主体所拥有知识在数量、质量和结构上的优势差异。[②] 不同创新主

---

① 廖志江，高敏，廉立军. 基于知识势差的产业技术创新战略联盟知识流动研究 [J]. 图书馆学研究，2013（1）：78-83；SUN Y, LIU K. Proximity effect, preferential attachment and path dependence in inter-regional network：A case of China's technology transaction [J]. Scientometrics, 2016, 108（1）：201-220.

② 廖志江，高敏，廉立军. 基于知识势差的产业技术创新战略联盟知识流动研究 [J]. 图书馆学研究，2013（1）：78-83.

体间因互补性知识的存在而形成技术流动的压力势差，从而促使低位势主体积极向高位势主体寻求技术转移。[①] 路径依赖机制的形成则主要受知识集聚性影响。较高的知识集聚性会使企业研发活动聚焦于某一特定技术领域，并使企业长期在已有技术轨迹的约束下形成固定研发方向上的路径依赖。[②] 这不仅会使研发人员在"舒适圈"中陷入创新能力僵化陷阱，也会削减企业跨越熟悉领域以寻求全新知识的动机。优先连接机制反映出新进主体往往更倾向于同已经拥有丰富连接的主体建立联系。[③] 这一现象在本章系统中表征为拥有丰富知识元素（即知识元素广度较高）的主体往往更容易成为技术转移的优先对象。这是因为较高的知识元素广度能够提升主体实现创新的潜力，从而使其更容易被其他主体所青睐。[④] 以上知识创新特征通过上述各因素均可对技术转移产生影响，但各因素的重要程度及具体影响情况则需通过比较确定。

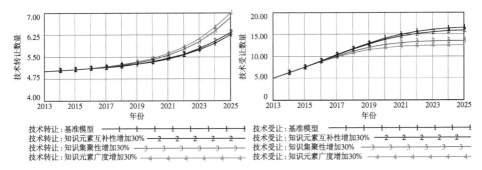

图 5-6　技术转让与技术受让影响因素对比情况

①　江志鹏，樊霞，朱桂龙，等. 技术势差对企业技术能力影响的长短期效应：基于企业产学研联合专利的实证研究 [J]. 科学学研究，2018，36（1）：131-139.

②　SUN Y, LIU K. Proximity effect, preferential attachment and path dependence in inter-regional network：A case of China's technology transaction [J]. Scientometrics, 2016, 108（1）：201-220.

③　马荣康，刘凤朝. 基于专利许可的新能源技术转移网络演变特征研究 [J]. 科学学与科学技术管理，2017，38（6）：65-76.

④　王海花，王蒙怡，刘钊成. 跨区域产学协同创新绩效的影响因素研究：依存型多层网络视角 [J]. 科研管理，2022，43（2）：81-89.

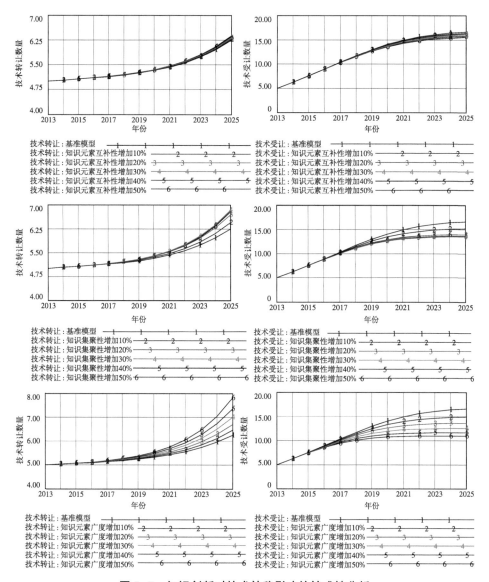

图 5-7　知识创新对技术转移影响的敏感性分析

图 5-6 分别将知识元素互补性、知识集聚性及知识元素广度增加 30%。对比可知，技术转让与受让均对知识元素广度的变动最为敏感，其次为知识集聚性与知识互补性。结合图 5-7 所示的敏感性分析结果可知，知识元素广度的增加分别会引起技术转让的增加和技术受让的减少。因此，知识元素广度的高低将决定企业转让或受让技术的倾向。知识互补性变动对技术转让与受让同样分别呈现正向与负向影响，但影响程度较低。知识集聚

性对技术转让呈现先促进后抑制的影响，而对技术受让则具有先抑制后促进的作用。由此可知，知识集聚性过高会抑制技术转让，过低则会限制技术受让。

（二）技术转移对知识创新的反馈分析

知识组合理论指出，一项创新是对现有或全新知识元素进行组合的结果。[①] 鉴于此，本章采用知识元素与知识组合数量来表征知识创新的形成。技术转移网络是以技术转移主体为节点，以技术转移关系为连边而构成的网络。因此，转移主体在网络中的结构特征以及主体间的关系差异均会影响主体对所转移知识的吸收重组能力。反映网络结构特征的指标众多，结合技术转移过程中主体的交流合作与技术转移行为，本章主要选取网络集聚性和网络开放性作为结构特征指标。而对于主体间的关系差异，本章则采用网络关系强度进行衡量。其中，网络集聚性的高低反映了主体间相互联系的紧密程度以及知识流动渠道的数量。[②] 网络开放性主要指网络内多元主体同外部其他主体相互交流并建立联系的积极程度。[③] 网络关系强度则通过主体间技术转移的频次进行衡量，能够反映主体间转移关系的紧密程度与信任水平。[④] 上述三个指标均可体现技术转移网络的重要特征，但仍需进一步分析三者对知识创新的具体影响情况。

图 5-8 展示了知识元素与知识组合分别对以上三个变量的敏感性程度。网络开放性、网络集聚性以及网络关系强度的提升均能够促进知识元素的积累和知识组合的产生。较高的网络开放性意味着主体能够从外部获取差异化互补知识以提升自身创新能力。[⑤] 较高的集聚性能够促进主体间的知识扩散与

---

① 张振刚，罗泰晔. 基于知识组合理论的技术机会发现 [J]. 科研管理，2020，41（8）：220-228.

② 王崇锋，孙靖. 知识基础调节下合作网络对绿色技术创新的影响 [J]. 科技进步与对策，2021，38（2）：38-46.

③ EISINGERICH A B，BELL S J，TRACEY P. How can clusters sustain performance? The role of network strength，network openness，and environmental uncertainty [J]. Research policy，2010，39（2）：239-253.

④ 李明星，苏佳璐，胡成. 产学研合作中企业网络位置与关系强度对技术创新绩效的影响 [J]. 科技进步与对策，2020，37（14）：118-124.

⑤ 吴中超. 创新网络结构特征与绩效驱动机制分析：基于 RIS 框架下产学研协同创新 [J]. 技术经济与管理研究，2020（7）：33-38.

互信合作，从而加强协同创新。① 网络关系强度则能够使主体双方在互信合作的基础上实现知识共享，从而推动主体创新能力的不断提升。② 进一步比较三者影响程度的差异。图 5-9 分别将网络开放性、网络集聚性和网络关系强度增加 30%。对比可知，三者对知识元素与知识组合的影响情况由大到小分别为网络开放性、网络关系强度和网络集聚性。因此，多元开放的转移网络环境将更有利于主体同外部展开交流并获取互补性知识。而密切的网络关系则能够在保障稳定交流的情况下促进主体知识积累与创新。

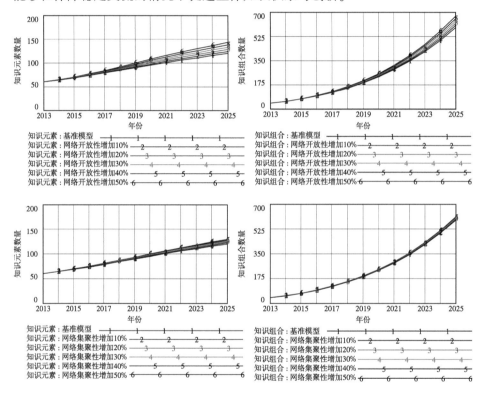

图 5-8　技术转移网络对知识创新影响的敏感性分析

① GUAN J, ZHANG J, YAN Y. The impact of multilevel networks on innovation [J]. Research policy, 2015, 44（3）：545-559.

② 谢洪明，张霞蓉，程聪，等. 网络关系强度、企业学习能力对技术创新的影响研究 [J]. 科研管理，2012, 33（2）：55-62.

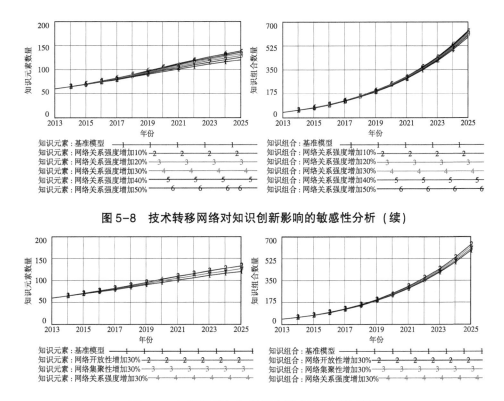

图 5-8 技术转移网络对知识创新影响的敏感性分析 (续)

图 5-9 知识元素与知识组合影响因素对比情况

(三) 技术转移与知识创新交互对技术应用的影响分析

技术应用指创新主体将新知识组合转化为专利等技术成果,并通过技术转移或产品开发将技术成果商业化以获取创新收入的过程。[①] 作为企业创新的最终价值实现环节,技术应用成果的数量会受到知识创新与技术转移交互作用的影响。企业通过技术转移所获取的新知识元素是企业开展创新活动和形成知识特征的重要基础。而企业基于自身知识特征所产生创新成果的具体价值大小则是企业决定是否将该创新成果加以应用的前提。[②] 因此,知识创新与技术转移的何种交互作用能够对技术应用成果数量产生最大合力是进一步分

---

① HEINZL J, KOR A-L, ORANGE G, et al. Technology transfer model for Austrian higher education institutions [J]. The journal of technology transfer, 2013, 38 (5): 607-640.

② HSU D W L, SHEN Y-C, YUAN B J C, et al. Toward successful commercialization of university technology: Performance drivers of university technology transfer in Taiwan [J]. Technological forecasting and social change, 2015, 92: 25-39.

析的重点。

多因素灵敏度分析指假定其他因素不变，同时改变两个或两个以上因素，从而比较模型运行结果并寻找最佳方案的过程。本章对知识网络特征和技术转移网络特征进行两两组合，并最终形成 9 个交互组合以及 1 个基准模型。进一步地，通过将所有组合的参数同时提升 30%，并比较该情境下不同组合对技术成果数量的影响程度，从而寻找最优交互方案。

图 5-10 所示结果表明，相较于基准模型，知识元素广度—网络开放性组合对技术成果数量的提升作用最大，而知识元素互补性—网络集聚性组合的促进作用最小。

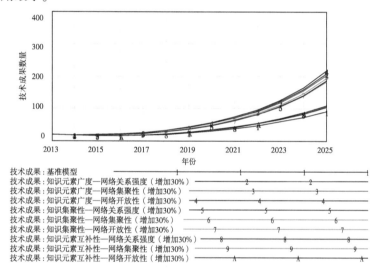

图 5-10　技术转移与知识创新交互对技术应用的影响比较

（四）技术应用对企业知识创新的反馈分析

技术应用是决定新知识资源能否顺利完成价值实现的关键环节，并直接决定企业的技术成果存量。但企业的创新过程并未止步于技术应用，而是在技术应用所创造的内外部条件下开始新一轮的知识创新，并由此不断循环往复，持续促进企业知识基础与技术成果的积累。[①] 具体而言，企业技术应用的

---

① 李云，施琴芬，于娱. 知识视角下的颠覆式创新过程分析 [J]. 科技管理研究，2018，38（13）：17-22.

内部创新资金流动、外部资金和制度支持均会作用于企业的新一轮知识创新。[①]　其中，内部创新资金包括企业技术应用带来的创新收入，以及企业营业收入中用于研发投入的资金；而外部资金和制度支持则包括政府补贴和知识产权保护力度。为了探究技术应用内外部因素对知识创新的反馈，本章对创新收入、企业研发投入强度、政府补贴以及知识产权保护力度进行敏感性比较分析。

图 5-11 分别将上述四个变量增加 30%。由结果可知，企业新一轮创新活动受其创新收入的影响最大，其次为企业研发投入强度；而政府补贴与知识产权保护力度均对新一轮创新活动具有小幅促进作用。进一步对创新收入做单因素敏感性分析。由图 5-12 可知，企业创新收入的增加能够正向促进新一轮创新活动的知识组合数量增加，且该正向促进作用呈现边际递增特征，即越高的创新收入越能够激励企业创造更多新知识组合。上述结果表明，企业持续创新主要依靠内生动力，由企业自主研发所带来的收益相比于外部支持更能促进企业创新活动的循环发展。同时，创新活动的经济收益越高，则企业开展新一轮创新的主观能动性就越强。

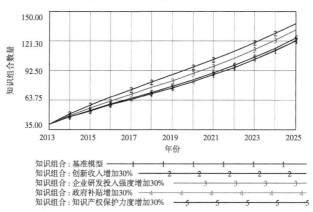

图 5-11　技术应用各因素对知识组合数量影响的比较分析

①　方炜，郑立明. 生物进化视角下军民融合企业技术转移机制研究 ［J］. 科研管理，2021，42（1）：177-188.

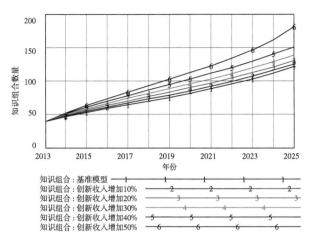

图 5-12　知识组合数量对创新收入的敏感性分析

第五节　研究结论及对策建议

一、研究结论

本章通过厘清企业知识创新、技术转移和技术应用三个阶段动态交互的因果回路，构建知识创新与技术转移互动的系统动力学模型。基于新能源汽车企业现实数据，仿真分析系统的效能实现机理，并从企业内部知识特征、中观技术转移网络拓扑特征探索企业知识创新与技术转移互动效能的内外部影响因素。主要结论如下：

（1）企业知识创新对技术转移的主要影响因素为知识元素广度，其次为知识互补性与知识集聚性。由知识元素广度所带来的创新潜力，以及由知识互补性产生的知识势差能够决定企业进行技术转让或受让的倾向。较高的知识元素广度与知识互补性能够促进技术转让，减少技术受让；而过高或过低的知识集聚性则分别会抑制技术转让或受让。

（2）技术转移网络的开放性、集聚性和关系强度均可促进知识创新形成，且三者中网络开放性的作用最大，网络关系强度次之。多元开放且紧密联系的技术转移网络能为企业提供多样且稳定的技术流转渠道，从而促进企业知识创新成果的不断产生。

（3）在技术转移与知识创新的交互效能中，知识元素广度—网络开放性组合对技术应用的影响最大。在资源有限的情况下，企业提升知识组合潜力，政府构建多元包容的技术转移市场能够对技术应用产生最大合力。

（4）技术应用所产生的创新收入以及企业营业收入中的研发投入资金能够激励新一轮知识创新活动。企业能够实现持续创新的动力源泉主要是企业创新收入，而政府补贴与知识产权保护力度等外部因素仅能小幅促进企业创新。

二、对策建议

（1）注重知识存量积累，优化知识结构布局。知识存量的规模是企业充分发挥创新潜力并提升技术转移吸引力的前提条件，丰富的互补性知识储备则是企业维持自身知识势差高位的有力保障。企业在前期可通过技术转移活动完成知识原始积累，并在知识存量具备规模后持续开展自主创新活动，保持知识基础的不断更新补充。同时，企业应定期对自身知识结构和技术市场需求展开审查与调研，有针对性地部署与自身已有知识或行业所需知识互补的差异化知识，并保持知识元素间的适度集聚水平，提升知识重组效率，增加技术转移收益。

（2）构建开放化技术市场，深化互信转移关系。多元开放的转移网络能够为企业获取差异化互补知识提供丰富的渠道，而企业稳定的技术供给与扩散则离不开良好的转移关系。因此，政府应促进市场中的创新主体向包容、开放、公平和多元方向发展，减少企业与其他主体间的信息不对称和转移成本，并维持和完善市场信任机制，促进企业间的技术扩散、溢出以及合作行为。企业在进行自主创新的同时也应注意积极开拓新的转移渠道，避免"闭门造车"现象发生，并应注重定期维护已有转移关系，从而保障知识创新与技术转移的行稳致远。

（3）增加研发资金投入，强化创新内生动能。企业创新收入与研发投入资金是企业创新自立自强的内生动力源泉。一方面，企业需要做好资金"开源"，在把握技术市场需求的基础上，积极运用广泛的转移渠道进行技术应用与成果转化，提升技术转化和变现效率，从而增加自身创新收入。另一方面，企业亦需做好资金"节流"，通过优化经营管理流程来降低生产经营成本，提升企业利润，并加大营业利润中用于研发的资金比重，使企业能够保持长久的创新活力。

第六节　本章小结

企业知识创新与技术转移是实现高水平科技自立自强的关键路径和重要引擎。本章通过厘清企业知识创新、技术转移和技术应用三大系统动态交互的因果回路，构建知识创新与技术转移互动效能实现的系统动力学模型，从而识别企业创新效能提升的影响因素与实现路径。研究发现：知识元素组合潜力和效用决定了技术供需方的属性，过低或过高的知识集聚性会阻碍技术受让或转让；技术转移主体多元化和主体间关系强度会影响知识的组合范围与效率；在知识创新与技术转移的交互中，企业提升知识组合潜力，政府构建多元技术市场可产生最大合力；在技术应用对知识创新的反馈中，创新收入具有关键影响。最后，本章从知识结构布局、技术市场建设和创新动能保障三个方面提出了对策建议。

第六章
专利交易视角下的技术转移系统
鲁棒性分析

第一节　问题提出

技术转移是指技术供需双方之间的交易行为和合作关系，是促进国民经济增长、提高区域创新资源配置效率、增强企业创新能力和竞争力的重要战略。[1] 然而，在现实中，过度依赖外部技术资源的情况导致一些企业和国家在关键领域遭遇"卡脖子"现象，甚至面临发展和生存的重大危机。除了外部依赖的风险，技术老化同样会导致技术系统的脆弱性，一个典型事例是在传统按键式手机向智能手机转型的浪潮中，诺基亚由于缺乏技术更新，导致自身因技术老化而被淘汰，这也影响了其供应链、合作伙伴以及相关的产业集群，使得大量依赖诺基亚技术的企业随之被淘汰。技术转移系统的脆弱性已经成为一个普遍且严峻的问题，它不断威胁着国家和产业的技术安全与稳定发展。因此，深入研究其鲁棒性，以有效应对技术依赖和老化问题，对于保障技术创新的持续性和有效性具有重大现实意义，这不仅可为企业和国家提供抵御技术风险的实际可行的解决方案，还将为未来技术创新和应用的可靠性与效率提供理论支撑及实践指导。

---

① NORDENSVARD J, ZHOU Y, ZHANG X. Innovation core, innovation semi-periphery and technology transfer：The case of wind energy patents ［J］. Energy policy, 2018, 120：213-227；TEECE D J. Technology transfer by multinational firms：The resource cost of transferring technological know-how ［J］. The economic journal, 1977, 87 （346）：242-261.

当前，技术转移的相关研究主要集中于其动机①、影响因素②、效应③层面。以专利引用、交易或许可表征的技术转移网络研究是其中的研究热点，为技术转移的生成演化机理和效应检验提供了实证分析的载体，解释了宏观和微观层面技术转移系统的结构特征④、内生和外生驱动因素⑤、效应⑥和交

---

① CAVIGGIOLI F, DE MARCO A, SCELLATO G, et al. Corporate strategies for technology acquisition: Evidence from patent transactions [J]. Management decision, 2017, 55 (6): 1163-1181; CIARA-MELLA L, MARTÍNEZ C, MÉNIÈRE Y. Tracking patent transfers in different European countries: Methods and a first application to medical technologies [J]. Scientometrics, 2017, 112 (2): 817-850; CAVIGGIO-LI F, UGHETTO E. The drivers of patent transactions: Corporate views on the market for patents [J]. R&D management, 2013, 43 (4): 318-332; FIGUEROA N, SERRANO C J. Patent trading flows of small and large firms [J]. Research policy, 2019, 48 (7): 1601-1616.

② QUIÑONES R S, CALADCAD J A A, HIMANG C M, et al. Using Delphi and fuzzy DEMATEL for analyzing the intertwined relationships of the barriers of university technology transfer: Evidence from a developing economy [J]. International journal of innovation studies, 2020, 4 (3): 85-104; SOARES T J, TORKOMIAN A L V, NAGANO M S. University regulations, regional development and technology transfer: The case of Brazil [J]. Technological forecasting and social change, 2020, 158: 120129; 罗德明, 周嫣然, 史晋川. 南北技术转移、专利保护与经济增长 [J]. 经济研究, 2015, 50 (6): 46-58; ZHANG F, GALLAGHER K S. Innovation and technology transfer through global value chains: Evidence from China's PV industry [J]. Energy policy, 2016, 94: 191-203; SCUOTTO V, BEATRICE O, VALENTINA C, et al. Uncovering the micro-foundations of knowledge sharing in open innovation partnerships: An intention-based perspective of technology transfer [J]. Technological forecasting and social change, 2020, 152: 119906.

③ TEECE D J. Technology transfer by multinational firms: The resource cost of transferring technological know-how [J]. The economic journal, 1977, 87 (346): 242-261; LIU W, TAO Y, BI K. Capturing information on global knowledge flows from patent transfers: An empirical study using USPTO patents [J]. Research policy, 2022, 51 (5): 104509; LIN Y T, QIN Y, XIE Z. Does foreign technology transfer spur domestic innovation? Evidence from the high-speed rail sector in China [J]. Journal of comparative economics, 2021, 49 (1): 212-229; KWON S. How does patent transfer affect innovation of firms? [J]. Technological forecasting and social change, 2020, 154: 119959.

④ 段德忠, 杜德斌, 谌颖, 等. 中国城市创新网络的时空复杂性及生长机制研究 [J]. 地理科学, 2018, 38 (11): 1759-1768; MA D, YU Q, LI J, et al. Innovation diffusion enabler or barrier: An investigation of international patenting based on temporal exponential random graph models [J]. Technology in society, 2021, 64: 101456.

⑤ HE X J, DONG Y B, WU Y Y, et al. Factors affecting evolution of the interprovincial technology patent trade networks in China based on exponential random graph models [J]. Physica A: Statistical mechanics and its applications, 2019, 514: 443-457; 刘晓燕, 李金鹏, 单晓红, 等. 多维邻近性对集成电路产业专利技术交易的影响 [J]. 科学学研究, 2020, 38 (5): 834-842, 960.

⑥ JIN P, MANGLA S K, SONG M. The power of innovation diffusion: How patent transfer affects urban innovation quality [J]. Journal of business research, 2022, 145: 414-425; SIME S, HAGEDOORN J, TAN H. Innovation performance and licensing: The effect of the compositional quality of direct and indirect network ties [J]. Technovation, 2023, 127: 102826.

易机会挖掘①。与迫切的现实需要不相称的是，针对技术转移系统被干扰情况下如何保持其功能或性质能力的鲁棒性研究较为少见。仅有零散研究从技术中介的相互依存网络连通性②、创新决策下技术扩散③、网络资源互补④、创新主体地位网络权重⑤、创新主体进退网络机制⑥等层面探究了创新网络结构、治理和动态演化机制。然而，大部分研究聚焦于以组织和经济实体为节点的单层网络，而忽视了技术转移系统存在知识链条和组织链条及其内部的多层耦合性。该局限使得现实中外部的国际形势、贸易争端以及内部的技术老化、知识链条不完备性等方面的冲击无法得到合适的表征，从而进一步限制了技术转移系统鲁棒性的研究载体界定。尽管少数研究从单层或多层网络视角讨论了技术转移系统鲁棒性，但其对鲁棒性的刻画具有静态性特征，即欠缺对节点间的攻击以及由此产生的层间冲击传播机制的刻画。已有研究证明，由级联失效刻画的动态鲁棒性从节点故障在不同层级网络的节点间的传递以及节点间的跨层级依赖关系对网络故障的放大层面作出了更符合现实的网络抗毁分析。⑦ 缺乏对技术转移系统多重结构和级联失效的了解将成为理解技术供应风险动态传播过程的障碍，从而影响相关决策者对关键技术领域或产业管理的操作性和有效性。

为了填补以上研究空白，本章首先刻画了一个相互依存网络的技术转移系统。依存型多层网络是指网络中存在多个节点连接不同的层次，且不同层

① HE X, DONG Y, ZHEN Z, et al. Weighted meta paths and networking embedding for patent technology trade recommendations among subjects [J]. Knowledge-based systems, 2019, 184：104899；WANG Q, DU W, MA J, et al. Recommendation mechanism for patent trading empowered by heterogeneous information networks [J]. International journal of electronic commerce, 2019, 23 (2)：147-178.

② 马腾, 李冲. 考虑技术中介的相互依存创新网络系统鲁棒性研究 [J]. 科技进步与对策, 2017, 34 (6)：7-14.

③ 何铮, 张晓军. 集群创新扩散的鲁棒性和脆弱性 [J]. 系统管理学报, 2011, 20 (6)：682-689.

④ REHM S-V, GOEL L, JUNGLAS I. Using information systems in innovation networks：Uncovering network resources [J]. Journal of the association for information systems, 2017, 18 (8)：2.

⑤ 王平, 夏豪斌. 自主可控视角下海洋工程装备供应链网络鲁棒性研究 [J]. 科技管理研究, 2022, 42 (13)：182-188.

⑥ 刘晓燕, 魏云凤, 杨娟. 演化视角下技术创新网络节点进退机制研究 [J]. 科技进步与对策, 2016, 33 (10)：10-13.

⑦ BULDYREV S V, PARSHANI R, PAUL G, et al. Catastrophic cascade of failures in interdependent networks [J]. Nature, 2010, 464 (7291)：1025-1028.

次节点之间存在联系的多层网络。① 相应地，技术转移系统的多层网络本质上由转移主体之间的关系②、转移客体之间的技术关联关系③，以及主体与客体之间的从属关系构成。一方面，依据技术转移网络相关研究，专利转让对于技术转移关系网络而言是可以清晰量化且主流的技术转移渠道④，也是技术制裁等外部冲击的对象。另一方面，基于产业技术链理论，专利信息关联规则的挖掘为产业技术链构建创造了可行性。⑤ 而"卡脖子"技术测度的相关研究则表明，专利网络中枢纽位置节点的移除会导致一系列后续重要专利失去技术来源，从而导致后续整体的技术发展无法进行，因此可用专利节点重要性来度量难以替代的关键"卡脖子"技术。⑥ 这些研究共同说明技术转移系统的转移客体层可由专利间的相似关系构建，是度量产业技术供应链脆弱性的可行载体。因此，技术转移网络（ITTN）由一个包含专利间相似关系的无向网络（PSN）和一个有向的实体间专利转让网络（PTN）以及二者之间相互依存的从属关系构成。单层网络内部和之间的相互依存性表明，对任何特定网络的冲击/改变都会传播到其他网络⑦，威胁到产业链的稳定。例如，PSN 中存在因技术老化而产生的节点移除，并通过层间关系作用到 PTN 中节点的存续；而 PTN 中也会存在因技术制裁而产生节点以及转让关系的移除，并影响 PTN 的网络连通性。

进一步地，ITTN 利用层内结构、层间连接模式、产业知识分布的可调参数揭示技术转移系统抗毁性的一般规律，从而突破了基于实证的后验式研究无法提供前瞻性指导的局限。首先，基于已有研究运用特定现实网络数据对

① BOCCALETTI S, BIANCONI G, CRIADO R, et al. The structure and dynamics of multilayer networks [J]. Physics reports, 2014, 544 (1): 1-122.
② 刘晓燕, 孙丽娜, 单晓红, 等. 基于网络效应与行动者效应的专利转让及受让行为研究 [J]. 科技进步与对策, 2023: 1-11.
③ 郭靖怡, 王学昭, 陈小莉. 基于专利文本中产品关联关系的产业技术链构建与实证研究: 以锂离子电池产业为例 [J]. 图书情报工作, 2023, 67 (5): 108-118.
④ 张檬檬, 董瑶, 易涛. 数字经济、区域软环境与技术转移网络的形成 [J]. 科研管理, 2022, 43 (7): 124-134.
⑤ BULDYREV S V, PARSHANI R, PAUL G, et al. Catastrophic cascade of failures in interdependent networks [J]. Nature, 2010, 464 (7291): 1025-1028.
⑥ 安同良, 姜舸, 王大中. 中国高技术制造业技术测度与赶超路径: 以锂电池行业为例 [J]. 经济研究, 2023, 58 (1): 192-208.
⑦ LEE K-M, GOH K I. Strength of weak layers in cascading failures on multiplex networks: Case of the international trade network [J]. Scientific reports, 2016, 6 (1): 26346.

PTN 无标度性[1]、与 PSN 类似的 IPC 共现网络小世界特性[2]的验证，探究决定 PTN 无标度或节点中心程度的参数以及决定 PTN 密度参数的影响，从而反映出层内结构对 ITTN 鲁棒性作用的规律。其次，企业在专利资源上的优势地位和其转让专利的重要性可通过层间结构同配性或异配性的参数来控制，考察该可调参数对鲁棒性的影响则揭示了企业的专利分布风险。最后，ITTN 的专利丰裕度参数则从产业创新生态维度验证技术多元性、复杂性对 ITTN 鲁棒性的影响。总而言之，一个生成以上参数的 ITTN 通用模型为分析其鲁棒性提供了一个灵活的框架。

最后，区别知识老化和技术封锁差异视角可填补技术转移系统的级联失效研究空白。级联故障是网络中传播的中断，其中网络的局部故障可能导致同一网络其他部分的故障，从而可能使整个网络崩溃。[3] 现有用于描述网络中级联故障的模型主要可分为两类，即以过载故障为特征的功能级联故障（FCF）模型和以损失依赖关系为特点的结构级联故障（SCF）模型。[4] 这些模型大部分是基于供应链网络，其中蕴含的负载容量思想在技术转移系统中缺乏现实意义，进而制约了对技术转移系统鲁棒性的深入研究。本章以知识老化带来 PSN 中节点的随机攻击进而通过技术相似度进行传播，以及技术封锁带来 PTN 中节点的蓄意攻击进而通过 ITTN 层间关联进行传播为切入点，厘清了 ITTN 在节点失效和依赖关系移除中的级联失效模式，是对技术转移主要风险过程的实际刻画。

本章的贡献体现在三个方面：①就创新管理而言，从一个伴有可调参数的双层网络模型视角下提出了刻画技术转移系统脆弱性的原创性分析框架，并厘清了具有现实映射性的技术封锁蓄意攻击和技术老化随机攻击情形下的级联失效模式，这是网络鲁棒性在技术创新系统中应用的延伸。②从实践角度而言，通过可调参数提供从层内结构、层间连接模式到产业创新生态探索

① HUANG H-C, SHIH H-Y, KE T-H. Structure of a patent transaction network [J]. Scientometrics, 2017, 111（1）: 25-45.

② 曹兴, 朱晶莹, 杨春白雪. 新兴技术创新网络"液态化"机理及实证分析 [J]. 科研管理, 2022, 43（2）: 55-64.

③ SHI X Q, DENG D S, LONG W, et al. Research on the robustness of interdependent supply networks with tunable parameters [J]. Computers & industrial engineering, 2021, 158: 107431.

④ ZHONG J, ZHANG F, YANG S, et al. Restoration of interdependent network against cascading overload failure [J]. Physica A: Statistical mechanics and its applications, 2019, 514: 884-891.

鲁棒性作用机制的整合框架，可为增强系统稳健性提供指导。例如：拥有大量转让专利或占据核心专利的企业将提升还是降低鲁棒性？这在不同的级联故障过程中存在何种差异？哪个网络指标对危机的传播过程影响最大？探索这些问题将有助于政策制定者更有效地引导技术转移体系的建设。③就网络鲁棒性而言，发展了双层网络鲁棒性分析范式在技术创新系统中的内涵和测度，验证了鲁棒性分析的可拓性。

第二节　相互依存的技术转移网络

ITTN 模型包含三个部分：专利转让网络模型（以组织为节点，以组织间的专利转让关系为连边，被转让专利的知识组合为边权）、专利相似网络模型（以专利为节点，以专利的知识组合向量中四位 IPC 代码的共同出现关系为连边，以知识组合向量间夹角的余弦值为边权）和层间联系模型。下面论述三者的生成模型，相关参数设置见本章第四节。

一、专利转让网络模型

专利转让网络模型（Patent Transfer Network，PTN）是有向加权网络，包含高校、科研院所、企业、个人、转移中介等节点，以及上述主体间专利有效转移所形成的连边。PTN 表示为

$$G^T = (V^T, E^T, W^T, L^T) \tag{6-1}$$

式中，G^T 代表 PTN；$V^T = \{v_i^T \mid i = 1, 2, \cdots, N^T\}$ 为专利交易参与的组织节点，v_i^T 是 G^T 中第 i 个节点，N^T 是 G^T 的节点规模；$E^T = \{e_{ij}^T = (v_i^T, v_j^T, W_{ij}^T, L_{ij}^T) \mid$，$i, j = 1, 2, \cdots, N^T\}$ 代表边集，W_{ij}^T 表示实体 v_i^T 向 v_j^T 交易了 W_{ij}^T 个专利，即设定 W^T 为反映交易专利数量的边权。PTN 连边 e_{ij}^T 的边权 W_{ij}^T 被赋值为

$$W_{ij}^T \sim [1, \max(W^T)] \tag{6-2}$$

W^T，L^T 的生成见本节序号"三"部分。l_{ij}^T 用于表示 W_{ij}^T 个专利包含的知识组合。

PTN 已被证实具有类似无标度性网络的性质。[①] 借鉴相关研究[②]，通过以下步骤构造 PTN。首先构建一个具有 m_0 个节点的全连接网络。在每个时间步长（t）中，一个新节点（j）连接到 m 个（$m \leqslant m_0$）旧节点（i）。i 选择与 j 连接的概率（$P_{j\leftrightarrow i}$）定义为

$$P_{j\leftrightarrow i} = \frac{A_i}{\sum_{\forall k} A_k} \tag{6-3}$$

式中，$\forall k$ 表示 Σ 包含所有节点。A_i 被定义为

$$A_i = \begin{cases} m_0, & D_i \leqslant m_0 \\ \mu \times D_i^{\eta}, & D_i > m_0 \end{cases} \tag{6-4}$$

式中，$\mu(\mu > 0)$ 和 $\eta(\eta > 0)$ 是可调参数。在 $N^T - m_0$ 步后得到 PTN。基于上述步骤形成无向网络，随后对每个边随机赋方向，最终形成有向专利转让网络 PTN。

二、专利相似网络模型

借鉴 McNamee[③] 以及 Aharonson 和 Schilling[④] 的研究，运用 IPC 组合相似度测度专利相似度以生成专利相似网络模型（Patent Similarity Network，PSN）。IPC 类别是专利中的知识元素，一条专利内的 IPC 类别也可以表示不同知识元

① HUANG H-C, SHIH H-Y, KE T-H. Structure of a patent transaction network [J]. Scientometrics, 2017, 111 (1): 25-45; FERRARO G, IOVANELLA A. Technology transfer in innovation networks: An empirical study of the enterprise Europe network [J]. International journal of engineering business management, 2017, 9: 1847979017735748.

② BARABÁSI A-L, ALBERT R. Emergence of scaling in random networks [J]. Science, 1999, 286 (5439): 509-512; KRAPIVSKY P L, REDNER S, LEYVRAZ F. Connectivity of growing random networks [J]. Physical review letters, 2000, 85 (21): 4629-4632; PAYNE J L, EPPSTEIN M J. Evolutionary dynamics on scale-free interaction networks [J]. IEEE transactions on evolutionary computation, 2009, 13 (4): 895-912; SHI X Q, DENG D S, LONG W, et al. Research on the robustness of interdependent supply networks with tunable parameters [J]. Computers & industrial engineering, 2021, 158: 107431.

③ MCNAMEE R C. Can't see the forest for the leaves: Similarity and distance measures for hierarchical taxonomies with a patent classification example [J]. Research policy, 2013, 42 (4): 855-873.

④ AHARONSON B S, SCHILLING M A. Mapping the technological landscape: Measuring technology distance, technological footprints, and technology evolution [J]. Research policy, 2016, 45 (1): 81-96.

素的组合结构，专利相似度则可用专利间知识组合结构的相似度进行测度。[①] PSN 是无向有权网络，表示为

$$G^S = (V^S, L^S, E^S, W^S, C^S) \tag{6-5}$$

式中，G^S 代表 PSN。$V^S = \{v_i^S \mid i = 1, 2, \cdots, N^S\}$ 为专利节点，v_i^S 是 G^S 中的第 i 个节点，N^S 是 G^S 的节点规模；$L^S = \{l_i^S \mid i = 1, 2, \cdots, N^S\}$ 表示专利的知识元素（IPC 四位代码）组合；$E^S = \{(v_i^S, v_j^S) \mid e_{ij}^S = e_{ji}^S = W_{ij}^S, i, j = 1, 2, \cdots, N^S\}$ 表示边集，$e_{ij}^S = e_{ji}^S = W_{ij}^S$ 表示专利 v_i^S 和 v_j^S 之间存在连边且边权为 W_{ij}^S。W_{ij}^S 通过两两专利 IPC 组合向量夹角的余弦值计算：

$$W_{ij}^S = \frac{\sum_1^n (a_{ik}^S \times b_{jk}^S)}{\sqrt{\sum_1^n a_{ik}^S} \times \sqrt{\sum_1^n b_{jk}^S}} \tag{6-6}$$

式中，$l_i^S = \{a_{ik}^S \mid k = 1, \cdots, n\}$ 和 $l_j^S = \{b_{jk}^S \mid k = 1, \cdots, n\}$ 为节点 v_i^S 和 v_j^S 知识元素组合向量；$n(n > 0)$ 表示 PSN 中包含的全部 IPC 种类数量，为可调参数。C^S 反映专利在 PSN 中的地位，表示为

$$C_i^S = D_i^\alpha \tag{6-7}$$

式中，D_i 是节点 v_i^S 的度，即与 v_i^S 相连的层内连接的数量；$\alpha(\alpha > 0)$ 是可调参数。

组织专利集合可视为具有聚类关系的 IPC 组合。因此，与 PTN 节点具有从属关系的知识网络则可视为具有类似小世界网络的聚类特征。即此网络包含的聚类个数为 PTN 的节点个数 N^T，凝聚子团为组织节点的 IPC 组合结构。现实中，聚类数量可大于或小于 PTN 主体数量，前者对应主体拥有多领域的知识组合子团，后者代表多主体共同属于某个知识领域，此处为了简化分析，设置二者相等。PSN 的具体构造过程如下：

（1）生成包含 n 种 IPC 四位代码的 IPC 总库并编码。

（2）从 IPC 总库中随机抽取编码后的 IPC k 次，赋值给凝聚子团，使一个聚类对应一个 IPC 库。每个聚类 i 的 IPC 库种类数量占总种类数量的比例为

---

① 马荣康，王艺棠. 基于专利相似度的突破性技术发明识别研究：以纳米技术为例 [J]. 科研管理，2021，42（5）：153-160.

p_{ki}，上限定义为 $p_k = \max(p_{ki})$，为可调参数。p_k 越大，聚类间的知识差异度越小，进而导致 PSN 的整体聚类系数越小。聚类包含的平均专利个数 n_{pt} 为可调参数，反映网络的专利丰裕度。

（3）从每个聚类的 IPC 库中随机抽取一定数量的 IPC 组成 PSN 节点的专利集合，每个专利包含的 IPC 数量遵循现实网络分布特征。通过搜集约 228 万条 2020 年以前的专利数据，并对专利包含的 IPC 数量做统计并拟合分布，得到专利包含的 IPC 数量的概率服从 $P(A) = 0.38 \times A^{-1.13}$ 的幂律分布。

以上规则可保证：①生成的 PSN 网络与现实网络相符，具有一定的聚类性；②PTN 的连边上有足够的专利赋值边权，因 PTN 的连边本质上是专利的交易；③知识网络与转移网络至少存在一一对应的从属关系。

三、层间联系模型

层间联系模型（Two-stage Interconnecting Model，TSIM）由反映专利和组织从属关系与转让关系的两种联系组成。前者用于为 PTN 的每个节点赋予 PSN 节点的连接关系，从而反映层间从属关系，并设每个 PSN 节点只能有一个从属方。后者的目的在于为 PTN 转让关系的具体专利（W^T，L^T）赋值。本模型中由于 PTN 结构已经固定，PTN 每条边都代表着转移，这意味着每个转让方节点拥有的专利数量至少大于其出度。同时为了简化模型，设置每个专利有且仅有一个从属方，至多拥有一个受让方。

1. 从属关系连接规则

基于上述假设，从属关系连接规则如下。

步骤 1：在 G^S 中选取一个没有从属连接的节点 v_i^S，依据概率 Ω_i^S，定义如下：

$$\Omega_i^S = \frac{D_i^\zeta}{\sum_{j=1}^{N^S} (D_j^\zeta \times I(v_i^S))} \tag{6-8}$$

式中，ζ 为可调参数；$I(v_i^S)$ 为判别函数，用于判断节点 v_i^S 是否有层间连接。v_i^S 与 G^T 中的节点 v_k^T 连接，要求 v_k^T 的层间连接小于其出度，选取原则为 PSN 和 PTN 节点度数差值最小或最大的节点，反映两层网络的同配性或异配性，概率定义为

$$\Omega_k^T = \frac{\left(\left|D_i - D_{(out)k}\right| + C'\right)^{\Psi}}{\sum_{j=1}^{N^T}\left(\left|D_i - D_{(out)j}\right| + C'\right)^{\Psi}} \tag{6-9}$$

式中，$D_{(out)}$ 为 PTN 中节点的出度，$|\cdot|$ 表示取绝对值；C' 为常数；ζ 和 Ψ 为控制网络同配性或异配性的可调参数。

步骤2：在 G^T 中选取一个节点 v_i^T，依据概率 Ψ_i^T，选取原则为负载比重最大的那个节点，定义如下：

$$\Psi_i^T = \frac{\left(D_{(out)i}\right)^{\zeta}}{\sum_{j=1}^{N^T}\left(D_{(out)j}\right)^{\zeta}} \tag{6-10}$$

v_i^T 与 G^S 中没有层间连接的节点 v_k^S 连接，选取原则为 PTN 和 PSN 节点度数差值最小的节点，反映两层网络的同配性或异配性，概率定义为

$$\Psi_k^S = \frac{\left(\left|D_k - D_{(out)i}\right| + C'\right)^{\Psi}}{\sum_{j=1}^{N^S}\left(\left|D_j - D_{(out)i}\right| + C'\right)^{\Psi}} \tag{6-11}$$

步骤3：重复步骤1，直至所有 PTN 节点的层间连接都等于其出度。随后解除步骤1中"要求 v_k^T 的层间连接小于其出度"的限制，重复步骤1和步骤2 S_{one} 次，$S_{one} = p_{one} \times (N^S - D_{out}^T) \times 0.5$。$p_{one} \sim [0,1]$ 表示在转移专利（专利数量）中按照步骤1和步骤2规则进行层间连接的比例，是可调参数，D_{out}^T 表示转移网络总出度数，$N^T - N^S$ 表示 PSN 剩余无层间连接的节点数。若 $S_{one} = 0$，则进行步骤4。

步骤4：若 G^S 中每个节点都有一个层间连边、G^T 中任一节点都至少拥有数量等于其出度的层间连边，则连接过程完成。若不是，则找出 G^S 中未进行层间连接的节点，按照 Ω_k^T 的计算公式与 G^T 中的节点连接。对 G^T 中的节点进行相同操作，得到反映双层网络从属关系的层间联系。

2. 层间连接生成规则

确定从属关系后，进一步明确每个 PTN 节点与其受让节点的具体转让专利，从而确定 PTN 边权（W^T, L^T）。对转让关系赋值专利的层间连接生成规则如下。

步骤1：对于每个转让方节点 v_h^T，令其拥有的专利子图为 $G_h^{S(or)}$、受让方子图为 $G_h^{T(ee)}$。首先保证每条连边上都至少一条转移专利。在 $G_h^{S(or)}$ 中选取

尚未分配受让（isor＝False）的节点 v_i^S，依据概率 $\Omega_i^{S(or)}$，定义如下：

$$\Omega_i^{S(or)} = \frac{D_i^\zeta}{\sum_{j=1}^{N_h^{S(or)}} D_j^\zeta \times E(v_j^S)} \tag{6-12}$$

式中，$N_h^{S(or)}$ 为 $G_h^{S(or)}$ 中的节点个数；$E(v_j^S)$ 为判别函数，用于判断节点 v_j^S 是否分配了受让。v_i^S 与 $G_h^{T(ee)}$ 中尚未分配专利的节点 v_k^T 连接，概率定义为

$$\Omega_k^{T(ee)} = \frac{(|D_i - D_{(in)k}| + C')^{\Psi}}{\sum_{j=1}^{N^{ee}} (|D_i - D_{(in)j}| + C')^{\Psi}} \tag{6-13}$$

式中，$D_{(in)}$ 为 G_{ee}^T 中节点的入度；$|\cdot|$ 表示取绝对值；C' 为常数；ζ 和 Ψ 为控制网络同配性（$\zeta > 0$，$\Psi < 0$）或异配性（$\zeta < 0$，$\Psi > 0$）的可调参数。

步骤 2：在 $G_h^{T(ee)}$ 中选取一个节点 v_i^T，依据概率 $\Psi_i^{T(ee)}$，定义如下

$$\Psi_i^{T(ee)} = \frac{(D_{(in)i})^\zeta}{\sum_{j=1}^{N_h^{T(ee)}} (D_{(in)j})^\zeta} \tag{6-14}$$

式中，$N_h^{T(ee)}$ 为 $G_h^{T(ee)}$ 中主体节点的个数；$v_i^{T(ee)}$ 与 $G_h^{S(or)}$ 中未分配受让的节点 v_k^S 连接，概率定义为

$$\Psi_k^{S(or)} = \frac{(|D_k - D_{(in)i}| + C')^{\Psi}}{\sum_{j=1}^{N_h^{S(or)}} (|D_j - D_{(in)i}| + C')^{\Psi}} \tag{6-15}$$

步骤 3：重复步骤 1，直至每个受让节点都分配到一个专利，随后解除步骤 1 中 $G_h^{T(ee)}$ 选取 v_k^T 的尚未分配专利限制，重复步骤 1 和步骤 2 S_{two} 次，$S_{two} = (\gamma \times N_h^{S(or)} - N_h^{S(ee)}) \times 0.5$。$\gamma$ 表示转让专利数量占总专利数量的比重，$\gamma \sim \left[\frac{N_h^{S(ee)}}{N_h^{S(or)}}, \max(\gamma)\right]\left(\frac{N_h^{S(ee)}}{N_h^{S(or)}} < \max(\gamma) < 1\right)$ 为可调参数。

步骤 4：遍历 PTN 中的每一个节点 v_h^T，确定节点 v_h^T 拥有的专利和受让方。重复步骤 1~3。

第三节　鲁棒性和混合串联风险

一、鲁棒性指标

由于 PSN 本质上反映了专利间的技术相似程度，考虑其鲁棒性无实质意义，因此仅考虑 PTN 鲁棒性。现有文献运用的鲁棒性指标通常有最大连通子图占比[①]和网络效率[②]两类。前者通过计算攻击后两层网络中最大连通子图中节点数量占总节点数量的比率之和来反映，其计算公式为

$$R_s = \frac{N_{LCS}^T}{N^T} \tag{6-16}$$

式中，N_{LCS}^T 为 G^T 中攻击后最大连通子图的节点数量。

网络效率指标包含平均效率与最弱效率指标，由节点连接的路径长度度量，平均效率公式为

$$R_{ae} = \frac{1}{N_{LCS}^T \times (N_{LCS}^T - 1)} \times \left(\sum_{v_i^T \neq v_j^T} \frac{1}{d_{ij}^T} \right) \tag{6-17}$$

式中，d_{ij}^T 表示 N_{LCS}^T 中节点 i 到 j 的最短路径；N_{LCS}^T 表示 G^T 被攻击后的最大连通子图。最弱效率公式为

$$R_{we} = \frac{1}{d_{\max}^T} \tag{6-18}$$

式中，$d_{\max}^T$ 表示 N_{LCS}^T 中所有节点对的最短路径中的最大值。

二、混合串联风险

（一）情形一：专利节点老化、失效等专利价值作废引致 G^S 发生节点移除

步骤 1：假设 $(1 - p) \times N^S$ 个节点在 G^S 中被移除，与之相邻的节点会受到

[①] CARCHIOLO V, GRASSIA M, LONGHEU A, et al. Network robustness improvement via long-range links [J]. Computational social networks, 2019, 6 (1)：12.

[②] SHI X Q, DENG D S, LONG W, et al. Research on the robustness of interdependent supply networks with tunable parameters [J]. Computers & industrial engineering, 2021, 158：107431.

冲击。例如，当 v_i^S 被移除时，它的相邻节点为 $\{v_k^S \mid k = 1, 2, \cdots, N_n^S\}$ ，N_n^S 是与 v_i^S 相邻的节点个数。v_k^S 是否被移除取决于其与 v_i^S 的技术相似程度 W_{kj}^S 和其自身技术价值 C_k^S 的比较。判断依据表示为

$$del(v_k^S) = \begin{cases} 移除, W_{kj}^S \times C_i^S \times \beta \geq C_k^S \\ 不移除, W_{kj}^S \times C_i^S \times \beta < C_k^S \end{cases} \quad (6\text{-}19)$$

式中，$\beta(\beta > 0)$ 为反映技术相似冲击程度的可调参数。当 v_k^S 由于 v_i^S 带来的冲击被移除后，其消失会给相邻节点 v_h^S 带来下一轮的冲击，不断循环步骤 1，直到不再有新的专利节点被移除。

步骤 2：G^T 中与 G^S 节点的层间联系由于 G^S 节点的失效会被移除，同时该专利在 PTN 中的转移也通过删除边上对应的权重来移除。当边上权重为空时，该转移边被移除。由知识老化造成的转移移除意味着原本拥有的知识被淘汰后，v_k^T 需要寻找非老化淘汰的技术来源，从而弥补自己的技术缺口。当 G^T 中原本有转让的节点 v_k^T 失去所有转让，即作为 v_k^T 的所有技术转让方 v_i^T 已被移除时，v_k^T 是否被移除取决于其能否在 G^T 中匹配到具有一定技术差异度的技术交易伙伴，从而进行技术转移关系的重连。考虑到企业受到冲击后通常需要尽快获取技术，而过于陌生的主体间建立联系需要较高的时间和资金成本，这与企业迫切的技术需求不符。本章将过于陌生的主体定义为与节点不在同一子图中的节点，将 v_k^T 所在子图中的其余节点定义为可重连的技术交易伙伴。借鉴 Jaffe[①] 的技术邻近性指标构建方法，设定重连概率是技术差异度的函数，技术差异度被定义为 1 与技术邻近度的差额，后者是 v_i^T 与 v_k^T 转移专利和可重连技术交易伙伴专利中知识组合分布向量的夹角，计算公式如下：

$$relink_{kj} = D_{jk} = 1 - \frac{f_{ik}\, f_{jk}}{\sqrt{(f_{ik}\, f_{ik})\,(f_{jk}\, f_{jk})}} \quad (6\text{-}20)$$

式中，$f_{ik} = [N_1^S, N_2^S, \cdots, N_n^S]$ 和 $f_{jk} = [N_1^S, N_2^S, \cdots, N_m^S]$ 分别表示主体 v_i^T 向 v_k^T 所转移专利的知识组合向量，以及可重连技术交易伙伴 v_j^T 向 v_k^T 所转移专利的知识组合向量。$D_{jk} \in [0, 1]$ ，其越接近 1，表示差异越大；反之，越接近 0，则差异越小。

---

① JAFFE A B. Technological opportunity and spillovers of R&D: Evidence from firms' patents, profits, and market value [J]. The American economic review, 1986, 76 (5): 984-1001.

设定 $relink_{kj}$ 的阈值为 $[0.6, 0.8]$，并进一步定义在该范围内则连接 v_k^T 和 v_j^T，否则不进行重连。如果 v_k^T 最终没有找到新的转让方，则节点 v_k^T 移除。

步骤 3： 步骤 2 中的节点 v_k^T 移除会影响 G^T 层，使其相邻节点 v_h^T 的入度边消失，对应着 v_h^T 转让方的消失，当作为 v_h^T 的所有技术转让方都被移除时，则重复步骤 2，直至不再有新的组织节点被移除。节点移除会影响 G^T 层的连通性，使其分割成若干弱连接的子网络。

(二) 情形二：逆全球化、技术制裁和封锁等转移受阻引致 G^T 中节点移除

随着国际科技竞争态势升级，外国逐渐封锁中国企业的先进技术获取渠道，使中国面临关键产业技术"卡脖子"危机。例如，美国对中国科技禁运，已经针对中国在 AI 技术、AI 芯片、机器人、脑机接口、先进材料等 14 类新兴和基础技术领域限制出口。原有的技术重要来源企业被禁止继续对华展开技术转让。光刻机制造技术领域是其中的典型，荷兰阿斯麦（ASML）公司、德国蔡斯（Zeiss）公司、韩国海力士（Hynix）公司形成的技术合作研发联盟近年来一方面大力推销低端光刻机和低端芯片，另一方面在高端光刻机上严控对我国的销售。[①] 相应地，技术转移网络中外国企业技术供给方不再参与国内技术转移，即出度较大的节点在技术封锁情形中有较大概率被移除。

步骤 1： 假设以 G^T 中节点出度度数降序排列，移除前 $(1-p) \times N^T$ 个节点。这也反映出技术封锁与知识老化的差异在于是否先从主体层进行高度数节点删除。G^T 相应节点的移除会影响其交易对手方节点在网络中的存续。由技术封锁造成的移除意味着受让方需要寻找替代的，且与移除技术具有较高相似度的技术来源，从而弥补自己的技术缺口。当 G^T 中原本有转让的节点 v_k^T 失去所有转让时，即作为 v_k^T 的所有技术转让方 v_i^T 已被移除，v_k^T 是否被移除取决于其能否在 G^T 中匹配到具有一定技术相似度的技术交易伙伴，从而进行技术转移关系的重连。与情形 1 同理，将 v_k^T 所在子图内的其余节点定义为可重连技术交易伙伴。而节点重连概率要考虑技术相似度，计算公式如下：

$$relink_{kj}^{scenario2} = S_{jk} = \frac{f_{ik} f_{jk}'}{\sqrt{(f_{ik} f_{ik})(f_{jk} f_{jk})}} \tag{6-21}$$

---

① 杨武，陈培，DAVID G. 专利引证视角下技术轨道演化与技术锁定识别：以光刻技术为例 [J]. 科学学研究，2022，40（2）：209-219.

式中，f'_{jk} 表示可重连技术交易伙伴 j 拥有的技术，包括从属于该组织的专利以及从其他组织受让到的专利，其余符号释义同前文，其越接近 1，则表示相似度越大，反之则相似度越小。

设定 $relink_{kj}^{scenario2}$ 的阈值为 0.9，并进一步定义大于该阈值则连接 v_k^T 和 v_j^T，否则不进行重连。如果 v_k^T 最终没有找到新的转让方，则节点 v_k^T 被移除。

步骤 2：步骤 1 中的节点 v_k^T 移除会影响 G^T 层中其相邻节点 v_h^T 的入度边消失，对应着 v_h^T 转让方的消失，当 v_h^T 的所有技术转让方都被移除时，则重复步骤 1，直至不再有新的组织节点被移除。节点移除会影响 G^T 层的连通性，使其分割成若干弱连接的子网络。

三、级联风险示例

设定 $\beta = 1$，$\alpha = 1$。各专利及对应 IPC 组合、各组织对应 IPC 组合分别如表 6-1 和表 6-2 所示。图 6-1 和图 6-2 中标记×的节点为拟删除节点，灰色填充节点为已删除节点。网络层间联系中，黑色实线为专利原始从属关系，黑色虚线为转让后专利的从属关系。

表 6-1 示例网络专利节点及对应 IPC 组合矩阵

	A01B	A01C	A01D	A01F	A01G	A01H	A01J	A01K	A01L	A01M	A01N
v_1^S				1		1					
v_2^S						1					
v_3^S									2		
v_4^S				1	1			1	1		
v_5^S			1					1			
v_6^S		1						1			
v_7^S	1				1					1	
v_8^S		1								1	
v_9^S	3						2				
v_{10}^S							1				1

表 6-2 示例网络组织节点及对应 IPC 组合矩阵

	A01B	A01C	A01D	A01F	A01G	A01H	A01J	A01K	A01L	A01M	A01N
v_1^T				1		$1+1^{\#}$					
v_2^T				$1^{\#}$	$1^{\#}$	1^{*}		$1^{\#}$	$2+1^{\#}$		
v_3^T		$1^{\#}$	$1^{\#}$	1^{*}	1^{*}			$1^{\#}+1^{*}$ $+1^{\#}$	1^{*}		
v_4^T	$1^{\#}$			1^{*}		$1^{\#}$		1^{*}		$1^{\#}$	
v_5^T		$1+1^{*}$						1^{*}	1		
v_6^T	$1^{*}+3$					1^{*}	$2+1$			1^{*}	1

注：井号（#）表示该 IPC 是已转让专利的 IPC；星号（*）表示该 IPC 是节点受让专利的 IPC。

（一）情形一示例

（1）首先随机删除 PSN 层的专利节点 v_1^S，如图 6-1（a）所示。

（2）根据专利余弦相似度计算公式，专利 v_1^S 与 v_2^S 的相似度为 0.707[①]，v_1^S 与 v_4^S 相似度为 0.354[②]。基于移除公式，专利 v_2^S 被移除（$0.707\times2\times1=1.414>1$），而专利 v_4^S 被保留（$0.354\times2\times1<5$）。由于专利 v_1^S 从属于主体 v_1^T，因此当专利 v_1^S 被移除后，主体 v_1^T 便失去与 v_1^S 的层间联系。同时，由于专利 v_2^S 为主体 v_1^T 向 v_2^T 转移的全部专利，因此当专利 v_2^S 被移除后，主体 v_1^T 向 v_2^T 转移专利的有向边 e_{12}^T 也因边权为 0 而被删除。此时主体 v_2^T 失去全部转让方，需要进行重连判断，如图 6-1（b）所示。

（3）基于步骤 2 中的技术差异性公式可知，主体 v_2^T 的全部专利受让需求（原有受让专利）与主体 v_3^T、v_4^T、v_5^T、v_6^T 所拥有全部专利的技术差异性均为 1（由表 6-2 可得），对应重连概率为 1、1、1、1，均未满足 $relink_{kj}\in[0.6, 0.8]$ 的重连要求。因此，主体 v_2^T 无法与其他主体重连，此时 v_2^T 被移除，如图 6-1（c）所示。当主体 v_2^T 被移除后，从属于它的专利 v_3^S 和相应层间联系也因

---

① 专利 1 的 IPC 集合是［A01F,A01H］，专利 2 的 IPC 集合是［A01H］；专利 1 的知识元素向量组合是［0,0,0,1,0,1,0,0,0,0,0］，专利 2 的知识元素向量组合是［0,0,0,0,0,1,0,0,0,0,0］，专利相似度为 $1\times1/[(1\times1+1\times1)^{\wedge}0.5\times(1\times1)^{\wedge}0.5]=1/(2^{\wedge}0.5)\approx0.707$。

② 专利 4 的 IPC 集合是［0,0,0,1,1,0,0,1,1,0,0］，专利 1 与专利 4 的相似度为 $1\times1/[(1\times1+1\times1)^{\wedge}0.5\times(1\times1+1\times1+1\times1)^{\wedge}0.5]\approx0.354$。

失去依赖主体而被删除。进一步地，专利 v_3^S 的移除也导致需要判断专利 v_4^S 是否会因相似度较高而被移除。同时，在主体 v_2^T 被移除后，主体 v_3^T 失去唯一转让方，需要判断其是否可能重连。

（4）对于专利 v_4^S，其与 v_3^S 的相似度为 0.5。① 基于移除公式（$0.5×1×1=0.5<5$），专利 v_4^S 被保留。对于主体 v_3^T，其专利受让需求与主体 v_4^T、v_5^T、v_6^T 所拥有专利的技术差异性分别为 0.646②、0.796③ 以及 0.906④，对应重连概率分别为 0.646、0.796 以及 0.906。前两者符合 $relink_{kj} \in [0.6, 0.8]$ 的重连条件，因此成为主体 v_3^T 的新转让方。此时主体 v_3^T 具有两个转让方，因此主体 v_3^T 被保留，如图 6-1（d）所示。

至此，网络混合级联失效结束，此时网络鲁棒性 R_s 为 $4/6=0.667$。

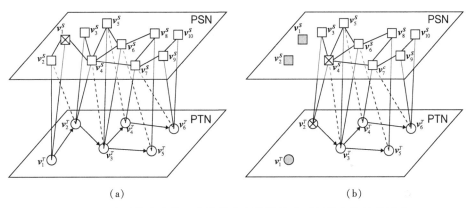

图 6-1　专利节点老化、失效等专利价值作废对网络鲁棒性的影响

---

① 专利 3 的知识元素向量组合是 [0, 0, 0, 0, 0, 0, 0, 0, 1, 0, 0]，专利 3 与专利 4 的相似度为 $1×1/[(1×1+1×1+1×1+1×1+1×1)$ ^0.5× $(1×1)$ ^0.5] = 0.5。

② 主体 3 专利转让需求的知识元素向量组合是 [0, 0, 0, 1, 1, 0, 1, 1, 0, 0]，主体 4 经转让后专利的知识元素向量组合是 [0, 0, 1, 0, 0, 0, 0, 1, 0, 0, 0]，技术差异为 $1-1×1/[(1×1+1×1+1×1+1×1)$ ^0.5× $(1×1+1×1)$ ^0.5] ≈ 0.646。

③ 主体 5 经转让后专利的知识元素向量组合是 [0, 2, 0, 0, 0, 0, 0, 1, 0, 1, 0]，与主体 3 专利转让需求的知识元素向量组合的技术差异度为 $1-1×1/[(1×1+1×1+1×1+1×1+1×1)$ ^0.5× $(2×2+1×1+1×1)$ ^0.5] ≈ 0.796。

④ 主体 6 经转让后专利的知识元素向量组合是 [4, 0, 0, 0, 1, 0, 3, 0, 0, 1, 1]，与主体 3 专利转让需求的知识元素向量组合的技术差异度为 $1-1×1/[(1×1+1×1+1×1+1×1)$ ^0.5× $(4×4+1×1+3×3+1×1+1×1)$ ^0.5] ≈ 0.906。

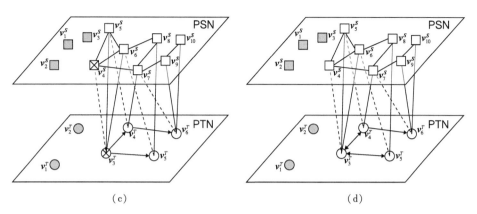

（c）　　　　　　　　　　　　　（d）

图6-1　专利节点老化、失效等专利价值作废对网络鲁棒性的影响（续）

（二）情形二示例

（1）基于出度较大优先删除原则，选取 PTN 中出度最大的主体 v_3^T 作为技术封锁对象，并对其进行蓄意攻击，如图6-2（a）所示。

（2）主体 v_3^T 被移除后，其对应转、受让边 e_{34}^T、e_{35}^T、e_{23}^T 及所从属专利 v_4^S 也被同步删除。该情况导致主体 v_4^T 和 v_5^T 失去唯一转让方，因此需要进行重连匹配，如图6-2（b）所示。同时，当专利 v_4^S 被移除后，其在 PSN 层中的相应连边 e_{41}^S、e_{43}^S、e_{45}^S、e_{46}^S、e_{47}^S 也会消失。

（3）对主体 v_4^T 和 v_5^T 进行重连匹配。基于技术相似性公式，主体 v_4^T 的专利受让需求（原有受让专利）与主体 v_1^T、v_2^T、v_5^T、v_6^T 所拥有专利的技术相似度分别为0、0、0.289、0；主体 v_5^T 的专利受让需求（原有受让专利）与 v_1^T、v_2^T、v_4^T、v_6^T 的技术相似度分别为0、0、0.707、0。由上述结果可知，二者均无技术相似度大于0.9的重连对象，因此主体 v_4^T 和 v_5^T 被移除，如图6-2（c）所示。该情况导致与主体 v_4^T 和 v_5^T 相连的转移边 e_{46}^T 和从属专利 v_5^S、v_6^S、v_8^S 也被同步移除。同时，主体 v_6^T 因失去唯一转让方 v_4^T，需要进行重连匹配。

（4）对主体 v_6^T 的受让需求进行重连匹配。除主体 v_6^T 外，PTN 中仅剩 v_1^T 和 v_2^T。然而，主体 v_6^T 的专利受让需求与上述主体所拥有专利的技术相似度均为0。因此，主体 v_6^T 被移除，且从属于主体 v_6^T 的专利 v_7^S、v_9^S 和 v_{10}^S 也被移除，如图6-2（d）所示。

至此，网络级联失效过程结束。最终，PSN 和 PTN 中仅剩专利 v_1^S 和 v_2^S，

以及主体 v_1^T 和 v_2^T。相应的网络鲁棒性指标 R_s 为 $2/6 = 0.333$。

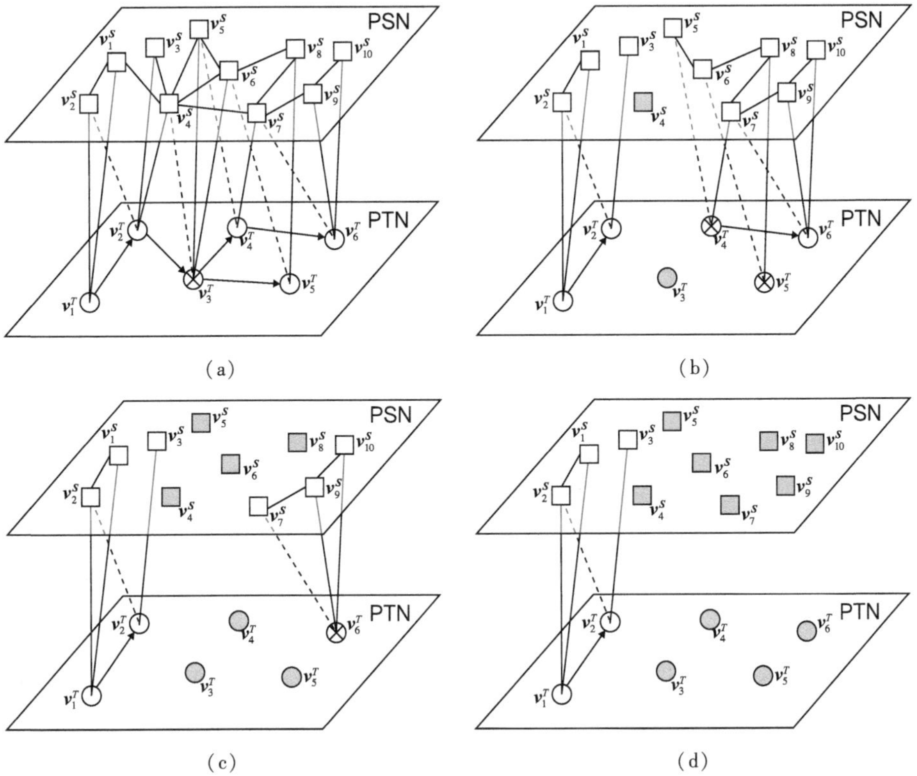

图 6-2　逆全球化、技术制裁和封锁等技术转移受阻对网络鲁棒性的影响

第四节　数值模拟与讨论

一、模型分析与参数设置

模型参数如下：m，m_0，N^T，N^S，n_{pt}，μ，η，ζ，ψ，n，p_k，α，β，γ。本章将对上述参数逐一进行讨论。

现实世界中的网络都是稀疏的①，而密度常被用来表示网络的稀疏程度。在 PTN 的生成过程中，m 决定了每个新增节点与旧节点的链路数量。基于此，

---

① NEWMAN M. Networks：An introduction［M］. Oxford：Oxford University Press，2010.

由有向网络密度公式①可知，PTN 的网络密度 ρ^T 为

$$\rho^T = \frac{m \times (N^T - m_0) + C_{m_0}^2}{N^T \times (N^T - 1)} \qquad (6\text{-}22)$$

因此，m 和 m_0 决定了 PTN 的网络密度。由于 m 必须小于或等于 m_0，本章借鉴相关研究设置 $m = m_0 = 2$。

双层网络模型的节点数量为 $N^T + N^S$，其中 N^T 表示 PTN 节点数量，$N^S = N^T \times n_{pt}$ 表示 PSN 节点数量，n_{pt} 决定了企业拥有的平均专利数量。相关研究②将双层网络的节点数量设置为 $N^S = N^T$，即 $n_{pt} = 1$。而本章中平均每个企业仅拥有一项专利是不符合现实情况的，且企业拥有的专利数量能反映整个产业的专利丰裕度。仿真结果中第一和第二部分将说明 N^T 与 n_{pt} 如何影响双层网络的鲁棒性。

μ 和 η 被用来刻画现实世界网络的无标度程度和中心程度。③ 具体而言，η 控制网络是否为无标度。当 $\eta = 1$ 时，PTN 为无标度网络且无标度程度随 μ 的增加而增加；当 $\eta > 1$ 时，PTN 转变为具有中心节点的网络，且中心节点的度数随着 μ 的增加而增加。④ 仿真结果中第三部分将说明参数 μ 和 η 如何影响双层网络的鲁棒性。

根据层间模型的分配公式，若 $\zeta > 0$，则企业转出边（出度边）越多，企业拥有的专利越多；若 $\zeta < 0$，则转出边较多的企业拥有较少专利的归属权；$\zeta = 0$ 表示各企业恰好拥有等量的专利所属权。因此，ζ 反映同配或异配区别于高出度企业连接专利的数量。$\psi < 0$ 决定层间连接的双方具有度数同配性，即当企业节点 v_i^T 与专利节点 v_j^S 的度数绝对差较小时，两节点之间更可能存在互连；$\psi > 0$ 决定层间连接的双方具有度数异配性；$\psi = 0$ 则表示 PTN 与

---

① PAYNE J L, EPPSTEIN M J. Evolutionary dynamics on scale-free interaction networks [J]. IEEE Transactions on evolutionary computation, 2009, 13 (4): 895-912.

② LU Q, XU P, ZHAO X, et al. Measuring network interdependency between dependent networks: A supply-demand-based approach [J]. Reliability engineering & system safety, 2022, 225: 108611.

③ BROIDO A D, CLAUSET A. Scale-free networks are rare [J]. Nature communications, 2019, 10 (1): 1017.

④ SHI X Q, DENG D S, LONG W, et al. Research on the robustness of interdependent supply networks with tunable parameters [J]. Computers & industrial engineering, 2021, 158: 107431; KRAPIVSKY P L, REDNER S, LEYVRAZ F. Connectivity of growing random networks [J]. Physical review letters, 2000, 85 (21): 4629-4632.

PSN 的节点之间随机互连。因此，ψ 反映同配或异配区别于高出度企业连接专利的地位。仿真结果中的第四部分将说明 ζ 和 ψ 决定的层间连接模式如何影响双层网络的鲁棒性。

γ 决定了企业转移的专利在其拥有的所有专利中的占比。从系统静态角度解释，企业的专利未被转移说明企业研发的专利在技术市场上无法流通，所以 γ 越小，说明产业的专利流通率越低，专利的使用效率就越低。从系统动态角度解释，企业的未被转移专利是企业未来将开发的专利，体现着企业未来几年的技术创新能力。因此，γ 越小，说明企业的未来研发能力越强。仿真结果中第四部分将说明 γ 如何影响双层网络的鲁棒性。

PSN 中专利包含的所有知识种类由参数 n_k 控制，n_k 越大，表示产业的知识分散程度越高，PSN 越稀疏。由于本章以单个产业为研究对象，因此 n_k 的数量要低于 651。① 一个聚类包含的知识种类数为 $n_k \times p_k$，其中 p_k 为每个聚类的 IPC 库种类数量占总种类数量的比例上限。p_k 越大，则聚类拥有的专利包含的知识种类越多，聚类间专利知识差异度越小，聚类内专利知识差异度越大。因此，p_k 越小，PSN 将越呈现出社区性质，即聚类内部联系越紧密，而聚类间联系越稀疏。本章固定 $n_k = 600$，通过调整 p_k 来控制 PSN 的聚类系数，仿真结果中第五部分将说明 p_k 如何影响双层网络的鲁棒性。

专利的价值由专利度数的 α 次幂决定，因此 α 越大，专利的价值越大。当专利被移除时，该专利对知识相似的专利的冲击程度越大。β 代表冲击传递程度，当专利被移除时，β 越小，对知识相似的专利的冲击程度越小。因此，β 与模型的鲁棒性有明显的负相关关系。本章中 $\beta = 1$，并在仿真结果中的第六部分说明 α 如何影响双层网络的鲁棒性。

本章采用模拟方法②来研究双层网络在本章第三节设定的两种攻击情形下的鲁棒性。传统的攻击有两种类型，即随机攻击与蓄意攻击。③ 情形一为随机

① 根据 WIPO 于 2023 年 1 月发布的 IPC 文件，4-digits IPC 的总量为 651 个。

② TANG L, JING K, HE J, et al. Complex interdependent supply chain networks: cascading failure and robustness [J]. Physica A: Statistical mechanics and its applications, 2016, 443: 58-69; JI X, WANG B, LIU D, et al. Improving interdependent networks robustness by adding connectivity links [J]. Physica A: Statistical mechanics and its applications, 2016, 444: 9-19.

③ SUN P, KOOIJ R E, MIEGHEM P V. Reachability-Based robustness of controllability in sparse communication networks [J]. IEEE transactions on network and service management, 2021, 18 (3): 2764-2775.

攻击，即在初始化企业由专利技术老化而造成移除时，PSN 节点被选择的概率相等。情形二为蓄意攻击，即在初始化企业由技术封锁而造成移除时，优先选择 PTN 中的关键节点。关键节点的度量选择广泛使用的度数中心性[①]，节点按照初始 PTN 中节点度数的递减顺序移除。本章将在情形一中模拟三种随机攻击程度：$p = \{1, 0.975, 0.98\}$；在情形二中模拟三种蓄意攻击程度：$p = \{1, 0.99, 0.98\}$。

本章采用 R_s、R_{ae}、R_{we} 三个鲁棒性指标展示参数对模型鲁棒性的影响。具体来说，绘制两种攻击类型、三种攻击程度下，鲁棒性指标随参数值变化的折线。此外，为了保证数值模拟结果的可靠性，相关研究通常对每种参数组合独立运行多次[②]，直观地说，独立运行的次数越多，结果越可靠。同时，为了节省模拟时间，将每种情况独立运行 100 次，图 6-3 ~ 图 6-11 中每个数据点都代表 100 次结果的平均值。此外，提供模拟结果的 95% 置信区间来评估其可靠性。借鉴 Shi 等[③]的做法，当模拟结果的 95% 置信区间的半径不大于或接近 0.01 时，本章认为该结果足够可靠。本章在每类攻击情形下模拟三种依次增加的移除程度，并在结果图中依次用正方形、圆点和三角形来表示鲁棒性指标的平均值，用黑色的竖线段表示相应的 95% 置信区间。线段越短，表示区间越小，即结果越可靠。本章所有参数如表 6-3 所示。

表 6-3 术语表

符号	含义	符号	含义
缩写		可调参数	
TT	Technology Transfer	m	PTN 新增节点时连边的增加值

---

① WANG S, LIU J. Robustness of single and interdependent scale-free interaction networks with various parameters [J]. Physica A：Statistical mechanics and its applications, 2016, 460：139-151; HAO Y, JIA L, WANG Y, et al. Improving robustness in interdependent networks under intentional attacks by optimizing intra-link allocation [J]. Chaos：An interdisciplinary journal of nonlinear science, 2021, 31 (9): 093133.

② HONG C, HE N, LORDAN O, et al. Efficient calculation of the robustness measure R for complex networks [J]. Physica A：Statistical mechanics and its applications, 2017, 478：63-68; SHI X Q, DENG D S, LONG W, et al. Research on the robustness of interdependent supply networks with tunable parameters [J]. Computers & industrial engineering, 2021, 158：107431.

③ SHI X Q, DENG D S, LONG W, et al. Research on the robustness of interdependent supply networks with tunable parameters [J]. Computers & industrial engineering, 2021, 158：107431.

续表

符号	含义	符号	含义
ITTN	Interdependent Technology Transfer Network	m_o	PTN 初始全连接图
PSN	Patent Similarity Network	ρ	图的密度
PTN	Patent Transfer Network	N^T	PTN 的规模
TSIM	Two-Stage Interconnecting Model	N^S	PSN 的规模
IPC	International Patent Classification	μ	决定了图的无标度程度
上下标		η	决定了图是否为无标度
$\cdot^T / \cdot^S$	代表符号属于 PTN/PSN	ζ	决定高度数组织拥有多少专利
$\cdot^{(ee)} / \cdot^{(or)}$	代表符号属于受让方/转让方子图	ψ	决定高度数组织连接哪些专利
$\cdot_i / \cdot_j / \cdot_k$	用于索引集合中的元素	n	PSN 包含的知识元素种类
集合		p_k	组织拥有的专利中所包含的 IPC 的最大比例
V	节点集合	n_{pt}	组织拥有的专利平均数
E	边集合	α	决定了专利的地位/价值
W	边权集合	β	决定了技术相似度的影响程度
L^T	转移专利向量的集合	统计	
L^S	知识元素组合向量的集合	A	组织的地位
对象		$P_{j \rightarrow i}$	v_i^T 与 v_j^T 连接的概率
G	图	Ω_i, Ψ_i	$v_i^{S(T)}$ 被选择的概率
v	节点	$\Omega_{i \leftrightarrow k}$, $\Psi_{i \leftrightarrow k}$	$v_i^{T(S)}$ 与 $v_k^{S(T)}$ 层间连接的概率
e	边	S	技术相似度
属性		C_x^2	从 x 个元素中选择 2 个元素的组合数量
w	边权	其他	
l^T	企业间转移的专利向量	R_s	ITTN 基于最大连通子图的鲁棒性
l^S	专利的知识元素组合向量	R_{ae}	ITTN 基于平均效率的鲁棒性
D	节点度数	R_{we}	ITTN 基于最弱效率的鲁棒性
C	专利地位/价值	$del(x)$	决定专利 x 是否被删除

二、仿真结果

(一) N^T 对模型鲁棒性的影响

为了了解网络规模如何影响系统鲁棒性，本章假设 N^T 从 100 增加到 1000，步长为 100，并固定 $n_{pt} = 15$，这表明系统节点规模从 1600 逐渐增加到 16000，步长为 1600。其他相关参数如下：$m = m_0 = 2$，$\mu = 1$，$\eta = 1$，$\zeta = 0$，$\psi = 0$，$\gamma = 0.9$，$n = 600$，$p_k = 0.1$，$\alpha = \beta = 1$。

图 6-3 给出了 N^T 对 R_s、R_{ae}、R_{we} 的影响。在图 6-3 (a) 和图 6-3 (b) 中，X 轴和 Y 轴分别表示 N^T 和 R_s。图 6-3 (a) 显示了随机攻击时 R_s 对 N^T 在不同 PSN 移除比例 $1 - p = 0$、0.025、0.050 下的变化曲线。结果显示，随着网络规模的增大，R_s 呈现出逐渐下降的趋势。同时，当 $1-p = 0$ 时，95% 置信区间的半径极小，说明生成网络具有稳定性；另外，随着 $1-p$ 的逐渐增加，95% 置信区间的半径逐渐增大，说明随机攻击的不确定性会对模型的鲁棒性结果的不稳定性产生自然的影响。图 6-3 (b) 显示了蓄意攻击时 R_s 对 N^T 在不同 PTN 移除比例 $1 - p = 0$、0.010、0.020 下的变化曲线。结果显示，当 $1 - p = 0$ 时，R_s 恒为 1.0。当 $1-p = 0.010$ 时，随着网络规模的增加，R_s 首先相对快速地变小 (当 $N^T < 200$ 时)，然后保持相对平稳。当 $1-p = 0.020$ 时，随着网络规模的增加，R_s 首先相对快速地变小 (当 $N^T < 200$ 时)，然后保持较低数值的振荡。此外，蓄意攻击的 95% 置信区间的半径极小 (小于 10^{-16})，说明结果是可靠的。这证实了当 $N^T > 200$ 时，蓄意攻击只能对模型鲁棒性产生轻微的影响。

图 6-3 (c) (d) 和图 6-3 (e) (f) 分别显示了 PTN 规模 N^T 如何影响 R_{ae} 和 R_{we}。在图 6-3 (c) (d) 中，X 轴表示 PTN 的大小，Y 轴表示 R_{ae}。图 6-3 (c) 所示为随机攻击情形下的结果，显示了在 $1 - p = 0$、0.025 和 0.050 时 R_{ae} 与 N^T 的关系曲线。当 $1 - p = 0$ 时，没有节点被移除。随着 N^T 的增加，R_{ae} 首先逐渐下降，并在 $N^T > 500$ 后保持相对缓慢地下降。当 $1 - p = 0.025$ 和 0.050 时，即分别有 2.5% 和 5.0% 的节点被移除，折线说明了随着 N^T 的增加，R_{ae} 逐渐下降的规律。图 6-3 (d) 所示为蓄意攻击情形下的结果，显示了 R_{ae} 在 $1 - p = 0$、0.010、0.020 时随 N^T 变化的曲线，结果说明了与图 6-3 (c) 几乎相同的规律。在图 6-3 (e) (f) 中，X 轴表示 PTN 的规模 N^T，Y 轴表示

R_{we}。图 6-3（e）所呈现的规律几乎与图 6-3（c）相同；图 6-3（f）中除 $1-p$ = 0.010 时 N^T = 200 的 R_{we} 小于 $1-p$ = 0.020 时 N^T = 200 的 R_{we} 外，所呈现的规律几乎与图 6-3（d）相同。一个合理的解释是，结合图 6-3（b），当 N^T = 200 时，$1-p$ = 0.010 时的剩余最大连通子图小于 $1-p$ = 0.020 时的值，说明移除比例越大，崩溃程度越高。但由于 $1-p$ = 0.020 时剩余的最大连通子图较为连通，导致最长路径相对较短，进而此时的 R_{we} 大于 $1-p$ = 0.010 时的 R_{we}。

综上所述，图 6-3 的模拟结果表明：①R_s、R_{ae} 和 R_{we} 的值表现出几乎相同的规律，即当随机攻击和蓄意攻击时，随着 N^T 的增加，鲁棒性逐渐变差。R_s 随网络规模的扩大呈下降趋势的原因在于节点增加所带来的稀疏效应。R_{ae} 和 R_{we} 则是因为随着 N^T 的增加，剩余的最大连通子网络规模自然变大。②$1-p$ = 0 时，R_{ae} 和 R_{we} 随着 N^T 的增加首先逐渐下降，并在 N^T > 500 后保持相对稳定，这说明节点增加所带来的路径变长效果是逐渐减弱的。

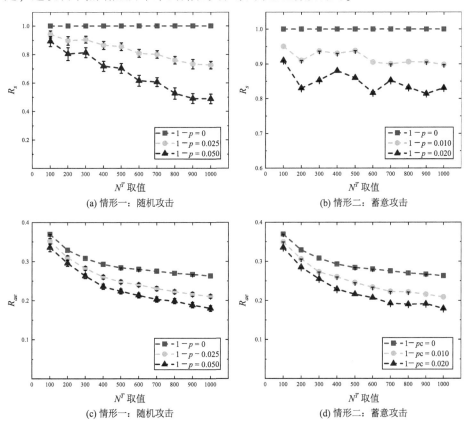

图 6-3　PTN 规模 N^T 与 R_s、R_{ae}、R_{we} 的关系

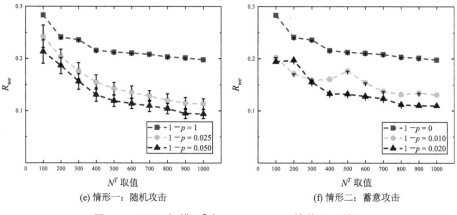

(e) 情形一：随机攻击　　　　　　　(f) 情形二：蓄意攻击

图 6-3　PTN 规模 N^T 与 R_s、R_{ae}、R_{we} 的关系（续）

（二） n_{pt} 对模型鲁棒性的影响

为了考察专利丰裕度比例如何影响系统鲁棒性，本章假设 n_{pt} 从 5 增加到 50，步长为 5。其他相关参数如下： $m = m_0 = 2$， $N^T = 500$， $\mu = 1$， $\eta = 1$， $\zeta = 0$， $\psi = 0$， $\gamma = 0.9$， $n = 600$， $p_k = 0.1$， $\alpha = \beta = 1$。

图 6-4（a）（b）给出了 n_{pt} 对 R_s 的影响，X 轴和 Y 轴分别表示 n_{pt} 和 R_s。图 6-4（a）所示为在随机攻击时，R_s 对 n_{pt} 在不同 PSN 移除比例 $1 - p = 0$、0.025、0.050 下的变化曲线。对于 $1 - p = 0$，即没有节点被移除时，R_s 恒为 1，说明仿真生成的模型具有稳定性。而对于 $1 - p = 0.025$、0.050，在随机攻击下，随着专利丰裕度的增加，R_s 呈现出明显的下降趋势。这证实了随着企业专利数量的不断增加，随机攻击会对系统带来越来越严重的冲击。图 6-4（b）所示为在蓄意攻击时，R_s 对 n_{pt} 在不同 PTN 移除比例 $1 - p = 0$、0.025、0.050 下，系统的鲁棒性没有发生明显的变化。

图 6-4（c）（d）和图 6-4（e）（f）分别显示了专利丰裕度 n_{pt} 如何影响 R_{ae} 和 R_{we}。在图 6-4（c）（d）和图 6-4（e）（f）中，X 轴表示专利丰裕度 n_{pt}，图 6-4（c）（d）中的 Y 轴表示 R_{ae}，图 6-4（e）（f）中的 Y 轴表示 R_{we}。图 6-4（c）所示为随机干扰下 R_{ae} 的结果，说明了在 $1 - p = 0$、0.025 和 0.050 时 R_{ae} 随 n_{pt} 变化的曲线。对于 $1 - p = 0$，即没有节点被移除，R_{ae} 恒为 0.28。对于 $1 - p = 0.025$，即有 2.5% 的节点被移除，R_{ae} 首先逐渐变小（当 $n_{pt} < 30$ 时），然后保持相对稳定。对于 $1 - p = 0.050$，即有 5% 的节点被移除，R_{ae} 首先相对缓慢地变小（当 $n_{pt} < 40$ 时），然后迅速下降。图 6-4（d）所示为蓄

意攻击下的结果，显示 R_{ae} 在不同 $1-p$ 值下随 n_{pt} 变化的曲线，其呈现的规律几乎与图 6-4（b）相同。此外，随机攻击下，图 6-4（e）所呈现的 R_{we} 随 n_{pt} 变化的规律几乎与图 6-4（c）相同；蓄意攻击下，图 6-4（f）所呈现的 R_{we} 随 n_{pt} 变化的规律几乎与图 6-4（d）相同。

　　综上所述，图 6-4 的模拟结果表明：①R_s、R_{ae} 和 R_{we} 的值表现出相似的规律；②当随机攻击时，随着 n_{pt} 的增加，鲁棒性逐渐变差；③当蓄意攻击时，随着 n_{pt} 的增加，鲁棒性没有受到影响。事实上，企业拥有的专利越多，专利的管理就会变得越困难，产生专利老化等问题的可能性也会增加。此外，当系统拥有的知识种类固定时，专利数量越多，相似的专利就越多，当部分专利出现老化时，被波及的专利就越多。所以，n_{pt} 的增加会让系统面对某种知识组合老化时受到的影响更大，进而更加脆弱。而在蓄意攻击下，系统因专利同质性强，重连概率也较高，因此 n_{pt} 没有影响鲁棒性。

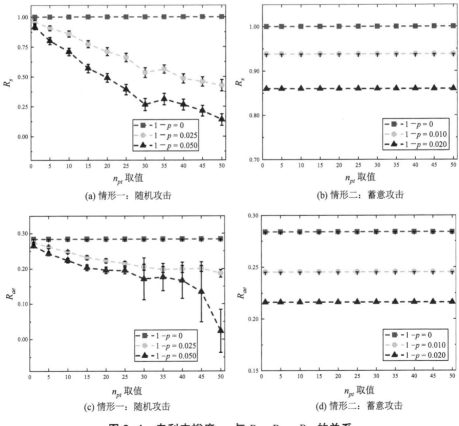

(a) 情形一：随机攻击　　　　　(b) 情形二：蓄意攻击

(c) 情形一：随机攻击　　　　　(d) 情形二：蓄意攻击

图 6-4　专利丰裕度 n_{pt} 与 R_s、R_{ae}、R_{we} 的关系

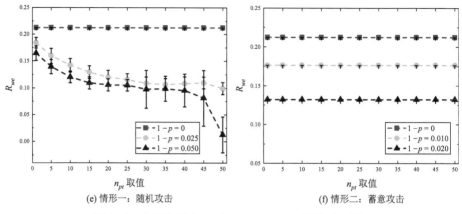

(e) 情形一：随机攻击   (f) 情形二：蓄意攻击

图 6-4　专利丰裕度 n_{pt} 与 R_s、R_{ae}、R_{we} 的关系（续）

（三）μ 和 η 对模型鲁棒性的影响

为了解 PTN 的无标度性和节点中心程度如何影响系统鲁棒性，假设比例系数 μ 从 1 变到 30，步长为 2，同时固定 $\eta = 1$ 以生成无标度网络。μ 的增加表明网络无标度程度的增加。随后，假设 η 从 1 变到 3，步长为 0.2，同时固定 $\mu = 2$。η 的增加表明 PTN 从无标度网络变为具有中心节点的网络，且中心程度随 η 的增加呈指数型增长。其他相关参数如下：$m = m_0 = 2$，$N^T = 500$，$n_{pt} = 15$，$N^S = N^T \times n_{pt} = 6500$，$\zeta = 0$，$\psi = 0$，$\gamma = 0.9$，$n = 600$，$p_k = 0.1$，$\alpha = 1$，$\beta = 1$。

图 6-5（a）（b）给出了 μ 对 R_s 的影响，其中 X 轴和 Y 轴分别表示 μ 和 R_s。图 6-5（a）所示为随机攻击时，R_s 对 μ 在不同 PSN 移除比例 $1-p=0$、0.025、0.050 下的变化曲线，结果说明了几乎相同的规律，即 R_s 没有明显地随 μ 变化的趋势。然而，情形二除了没有节点被移除时（$1-p=0$）与情形一一致，PTN 在移除比例 $1-p=0.010$、0.020 时均体现出随着 μ 的增大，R_s 迅速下降的趋势。

图 6-5（c）（d）和图 6-5（e）（f）给出了 μ 对 R_{ae} 和 R_{we} 的影响。图 6-5（c）所示为随机攻击下的结果，呈现了在 $1-p=0$、0.025 和 0.050 时，R_{ae} 与 μ 的关系曲线。对于 $1-p=0$，R_{ae} 首先相对快速地增加，然后随着 μ 的增大而相对缓慢地增大。对于 $1-p=0.025$ 和 0.050，呈现出几乎与 $1-p=0$ 时相同的规律。图 6-5（d）所示为蓄意攻击下的结果，呈现了当 $1-p$ 分别为 0、0.010 和 0.020 时，R_{ae} 与 μ 的关系曲线。对于 $1-p=0$ 和 0.010，其规律与图

6-5 (a) 几乎相同。对于 $1-p=0.020$，随着 μ 的增加，R_{ae} 首先相对缓慢地变小（$\mu<11$），随后突然下降至 0。图 6-5 (e) (f) 展示了 μ 和 R_{we} 之间的关系，分别呈现出与图 6-5 (c)(d) 几乎相同的规律，除了图 6-5 (f) 中，$\mu=15$ 时移除比例为 0.020 的情况下，R_{we} 不等于 0。出现这一现象的原因与图 6-3 (f) 相似，当 $\mu=15$ 时，网络虽然崩溃但恰巧未完全崩溃（$R_s=0.202>0.2$），此时剩余最大连通子图规模较小，最短路径比 $1-p=0.010$ 时更短。因此，$\mu=15$，$1-p=0.020$ 时的 R_{we} 高于 $1-p=0.010$ 时的 R_{we}。

情形一和情形二存在差异的原因在于，在仿真同配性的基准设置下，较高度数的企业也连接了较多专利。因此，μ 的增加会导致高度数企业的度数增大，进而导致高度数企业拥有的专利数量更多。在蓄意攻击的情形下，随着 μ 的增加，移除会呈爆炸式增长，进而导致系统的崩溃。而随着 μ 的增加，随机攻击会更容易移除高度数企业拥有的专利，低度数企业受到攻击的可能性则会降低。与此同时，数量有限的随机移除不会对高度数企业产生影响，因此，在一定 PSN 移除范围内，随机攻击的情形下，μ 的增加将导致 R_s 的上升。

图 6-6 给出了 η 对 R_s、R_{ae}、R_{we} 的影响。在图 6-6 (a) (b) 中，X 轴和 Y 轴分别表示 η 和 R_s；在图 6-6 (c)(d) 中，X 轴和 Y 轴分别表示 η 和 R_{ae}；在图 6-6 (e)(f) 中，X 轴和 Y 轴分别表示 η 和 R_{we}。总的来说，μ 和 η 对系统鲁棒性的影响呈现出相似的趋势。区别在于，图 6-6 (b)、图 6-6 (d)、图 6-6 (f) 显示，η 仅增加了 3 个步长（0.6），系统便无法抵御技术封锁带来的影响而崩溃。而 μ 需要增加 6 个甚至更多步长才能使系统崩溃。根据 PTN 生成公式可知，μ 对节点中心程度的影响是线性的，而 η 对节点中心程度的影响是指数性的。因此，在蓄意攻击下，相较于 μ，η 的增加对系统鲁棒性的降低效应更加明显。

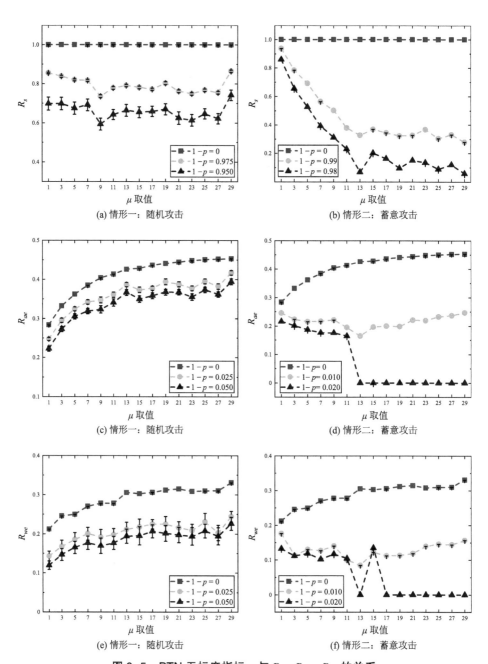

(a) 情形一：随机攻击

(b) 情形二：蓄意攻击

(c) 情形一：随机攻击

(d) 情形二：蓄意攻击

(e) 情形一：随机攻击

(f) 情形二：蓄意攻击

图6-5 PTN无标度指标 μ 与 R_s 、R_{ae} 、R_{we} 的关系

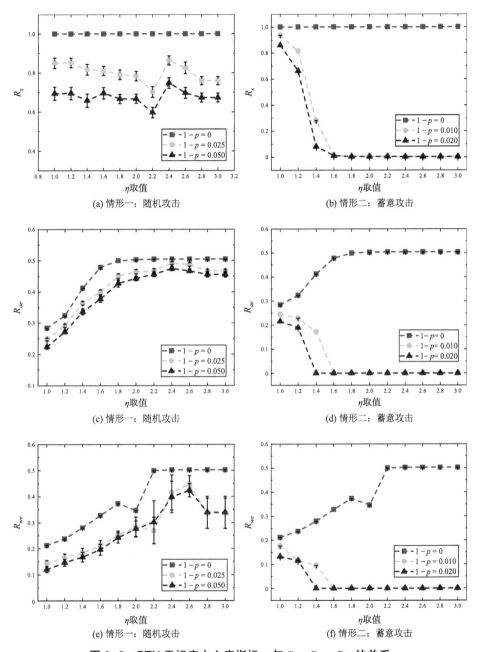

图 6-6　PTN 无标度中心度指标 η 与 R_s、R_{ae}、R_{we} 的关系

通过讨论 PTN 无标度中心度指标发现：①在随机攻击下，较大的 μ 或 η 表示系统鲁棒性较强；②在蓄意攻击下，较大的 μ 或 η 表示系统鲁棒性较弱。

（四）γ、ζ 和 ψ 对模型鲁棒性的影响

为了了解专利转让比率如何影响系统鲁棒性，假设 γ 从 0.1 变到 1.0，步长为 0.1，同时固定 $\zeta = \psi = 0$。为了了解层间连接的同配性如何影响系统鲁棒性，假设 ζ 从 -1 变到 1，步长为 0.2，同时固定 $\psi = 0$。随后，假设 ψ 从 -1.0 变到 1.2，步长为 0.2，同时固定 $\zeta = 0$。其他相关参数如下：$m = m_0 = 2$，$N^T = 500$，$n_{pt} = 15$，$N^S = N^T \times n_{pt} = 6500$，$\mu = 1$，$\eta = 1$，$n = 600$，$p_k = 0.1$，$\alpha = \beta = 1$。

图 6-7（a）(b）给出了 γ 对 R_s 的影响，其中 X 轴和 Y 轴分别表示 γ 和 R_s。图 6-7（a）所示为随机攻击时，R_s 对 γ 在不同 PSN 移除比例 $1 - p = 0$、0.025、0.050 下的变化曲线。对于 $1-p=0$，R_s 恒为 1。对于 $1-p=0.025$，R_s 首先呈现出阶梯式上升的趋势（当 $\gamma \leq 0.8$ 时），随后又在 γ 增加至 0.9 时突然下降。图 6-7（b）所示为蓄意攻击时，R_s 对 γ 在不同 PTN 移除比例 $1 - p = 0$、0.010、0.020 下的变化曲线，可以看出，γ 对系统面对蓄意攻击时的鲁棒性几乎没有影响。

图 6-7（c）(d）和图 6-7（e）(f）给出了 γ 对 R_{ae} 和 R_{we} 的影响。在图 6-7（c）(d）中，X 轴和 Y 轴分别表示 γ 和 R_{ae}；在图 6-7（e）(f）中，X 轴和 Y 轴分别表示 γ 和 R_{we}。图 6-7（c）所示为随机攻击条件下的结果，呈现了 $1-p=0$、0.025 和 0.050 时 R_{ae} 与 γ 的关系曲线。对于 $1 - p = 0$，R_{ae} 随着 γ 的增加几乎保持不变。对于 $1 - p = 0.025$ 和 0.050，R_{ae} 首先逐渐变大，然后随着 γ 的变大（$\gamma > 0.9$）转而减小。图 6-7（e）中 γ 和 R_{we} 之间的关系与图 6-7（c）几乎相同。图 6-7（d）所示为蓄意攻击条件下的结果，呈现了 $1-p=0$、0.010 和 0.020 时 R_{ae} 与 γ 的关系曲线。可以看出，γ 对系统面对蓄意攻击时的鲁棒性几乎没有影响。图 6-7（f）中 γ 和 R_{we} 之间的关系与图 6-7（d）几乎相同。结果表明，专利流通率的提高可以提升模型抵御随机攻击的能力，然而，当企业专利流通率过高以致其没有足够的预留专利时，系统的鲁棒性反而会降低。

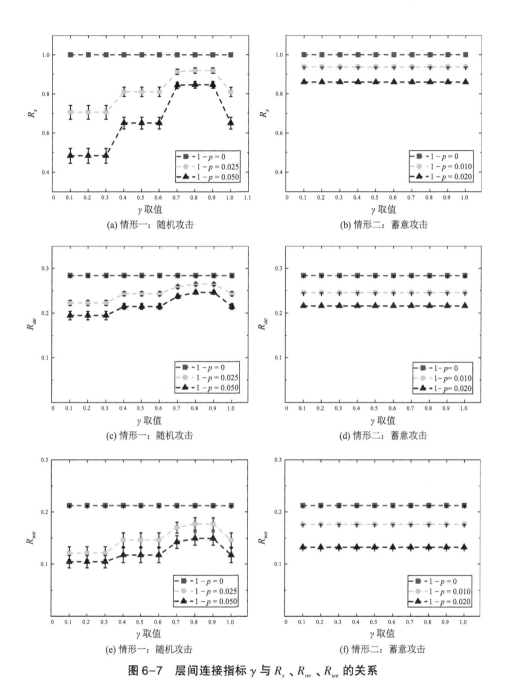

图 6-7　层间连接指标 γ 与 R_s、R_{ae}、R_{we} 的关系

图 6-8 给出了 ζ 对 R_s 的影响。在图 6-8（a）(b) 中，X 轴和 Y 轴分别表示 ζ 和 R_s。图 6-8（a）所示为随机攻击时，R_s 对 ζ 在不同 PSN 移除比例 $1-p=0$、0.025、0.050 下的变化曲线。对于 $1-p=0$，R_s 随着 ζ 的增加而保持不变。对于

$1-p=$ 0.025 和 0.050，R_s 首先保持不变（$\zeta \leqslant -0.2$），然后随着 ζ 的增加逐渐变大。图 6-8（b）所示为蓄意攻击时，R_s 对 ζ 在不同 PTN 移除比例 $1-p=$ 0、0.010、0.020 下的变化曲线，说明 R_s 随着 ζ 的增加而保持不变。

图 6-8（c）(d) 和图 6-8（e）(f) 给出了 ζ 对 R_{ae} 和 R_{we} 的影响。在图 6-8（c）(d) 中，X 轴和 Y 轴分别表示 ζ 和 R_{ae}；在图 6-8（e）(f) 中，X 轴和 Y 轴分别表示 ζ 和 R_{we}。图 6-8（c）所示为随机攻击时，R_{ae} 对 ζ 在不同 PSN 移除比例 $1-p=$ 0、0.025、0.050 下的变化曲线。对于 $1-p=$ 0，R_{ae} 随着 ζ 的增加保持不变；对于 $1-p=$ 0.025 和 0.050，R_{ae} 随着 ζ 的增加相对缓慢地变大。图 6-8（d）所示为蓄意攻击时，R_{ae} 对 ζ 在不同 PTN 移除比例 $1-p=$ 0、0.010、0.020 下的变化曲线，呈现出与图 6-8（b）相同的规律，即 ζ 对系统面对蓄意攻击时的鲁棒性几乎没有影响。图 6-8（e）(f) 展示了 ζ 和 R_{we} 之间的关系，分别呈现出与图 6-8（c）(d) 几乎相同的规律。

图 6-9（a）(b) 所示为 ψ 与 R_s 之间的关系，X 轴和 Y 轴分别表示 ψ 和 R_s。在随机和蓄意攻击下，随着 ψ 的增大，R_s 几乎保持不变。图 6-9（c）(d) 和图 6-9（e）(f) 显示了 ψ 如何影响 R_{ae} 和 R_{we}。在图 6-9（c）(d) 中，X 轴和 Y 轴分别表示 ψ 和 R_{ae}；在图 6-9（e）(f) 中，X 轴和 Y 轴分别表示 ψ 和 R_{we}。它们表现出几乎相同的规律（ψ 很难影响 R_{ae} 和 R_{we}）。

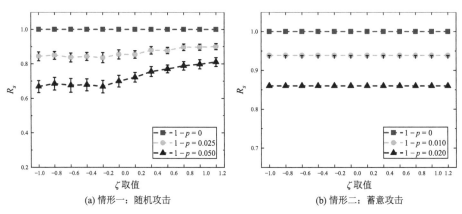

(a) 情形一：随机攻击　　　　　　　　(b) 情形二：蓄意攻击

图 6-8　层间连接指标 ζ 与 R_s、R_{ae}、R_{we} 的关系

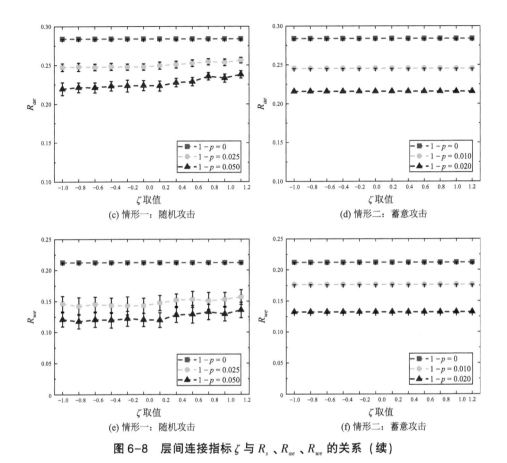

图 6-8　层间连接指标 ζ 与 R_s、R_{ae}、R_{we} 的关系（续）

　　总的来说，可以得出以下结论：①适当增加专利转让率 γ 可以有效提升网络鲁棒性，但过高的专利转让率表示了一个较弱的系统。②在随机攻击下，当 $\zeta < 0$ 时，系统稳健性不变；当 $\zeta > 0$ 时，系统稳健性逐渐增强。③在蓄意攻击下，随着 ζ 的增加，系统稳健性几乎保持不变。④ψ 在随机和蓄意攻击下都不会影响系统稳健性。

　　实际上，较大的 γ 表示每条转移边存在较多专利。在随机攻击下，一个转让边不太可能因损失所有的专利而消失。因此，γ 的值越大，系统就会越稳健。

　　对于 $\zeta < 0$，度数越大的组织转出或转入的专利越少。在随机攻击场景下，度数小的组织受到攻击的可能性会提升，但任意程度的随机攻击都会导致度数较小组织的消失。因此，当 $\zeta < 0$ 时，ζ 的变化不会影响双层网络的稳健性。当 $\zeta > 0$ 并逐渐变大时，度数越大的组织转出或转入的专利越多，度数越小的组织转出或转入的专利越少，在这种情况下，随机攻击到与度数较大的组织有关的专利的可能性越大，而度数较大的组织对单个专利的依赖是较小的，部分专利的消失并不能影响组织的生存，故双层网络的鲁棒性较高。因此，当 $\zeta > 0$ 且在随机攻击下变大时，系统的鲁棒性就会变得更好。然而，在有针对性的破坏下，ζ 很难影响系统的稳健性，因为 ζ 不影响层间连接结构，仅影响层间连边上的专利数量。因此，移除度数较大的节点自然会对系统产生较大影响。

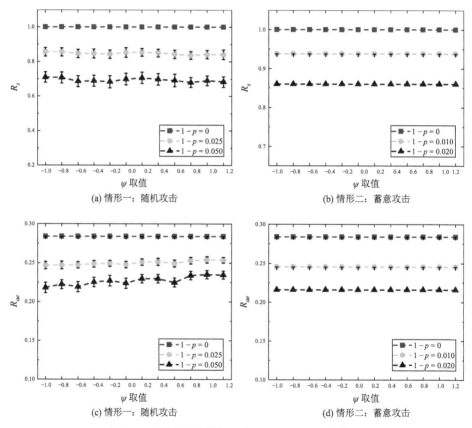

图 6-9　层间连接指标 ψ 与 R_s、R_{ae}、R_{we} 的关系

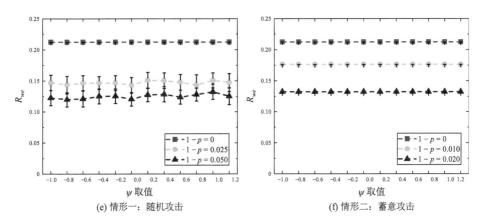

(e) 情形一：随机攻击　　　　　　　(f) 情形二：蓄意攻击

图 6-9　层间连接指标 ψ 与 R_s、R_{ae}、R_{we} 的关系（续）

在本模型中，ψ 会影响下层组织连接的上层专利的度数，然而，模型中的级联崩溃并不通过上层的相似度连边传递。度数越大的组织连接的专利具有越大或越小的度数，几乎不会影响双层网络的鲁棒性。这就是为什么 ψ 在随机和蓄意攻击下很难影响系统的稳健性。

（五）p_k 对模型鲁棒性的影响

为了了解 PSN 聚类程度如何影响系统鲁棒性，调整 p_k 并绘制两个趋势图呈现其影响。假设 p_k 从 0.1 变到 1.0，步长为 0.1。其他相关参数如下：$m = m_0 = 2$，$N^T = 500$，$n_{pt} = 15$，$N^S = N^T \times n_{pt} = 6500$，$\mu = 1$，$\eta = 1$，$\zeta = 0$，$\psi = 0$，$\gamma = 0.9$，$\alpha = \beta = 1$，$n = 600$。

图 6-10（a）(b) 给出了 p_k 对 R_s 的影响，X 轴和 Y 轴分别表示 p_k 和 R_s。图 6-10（a）所示为随机攻击时，R_s 对 p_k 在不同 PSN 移除比例 $1-p$ 下的变化曲线，显示出 R_s 随 p_k 的变化没有明显的变化，当 $1-p = 0$ 时，R_s 恒为 1.0；当 $1-p = 0.025$ 时，R_s 维持在 0.85 左右；当 $1-p = 0.050$ 时，R_s 维持在 0.69 左右。图 6-10（b）所示为蓄意攻击时，R_s 对 p_k 在不同 PTN 移除比例 $1-p = 0$、0.010、0.020 下的变化曲线，显示出 R_s 随 p_k 的变化没有明显的变化，当 $1-p = 0$ 时，R_s 恒为 1.0；当 $1-p = 0.010$ 时，R_s 维持在 0.89 左右；当 $1-p = 0.020$ 时，R_s 维持在 0.86 左右。图 6-10 中的 95% 置信区间的所有半径都非常小（均小于 10^{-16}），说明结果可靠。图 6-10（a）(b) 说明在设定的移除比例下，p_k 不会影

响模型的鲁棒性。

图 6-10（c）(d) 和图 6-10（e）(f) 显示了 p_k 如何影响 R_{ae} 和 R_{we}。在图 6-10（c）(d) 中，X 轴和 Y 轴分别表示 p_k 和 R_{ae}；在图 6-10（e）(f) 中，X 轴和 Y 轴分别表示 p_k 和 R_{we}。它们表现出几乎相同的规律（p_k 很难影响 R_{ae} 和 R_{we}）。

这说明在产业知识种类固定的情况下，知识聚集度不会对整个产业的鲁棒性产生太大的影响。究其原因，p_k 影响的是聚类的知识分散度。当聚类的知识分散度较高时，来自同一聚类的专利间的知识差异度较高，来自不同聚类的专利间的知识差异度较低。相反，当聚类的知识分散度较低时，来自同一聚类的专利间的知识差异度较低，来自不同聚类的专利间的知识差异度较高。因此，与产业知识分散度不同，p_k 的变化带来的同一聚类的专利间的知识差异度的变化会被不同聚类的专利间的知识差异度的反向变化抵消掉。因此，聚类知识分散度 p_k 对模型的鲁棒性没有造成明显的影响。这个结果启示企业关注技术的知识独特性，尤其是被转让技术的知识独特性，做好被转让技术的备选方案，从而减少专利转让企业对本企业的影响。

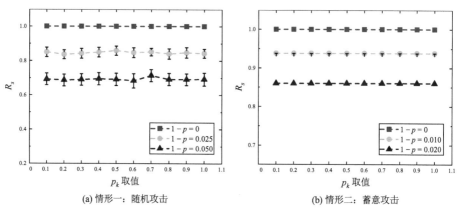

(a) 情形一：随机攻击 (b) 情形二：蓄意攻击

图 6-10　PSN 聚类程度 p_k 与 R_s、R_{ae}、R_{we} 的关系

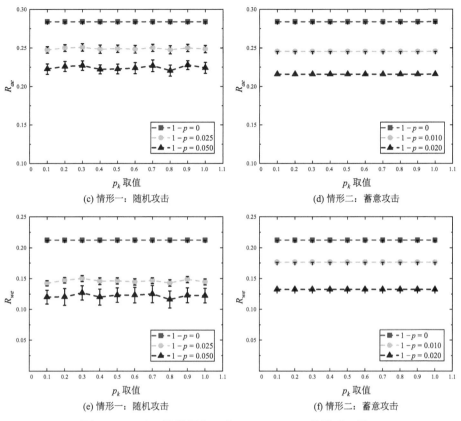

图 6-10　PSN 聚类程度 p_k 与 R_s、R_{ae}、R_{we} 的关系（续）

（六）α 对模型鲁棒性的影响

为了解专利价值如何影响系统鲁棒性，将 α 从 1.0 调整至 3.0，步长为 0.2，并观察其对鲁棒性的影响。其他相关参数如下：$m = m_0 = 2$，$N^T = 500$，$n_{pt} = 15$，$N^S = N^T \times n_{pt} = 6500$，$\mu = 1$，$\eta = 1$，$\zeta = 0$，$\psi = 0$，$\gamma = 0.9$，$n = 600$，$p_k = 0.1$。

在图 6-11（a）(b) 中，X 轴和 Y 轴分别表示 α 和 R_s。图 6-11（a）所示为随机攻击时，当 $1-p = 0$、0.025 和 0.050 时，R_s 随 α 变化的曲线。当 $1-p = 0.025$ 和 0.050 时，随着 α 的增加，R_s 呈现出较为明显的下降趋势。图 6-11（b）所示为蓄意攻击时，当 $1-p = 0$、0.010 和 0.020 时，R_s 随 α 变化的曲线。当 $1-p = 0$、0.010 和 0.020 时，表现出几乎相同的规律，即 R_s 随着 α 的增大几乎保持不变。

在图 6-11（c）(d) 中，X 轴和 Y 轴分别表示 α 和 R_{ae}；在图 6-11

（e）（f）中，X 轴和 Y 轴分别表示 α 和 R_{we}。图 6-11（c）所示为随机干扰时，当 $1-p=0$、0.025 和 0.050 时，R_{ae} 随 α 变化的曲线。对于 $1-p=0$，R_{ae} 恒定不变；对于 $1-p=0.025$ 和 0.050，随着 α 的增加，R_{ae} 呈现出相对缓慢的下降趋势。图 6-11（d）所示为蓄意攻击时，当 $1-p=0$、0.010 和 0.020 时，R_{ae} 随 α 变化的曲线。对于 $1-p=0$、0.010 和 0.020，表现出几乎相同的规律，即 R_{ae} 随着 α 的增大几乎保持不变。图 6-11（e）（f）呈现出的规律与图 6-11（c）（d）几乎相同。

实际上，α 越大，说明节点的价值越大。在随机攻击的情况下，随机选择节点进行移除。根据老化传递冲击公式，当一些度数较大的节点被移除时，节点价值越大，产生的冲击对于邻近节点来说越难以抵御。因此，参数 α 越大，导致的老化冲击越强，越容易降低双层网络在随机干扰下的鲁棒性。但是，在有目标的破坏下，并不存在老化冲击，因此，在蓄意攻击下 α 不会影响系统鲁棒性。

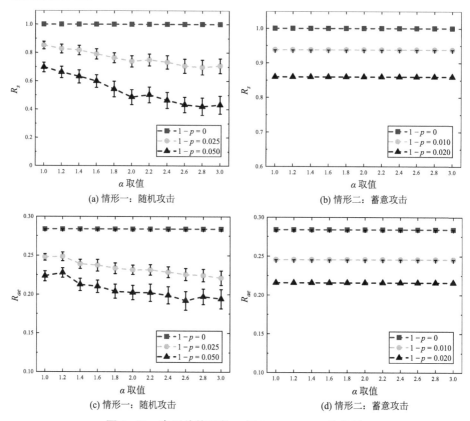

图 6-11　专利价值系数 α 与 R_s、R_{ae}、R_{we} 的关系

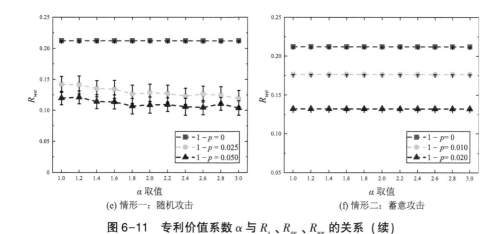

(e) 情形一：随机攻击　　　　　　　(f) 情形二：蓄意攻击

图 6-11　专利价值系数 α 与 R_s、R_{ae}、R_{we} 的关系（续）

第五节　结　论

在反映知识老化的随机攻击的情况下，专利数量 n_{pt} 和专利转让率 γ 是关键参数。随着专利数量的增加，网络由于管理复杂性和专利间相互依赖性的增强而变得更加脆弱。此外，适当增大专利转让率 γ 可以增强网络的鲁棒性，因为它促进了技术流通，提升了多样性，但过高的转让率可能会导致系统稳定性下降。网络规模 N^T 的增加则会导致稀疏效应，从而降低系统鲁棒性。这表明在随机攻击下，网络的脆弱性与规模的扩大有直接关系，因为影响是均匀分布的。中心度指标 μ 和 η 也显著影响网络鲁棒性。中心度较大的系统在随机攻击下会表现出更强的鲁棒性，因为这些系统可能具有更好的连接分布和较高的网络冗余。此外，节点价值 α 也是一个重要因素，较高价值节点的移除会对网络产生更大的冲击，从而降低鲁棒性。而提高组织连接专利的度数 ζ 则可以提升随机攻击下的系统稳健性。

在反映技术封锁的蓄意攻击的情况下，系统鲁棒性与专利数量 n_{pt}、专利转让率 γ 和度数 ζ 之间的关系更为复杂。蓄意攻击主要针对关键节点，度数较大的节点的移除对网络的影响较大。因此，中心度指标 μ 和 η 在蓄意攻击下对鲁棒性影响较大，高中心度的节点更容易成为蓄意攻击的目标，从而对网络稳定性构成较大威胁。但随着网络规模 N^T 的增大，由于网络的冗余性和异质性，鲁棒性先下降并最终趋于稳定。此外，专利数量 n_{pt} 的增加在蓄意攻击下对鲁棒性的影响不明显，可能是由于专利同质性带来的高重连概率。此外，由于 ζ 和 ψ 不直接影响层间连接结构，它们在蓄意攻击下对系统鲁棒性的影响较小。

在这两种攻击类型下，网络规模 N^T 因其直接影响技术流动和专利间的相互依赖性，从而在不同的攻击类型下影响网络的鲁棒性。尽管在随机攻击和蓄意攻击下的具体影响略有不同，但它在维持网络稳定性和效率方面都扮演了重要角色。在产业知识种类 n_k 固定的条件下，知识聚集度对系统鲁棒性的影响较为有限，说明在不同的攻击类型下，专利的类型和分布对网络稳定性的影响可能不如其他因素显著。

为了提高技术转移双层网络的鲁棒性，需要从多个方面着手。首先，优化专利数量和管理，确保网络不因过多相似专利而变得脆弱。其次，调整专利转让率以平衡技术流动和网络稳定性，同时识别并保护网络中的关键节点，特别是在面临蓄意攻击时。再次，增强网络的异质性和冗余性，以便在关键节点受损时能够通过其他路径或节点保持功能。最后，考虑到不同攻击类型对网络的不同影响，设计灵活且适应性强的网络结构和应对策略是至关重要的。

第六节 本章小结

本章深入探讨了技术转移双层网络鲁棒性的影响因素，关注如何应对由技术封锁和知识老化带来的挑战。技术转移作为一种重要的国民经济增长和企业创新能力提升手段，其系统的鲁棒性对于保证技术创新的持续性和有效性至关重要。特别是在全球化背景下，对外部技术资源的过度依赖可能会导致企业和国家面临重大风险。本章针对现有文献中关于技术转移系统鲁棒性研究的不足，构建了一个相互依存的技术转移网络（ITTN）模型，该模型综合了专利转让网络（PTN）和专利相似网络（PSN）的特点，较全面地刻画了技术转移系统的多层结构。本章采用仿真方法探讨了在不同攻击（知识老化和技术封锁）下，技术转移双层网络鲁棒性的影响因素。结果表明，在反映知识老化的随机攻击下，专利数量和专利转让率对网络鲁棒性的影响显著。网络规模的增加会导致网络稀疏，使鲁棒性降低。而在反映技术封锁的蓄意攻击下，度数和中心度指标的作用更加显著。此外，在两种攻击类型下，网络规模对鲁棒性的共同影响是关键。本章的创新之处在于提出了一个基于可调参数的双层网络模型来分析技术转移系统的脆弱性，并首次系统地探讨了技术转移网络在不同攻击类型下的级联失效模式。通过分析网络内部结构、层间连接模式，本章强调了在设计和管理技术转移网络时，需要考虑到不同类型攻击下网络结构和参数配置的重要性。这些发现为提高技术转移网络在面对复杂挑战时的稳定性和效率提供了新的见解，对于指导技术政策制定、企业管理实践以及未来技术创新具有重要的理论和应用价值。

第七章
结论与展望

第一节　主要结论

本书深入地探讨了中国技术转移的多个维度，包括格局、涌现机制、效能实现和鲁棒性。通过专利数据大数据挖掘、网络实证分析、系统建模仿真等手段，揭示了专利交易视角下技术转移的进程、现状、趋势、驱动、效能、风险的一般规律，以期为政策制定和实践改进提供依据。本书主要结论总结如下：

第一，技术转移总体格局体现出在结构优化、质量提升和技术自主性方面的挑战。

首先，区域发展的非均衡性显著，发达地区如广东、江苏和浙江在技术交易中占据主导地位，而中部和较欠发达地区则相对落后。其次，国内非母公司—子公司间的专利技术交易份额显著增长，表明了技术转移主体的多样性。在全球层面，中国的专利技术交易主要集中于科技强国，呈现出全球化背景下的马太效应，这可能会导致全球范围内技术资源的不均等分配。在个体参与和专利市场化方面，个人发明的市场化趋势下降，而中介机构和高校衍生企业在专利转让中扮演了更加重要的角色，暗示着市场化进程中存在的挑战。此外，国内外技术垄断和集中化的趋势持续引领全球前沿技术的焦点，进而带来一系列隐患，包括技术安全风险的增加、创新能力的局限、经济风险的上升、技术更新的滞后，以及外交政策的受限。

第二，技术转移在微观层面的涌现机制上凸显了知识网络嵌入特征的异质性影响。

技术转移的涌现受到多种因素的共同影响，其中促进因素包括知识元素的广度与多元度，有助于增强主体的知识识别和整合能力，以及网络结构特征，如聚敛性的提升，有助于提高技术受让集中度。此外，网络中的核心主体在技术转移网络中的策略和行为对整个网络的效率与创新能力具有决定性影响。从抑制因素来看，转移网络密度的低下、单一的转移关系方向、马太效应的存在，以及非相关多元度的负面影响，都可能限制技术的广泛扩散和应用。此外，邻近中心性和知识独占性的负面作用，以及地理距离对跨地区技术转移的影响，也是需要关注的重要方面。因此，有效地管理和优化这些因素，对于促进技术转移至关重要。

第三，技术转移的效能实现依赖于企业内部知识创新能力与外部环境及政策的有效融合。

关键因素包括企业内部知识元素的广度和互补性，这些因素决定着技术转让或受让的趋势，并直接关系到创新潜力。同时，技术转移网络的开放性、集聚性和关系强度作为网络结构的核心特征，对知识创新的形成起着促进作用。此外，知识创新与技术转移的互动，尤其是知识元素广度和网络开放性的有效结合，对技术应用具有显著影响。企业还需重视内部知识存量的积累和结构优化，以提升技术转移的吸引力和创新效率。最后，企业的创新收入和对研发的投资是推动知识创新活动的内生动力，而政府政策和市场环境则在构建多元包容的技术转移市场方面发挥关键作用。因此，企业的内部知识管理策略、外部技术转移网络的构建和政策支持共同决定了技术转移的效能。

第四，技术转移系统的鲁棒性在知识老化和技术封锁中的影响因素及其优化存在差异。

在随机攻击的情况下，专利数量和专利转让率是关键参数。专利数量的增加使网络由于管理复杂性和专利间依赖性增加而变得更加脆弱。适当提高专利转让率可以增强网络鲁棒性，因为它促进了技术流通、提升了多样性，但过高的转让率可能会削弱稳定性。此外，网络规模的增加会导致稀疏效应，从而降低系统鲁棒性。中心度指标和节点价值也显著影响网络鲁棒性。在蓄意攻击的情况下，系统鲁棒性与专利数量、转让率和度数之间的关系更为复杂。蓄意攻击主要针对关键节点，因此度数较大的节点的移除对网络的影响较大。高中心度的节点更容易成为蓄意攻击的目标，从而对网络稳定性构成威胁。但随着网络规模的增大，鲁棒性先下降后趋于稳定。在两种攻击类型下，网络规模是一个共同的关键因素，直接影响技术流动和专利间的相互依赖性。尽管随机攻击和蓄意攻击的具体影响有所不同，但网络规模在维持网络稳定性和效率方面扮演了重要角色。此外，知识聚集度在产业知识种类固定的条件下对鲁棒性影响有限，说明专利的类型和分布对网络稳定性的影响较小。

第二节　政策建议与管理启示

一、政策建议

第一，拓展技术转移市场的深度与广度，促进市场的多元化发展。

从区域角度而言，政府应促进区域协调发展与国际合作，为了实现区域经济均衡增长和加强国际技术合作，政策应聚焦于桥梁省份的枢纽作用和"南南"合作的深化。鼓励东部沿海技术领先地区辐射周边区域，同时为中西部地区提供优惠政策。利用"一带一路"倡议机遇，加强与其他新兴国家的技术互动，共同开发技术需求市场。此外，强化跨国公司在国内市场的参与及合作，鼓励跨国公司更深入地参与国内市场导向的研发活动，以促进技术转移和创新。政府可以为这些公司提供更多的激励措施，如税收优惠、合作机会、市场准入便利等，以促进它们与国内企业和研究机构的合作。

第二，完善技术交易相关制度，优化激励、法律保障和市场手段。

首先，加强研发激励与市场需求对接。为了应对技术垄断和全球前沿技术关注点，政策应着重于研发税收激励和市场需求的有效对接。加大研发税收优惠政策，强化知识产权保护，并促进高校/研究院所与市场需求的紧密联系。通过多样化策略（如合作研发、联合创新中心）来拓展研究机构的技术转移渠道。其次，构建开放技术市场，深化互信转移关系。政府应建立一个开放、包容、公平的技术市场，以减少信息不对称和转移成本，增强企业间的技术合作和信任。识别和培育中介主体的自主创新优势，鼓励开拓新的技术转移渠道。最后，加强数字化技术在专利交易中的应用。政府应推动专利交易的数字化，以提高交易的效率和透明度；创建和优化专利交易的数字平台，简化专利审查流程，降低市场交易中的知识不对称性和不确定性。

第三，采取更细致的措施来提升技术转移市场培育政策的精准性和针对性。

首先，通过数据分析确定关键行业和领域，然后制定定制化政策，以满足不同领域的特定需求。其次，政府应重点培育新兴技术和创新合作，以应对技术的爆发、持续和转移趋势，投资于新技术，促进研究机构合作，并明确技术热点和需求，以引导未来技术发展方向。最后，政府应鼓励企业进行跨领域和跨环节的技术合作，特别是在共性技术问题上，通过组织产业峰会和项目对接会来促进企业间的技术合作，同时加强产业链上游和下游的互动与合作。这些政策措施有助于提升政府的创新支持能力，推动各领域的可持续增长，并提高政策的适用性。

第四，优化专利数量和质量的管理，以确保技术转移的高效运作和创新质量。

就调整专利评审标准而言，政府可以与专利局合作，审查和优化专利评审标准，确保专利的创新性和实用性。这包括要求专利申请人提供更多详细的技术信息，以验证其创新性，并强化对现有技术的审查，以避免过多相似专利的授予。这将有助于提高专利质量，减少低质量专利的发放。在专利池和合作机制上，政府可以促进专利池的创建，鼓励企业和研究机构将专利共享，以减少技术壁垒和提高技术流动性。政府还可以推动专利合作机制的发展，以鼓励企业共同研发和分享技术，降低重复研究和专利转让的成本。在创新生态系统的支持上，政府可以投资于创新生态系统，提供资金和资源支持初创企业、研究机构和创新者，以加速技术转移和创新。这包括设立技术孵化器、提供研发资金等措施。

二、管理启示

第一，在技术转移阶段，企业应注重加强知识存量积累与结构优化。

企业应提升自身知识广度、相关多元度和非相关多元度，同时要考虑加权度数中心性、知识独占性和邻近中心性对转移活动的影响。为了应对这一挑战，企业可以通过不断积累相关领域知识元素，并在核心知识储备足够时涉足新技术领域。对于拥有高加权度数中心性或独占性知识的企业，定期进行科技查新和价值评估，并根据结果决定是否继续研发相关知识。此外，企业应在自身吸收能力范围内掌握具有高邻近中心性的知识，以提高知识整合效率，避免信息过载问题。

第二，在技术转移后的创新阶段，企业应优化合作关系和技术布局以提高创新能力。

这包括从转移关系选择和产业链技术布局两个方面提高创新能力，并注意中介中心性和知识认知距离的影响。具体而言，企业应积极与高校和科研机构进行技术合作，并在拥有一定知识储备后再考虑同其他企业建立合作关系。同时，企业可以优先在产业链上游进行战略性技术布局，并主动进行自主创新。对于成为产业技术中介的企业，应积极运用前沿信息进行技术转出活动，但要注意限制技术转入规模，以防止信息过载问题。此外，企业应在核心领域培养技术优势，并在优势形成后通过广泛建立合作关系来获取认知距离较大的多元知识，从而在探索式创新中培育新优势。

第三，在技术转移脆弱性管理上，利用知识产权战略优化专利数量管理。

企业可以制定专利策略，明确专利的战略方向，避免过度申请专利，只保护关键的技术领域。通过专利评估对已有的专利组合进行定期评价，确定哪些专利可以放弃或合并，以降低维护成本。与其他公司或科研机构进行专利合作，共享专利权益，减少重复申请。调整专利转让率以平衡技术流动，通过专利许可协议，将技术转让给其他公司，而不是完全出售专利，以保持一定程度的控制。通过将专利纳入专利池，多个公司共同管理和使用，以促进技术共享和合作，并积极参与行业内的技术交流会议和合作项目，以促进技术流动和知识共享。

第四，在增强技术转移系统的冗余性上，企业应采取多种技术战略减少外部依赖。

培养内部研发和创新能力，以便自主开发和改进技术。这包括吸引和培养高素质的技术人才，建立研发团队，投资于研发基础设施，以降低对外部技术的依赖。与其他企业、研究机构或高校建立战略性技术合作关系，共享知识和资源，以加速技术的获取和应用。主动寻求技术转移和许可的机会，将外部技术引入企业，同时确保技术的可持续性和适用性。设立技术监测和情报分析团队，定期跟踪和评估市场上的新技术趋势和竞争对手的技术进展，及时调整企业的技术战略。减少对单一的技术供应商或合作伙伴的依赖，建立多元化的技术合作关系，以降低风险。

第三节　研究局限与展望

本书研究存在一些局限性，为未来中国技术转移研究留下了许多未被探索的可能性。从实证上看，专利技术数据在衡量技术转移方面存在限制，因为它仅考虑了有记录和市场化的技术，未能捕捉到不同阶段的技术转移。例如，可以使用调查来获取技术合同的数据，涵盖技术开发、转移和咨询服务等阶段，揭示出不同阶段的技术转移特征。

同时，技术转移涉及多种渠道，包括学术合作、人才交流、技术联盟、商品流通和研发投资等，值得在技术转移研究中进一步探讨。

此外，本书研究侧重于专利布局，这本质上是技术转移数量的代理。将分析的角度扩展到技术转移质量将是有意义的，可能通过专利转让速度或高价值专利等指标进行衡量。

参考文献

［1］ DE PRATO G, NEPELSKI D. Global technological collaboration network：Network analysis of international co‐inventions ［J］. The journal of technology transfer, 2014, 39 （3）：358-375.

［2］ TEECE D J. Profiting from technological innovation：Implications for integration, collaboration, licensing and public policy ［J］. Research policy, 1986, 15 （6）：285-305.

［3］ HILL C W L. Establishing a standard：Competitive strategy and technological standards in winner‐take‐all industries ［J］. Academy of management perspectives, 1997, 11 （2）：7-25.

［4］ CHESBROUGH H W, APPLEYARD M M. Open innovation and strategy ［J］. California management review, 2007, 50 （1）：57-76.

［5］ JOHNSON D K N. "Learning‐by‐Licensing"：R&D and technology licensing in Brazilian invention ［J］. Economics of innovation and new technology, 2002, 11 （3）：163-177.

［6］ WANG Y D, ZHOU Z, LI‐YING J. The impact of licensed‐knowledge attributes on the innovation performance of licensee firms：Evidence from the Chinese electronic industry ［J］. The journal of technology transfer, 2013, 38 （5）：699-715.

［7］ 栾春娟. 洞察中国、美国专利技术交易主体及启示 ［J］. 技术与创新管理, 2017, 38 （1）：1-7.

［8］ 梁华, 张宗益. 我国本土高技术企业技术创新渠道源研究 ［J］. 科研管理, 2011, 32 （6）：26-35.

［9］ 步丹璐, 兰宗, 田伟婷. 引入外资能引进核心技术吗？：基于华控赛格的案例研究 ［J］. 财经研究, 2019, 45 （9）：44-56, 113.

［10］ 温芳芳. 我国专利技术转移的时间与空间分布规律研究：基于 SIPO 专利许可信息的计量分析 ［J］. 情报理论与实践, 2014, 37 （4）：32-36.

［11］刘承良，管明明. 基于专利转移网络视角的长三角城市群城际技术流动的时空演化
［J］. 地理研究，2018，37（5）：981-994.

［12］华鹰. 技术转移是企业技术创新中亟待破解的难题［J］. 科学学与科学技术管理，
2009，30（9）：63-67.

［13］CHEN C M. Science mapping：A systematic review of the literature［J］. Journal of data
and information science，2017，2（2）：3-42.

［14］曹嘉君，周晴雪，王曰芬. 知识创新的研究状况与科学知识创新面临的大数据挑战
［J］. 数字图书馆论坛，2018（4）：59-65.

［15］张洁，何代欣，安立仁，等. 领先企业开放式双元创新与制度多重性：基于华为和
IBM 的案例研究［J］. 中国工业经济，2018（12）：170-188.

［16］靳宗振，刘海波，曹俐莉. 新时期我国技术转移体系发展思考与建议［J］. 软科学，
2021，35（5）：50-55.

［17］QUIÑONES R S，CALADCAD J A A，HIMANG C M，et al. Using Delphi and fuzzy DE-
MATEL for analyzing the intertwined relationships of the barriers of university technology
transfer：Evidence from a developing economy［J］. International journal of innovation
studies，2020，4（3）：85-104.

［18］王赵琛，张春鹏，董红霞. 24 所部属高校科技成果转化效率的 DEA 分析［J］. 科研
管理，2020，41（4）：280-288.

［19］许可，张亚峰，肖冰. 科学与市场间的边界组织：科技成果转化机构的理论拓展与实
践创新［J］. 中国软科学，2021（6）：64-73.

［20］彭亚媛，马忠法. 管制与自由：国际技术转移法律规则的回顾与展望［J］. 国际经
济法学刊，2021（3）：28-52.

［21］HE X J，DONG Y B，WU Y Y，et al. Factors affecting evolution of the interprovincial
technology patent trade networks in China based on exponential random graph models［J］.
Physica A：Statistical mechanics and its applications，2019，514：443-457.

［22］刘承良，牛彩澄. 东北三省城际技术转移网络的空间演化及影响因素［J］. 地理学
报，2019，74（10）：2092-2107.

［23］SOARES T J，TORKOMIAN A L V，NAGANO M S. University regulations，regional de-
velopment and technology transfer：The case of Brazil［J］. Technological forecasting and
social change，2020，158（9）：120-129.

［24］刘晓燕，李金鹏，单晓红，等. 多维邻近性对集成电路产业专利技术交易的影响
［J］. 科学学研究，2020，38（5）：834-842，960.

［25］王巍，李德鸿，侯天雨，等. 多重网络视角下突破性技术创新的研究述评与展望

[J]. 科学学与科学技术管理, 2022 (10): 83-102.

[26] 惠兴杰, 李晓慧, 罗国锋, 等. 创新型企业生态系统及其关键要素: 基于企业生态理论 [J]. 华东经济管理, 2014, 28 (12): 100-103.

[27] 苏屹, 刘敏. 高技术企业创新生态系统可持续发展机制与评价研究 [J]. 贵州社会科学, 2018 (5): 105-113.

[28] 郑少芳, 唐方成. 高科技企业创新生态系统的知识治理机制 [J]. 中国科技论坛, 2018 (1): 47-57.

[29] BRENNECKE J, RANK O. The firm's knowledge network and the transfer of advice among corporate inventors: A multilevel network study [J]. Research policy, 2017, 46 (4): 768-783.

[30] NORDENSVARD J, ZHOU Y, ZHANG X. Innovation core, innovation semi-periphery and technology transfer: The case of wind energy patents [J]. Energy policy, 2018, 120: 213-227.

[31] BENNETT D. Innovative technology transfer framework linked to trade for UNIDO action [R]. Vienna: UNIDO, 2002.

[32] MASKUS K E. Encouraging international technology transfer [M]. Princeton: Citeseer, 2004.

[33] HEINZL J, KOR A-L, ORANGE G, et al. Technology transfer model for Austrian higher education institutions [J]. The journal of technology transfer, 2013, 38 (5): 607-640.

[34] LAVOIE J R, DAIM T. Towards the assessment of technology transfer capabilities: An action research-enhanced HDM model [J]. Technology in society, 2020, 60: 101217.

[35] SCARRÀ D, PICCALUGA A. The impact of technology transfer and knowledge spillover from Big Science: A literature review [J]. Technovation, 2020, 116: 102165.

[36] HALILI Z. Identifying and ranking appropriate strategies for effective technology transfer in the automotive industry: Evidence from Iran [J]. Technology in society, 2020, 62: 101264.

[37] 温芳芳. 基于专利许可关系网络的技术转移现状及规律研究 [J]. 情报科学, 2014, 32 (11): 24-29.

[38] LI C L, LAN T, LIU S-J. Patent attorney as technology intermediary: A patent attorney-facilitated model of technology transfer in developing countries [J]. World patent information, 2015, 43: 62-73.

[39] 钱超峰, 杜德斌, 胡璇, 等. 地区间基因差异会影响技术转移吗?: 基于中国 2001—2005 年省际专利转让数据 [J]. 地理科学进展, 2019, 38 (5): 745-755.

［40］ NEPELSKI D, DE PRATO G. International technology sourcing between a developing country and the rest of the world: A case study of China ［J］. Technovation, 2015, 35: 12-21.

［41］ GAESSLER F, HALL B H, HARHOFF D. Should there be lower taxes on patent income? ［J］. Research policy, 2021, 50 （1）: 104129.

［42］ APPIAH-ADU K, OKPATTAH B K, DJOKOTO J G. Technology transfer, outsourcing, capability and performance: A comparison of foreign and local firms in Ghana ［J］. Technology in society, 2016, 47: 31-39.

［43］ CAVIGGIOLI F, DE MARCO A, SCELLATO G, et al. Corporate strategies for technology acquisition: Evidence from patent transactions ［J］. Management Decision, 2017, 55 （6）: 1163-1181.

［44］ ARORA A, FOSFURI A, GAMBARDELLA A. Markets for technology and their implications for corporate strategy ［J］. Industrial and corporate change, 2001, 10 （2）: 419-451.

［45］ ARORA A, GAMBARDELLA A. Ideas for rent: An overview of markets for technology ［J］. Industrial and corporate change, 2010, 19 （3）: 775-803.

［46］ SUN Y, LIU K. Proximity effect, preferential attachment and path dependence in inter-regional network: A case of China's technology transaction ［J］. Scientometrics, 2016, 108 （1）: 201-220.

［47］ SCUOTTO V, BEATRICE O, VALENTINA C, et al. Uncovering the micro-foundations of knowledge sharing in open innovation partnerships: An intention-based perspective of technology transfer ［J］. Technological forecasting and social change, 2020, 152: 119906.

［48］ KIM J, LEE S. Patent databases for innovation studies: A comparative analysis of USPTO, EPO, JPO and KIPO ［J］. Technological forecasting and social change, 2015, 92: 332-345.

［49］ CIARAMELLA L. Taxation and the transfer of patents: Evidence from Europe ［J］. European economic review, 2023, 151: 104312.

［50］ JIN P Z, MANGLA S K, SONG M L. The power of innovation diffusion: How patent transfer affects urban innovation quality ［J］. Journal of business research, 2022, 145: 414-425.

［51］ SHI X Y. Patent licensing for technology transfer: An integrated structural model for research ［J］. International journal of technology management, 1995, 10 （7-8）: 921-940.

［52］ LEMLEY M A, FELDMAN R. Patent licensing, technology transfer, and innovation

[J]. American economic review, 2016, 106 (5): 188-192.

[53] MARTINEZ C, ZUNIGA P. Contracting for technology transfer: Patent licensing and know-how in Brazil [J]. Industry and Innovation, 2017, 24 (6): 659-689.

[54] LI X T, YUAN X D. Tracing the technology transfer of battery electric vehicles in China: A patent citation organization network analysis [J]. Energy, 2022, 239: 122265.

[55] JI I, LIM H, PARK T-Y. Exploring potential users of patents for technology transfer: Utilizing patent citation data [J]. Procedia computer science, 2016, 91: 211-220.

[56] 郑思远, 王学昭. 专利转让视角下技术转移特征指标体系研究 [J]. 图书情报工作, 2020, 64 (7): 94-102.

[57] 任龙, 姜学民, 傅晓晓. 基于专利权转移的中国区域技术流动网络研究 [J]. 科学学研究, 2016, 34 (7): 993-1004.

[58] 段德忠, 杜德斌, 谌颖, 等. 中国城市创新技术转移格局与影响因素 [J]. 地理学报, 2018, 73 (4): 738-754.

[59] SERRANO C J. Estimating the gains from trade in the market for patent rights [J]. International economic review, 2018, 59 (4): 1877-1904.

[60] DE MARCO A, SCELLATO G, UGHETTO E, et al. Global markets for technology: Evidence from patent transactions [J]. Research policy, 2017, 46 (9): 1644-1654.

[61] BELDERBOS R, VAN ROY V, DUVIVIER F. International and domestic technology transfers and productivity growth: Firm level evidence [J]. Industrial and corporate change, 2013, 22 (1): 1-32.

[62] CHEGE S M, WANG D P, SUNTU S L, et al. Influence of technology transfer on performance and sustainability of standard gauge railway in developing countries [J]. Technology in society, 2019, 56: 79-92.

[63] BIDAULT F, FISCHER B. Technology transactions: Networks over markets [J]. R&D management, 1994, 24 (4): 373-386.

[64] CIARAMELLA L, MARTÍNEZ C, MÉNIÉRE Y. Tracking patent transfers in different European countries: Methods and a first application to medical technologies [J]. Scientometrics, 2017, 112 (2): 817-850.

[65] MA D, YU Q, LI J, et al. Innovation diffusion enabler or barrier: An investigation of international patenting based on temporal exponential random graph models [J]. Technology in society, 2021, 64: 101456.

[66] FIGUEROA N, SERRANO C J. Patent trading flows of small and large firms [J]. Research policy, 2019, 48 (7): 1601-1616.

［67］ CAVIGGIOLI F, UGHETTO E. The drivers of patent transactions: Corporate views on the market for patents ［J］. R&D management, 2013, 43 (4): 318-332.

［68］ AMALDI U. Spin-offs of high energy physics to society ［C］. Proceedings of the International Europhysics Conference on High-Energy Physics, Tampere, 2000.

［69］ UPSTILL G, SYMINGTON D J. Technology transfer and the creation of companies: The CSIRO experience ［J］. R&D management, 2002, 32 (3): 233-239.

［70］ GALLINI N T. Deterrence by market sharing: A strategic incentive for licensing ［J］. The American economic review, 1984, 74 (5): 931-941.

［71］ ROCKETT K E. Choosing the competition and patent licensing ［J］. The RAND journal of economics, 1990, 21 (1): 161-171.

［72］ HALL B H, ZIEDONIS R H. The patent paradox revisited: An empirical study of patenting in the U.S. semiconductor industry, 1979-1995 ［J］. The RAND journal of economics, 2001, 32 (1): 101-128.

［73］ FOSFURI A. The licensing dilemma: Understanding the determinants of the rate of technology licensing ［J］. Strategic management journal, 2006, 27 (12): 1141-1158.

［74］ BROUTHERS K D, HENNART J-F. Boundaries of the Firm: Insights from international entry mode research ［J］. Journal of management, 2007, 33 (3): 395-425.

［75］ GAMBARDELLA A, GIURI P, LUZZI A. The market for patents in Europe ［J］. Research policy, 2007, 36 (8): 1163-1183.

［76］ KULATILAKA N, LIN L H. Impact of licensing on investment and financing of technology development ［J］. Management science, 2006, 52 (12): 1824-1837.

［77］ ARORA A, FOSFURI A. Licensing the market for technology ［J］. Journal of economic behavior & organization, 2003, 52 (2): 277-295.

［78］ MONK A H B. The emerging market for intellectual property: Drivers, restrainers, and implications ［J］. Journal of economic geography, 2009, 9 (4): 469-491.

［79］ ARORA A, CECCAGNOLI M. Patent protection, complementary assets, and firms' incentives for technology licensing ［J］. Management science, 2006, 52 (2): 293-308.

［80］ LICHTENTHALER U. The evolution of technology licensing management: Identifying five strategic approaches ［J］. R&D management, 2011, 41 (2): 173-189.

［81］ AGRAWAL A, COCKBURN I, ZHANG L. Deals not done: Sources of failures in the market for ideas ［J］. Academy of management proceedings, 2012 (1): 13197.

［82］ TEECE D J. Technology transfer by multinational firms: The resource cost of transferring technological know-how ［J］. The economic journal, 1977, 87 (346): 242-261.

［83］GANS J S, STERN S. Is there a market for ideas? ［J］. Industrial and corporate change, 2010, 19 (3): 805-837.

［84］MAYER K J, SALOMON R M. Capabilities, contractual hazards, and governance: Integrating resource-based and transaction cost perspectives ［J］. Academy of management journal, 2006, 49 (5): 942-959.

［85］BATHELT H, HENN S. The geographies of knowledge transfers over distance: Toward a typology ［J］. Environment and planning a: Economy and space, 2014, 46 (6): 1403-1424.

［86］KOGUT B, ZANDER U. Knowledge of the firm, combinative capabilities, and the replication of technology ［J］. Organization science, 1992, 3 (3): 383-397.

［87］GRANT R M. Toward a knowledge-based theory of the firm ［J］. Strategic management journal, 1996, 17 (S2): 109-122.

［88］POLANYI M. Personal knowledge: Towards a post-critical philosophy ［M］. Chicago: University of Chicago Press, 1958.

［89］NONAKA I, TAKEUCHI, H. The knowledge-creating company ［M］. Oxford: Oxford University Press, 1995.

［90］VERONA G, RAVASI D. Unbundling dynamic capabilities: An exploratory study of continuous product innovation ［J］. Industrial and corporate change, 2003, 12 (3): 577-606.

［91］PHELPS C, HEIDL R, WADHWA A. Knowledge, networks, and knowledge networks: A review and research agenda ［J］. Journal of management, 2012, 38 (4): 1115-1166.

［92］GUAN J C, LIU N. Exploitative and exploratory innovations in knowledge network and collaboration network: A patent analysis in the technological field of nano-energy ［J］. Research policy, 2016, 45 (1): 97-112.

［93］SCHILLEBEECKX S J D, LIN Y, GEORGE G, et al. Knowledge recombination and inventor networks: The asymmetric effects of embeddedness on knowledge reuse and impact ［J］. Journal of management, 2020, 47 (4): 838-866.

［94］WANG C L, RODAN S, FRUIN M, et al. Knowledge networks, collaboration networks, and exploratory innovation ［J］. Academy of management journal, 2014, 57 (2): 484-514.

［95］GRANOVETTER M. Economic action and social structure: The problem of embeddedness ［J］. The American journal of sociology, 1985, 91 (3): 481-510.

［96］王萍萍, 王毅. 知识单元特征对发明者知识组合行为的影响: 知识网络的视角 ［J］. 经济管理, 2018, 40 (5): 92-107.

[97] GUAN J C, YAN Y, ZHANG J J. The impact of collaboration and knowledge networks on citations [J]. Journal of informetrics, 2017, 11 (2): 407-422.

[98] YAN Y, GUAN J C. How multiple networks help in creating knowledge: Evidence from alternative energy patents [J]. Scientometrics, 2018, 115 (1): 51-77.

[99] KIVELÄ M, ARENAS A, BARTHELEMY M, et al. Multilayer networks [J]. Journal of complex networks, 2014, 2 (3): 203-271.

[100] BOLLOBÁS B. Modern graph theory [M]. New York: Springer, 1998.

[101] BULDYREV S V, PARSHANI R, PAUL G, et al. Catastrophic cascade of failures in interdependent networks [J]. Nature, 2010, 464 (7291): 1025-1028.

[102] HOLME P, SARAMÄKI J. Temporal networks [J]. Physics reports, 2012, 519 (3): 97-125.

[103] SCALA A, D'AGOSTINO G. Networks of networks: The last frontier of complexity [M]. Berlin: Springer, 2014.

[104] BIANCONI G. Statistical mechanics of multiplex networks: Entropy and overlap [J]. Physical review E, 2013, 87 (6): 062806.

[105] NICOSIA V, BIANCONI G, LATORA V, et al. Growing multiplex networks [J]. Physical review letters, 2013, 111 (5): 058701.

[106] MORRIS R G, BARTHELEMY M. Transport on coupled spatial networks [J]. Physical review letters, 2012, 109 (12): 128703.

[107] ERDÖS P, RÉNYI A. On the evolution of random graphs [J]. Publications of the research institute for mathematical sciences, 1960, 5 (1): 17-60.

[108] NEWMAN M E J, STROGATZ S H, WATTS D J. Random graphs with arbitrary degree distributions and their applications [J]. Physical review E, 2001, 64 (2): 026118.

[109] MIN B, YI S D, LEE K-M, et al. Network robustness of multiplex networks with interlayer degree correlations [J]. Physical review E, 2014, 89 (4): 042811.

[110] FUNK S, JANSEN V A A. Interacting epidemics on overlay networks [J]. Physical review E, 2010, 81 (3): 036118.

[111] HEANEY M T. Multiplex networks and interest group influence reputation: An exponential random graph model [J]. Social networks, 2014, 36: 66-81.

[112] PARK J, NEWMAN M E J. Statistical mechanics of networks [J]. Physical review E, 2004, 70 (6): 066117.

[113] NICOSIA V, BIANCONI G, LATORA V, et al. Nonlinear growth and condensation in multiplex networks [J]. Physical review E, 2014, 90 (4): 042807.

［114］HANAFOROOSH M, ASHTIANI M, AZGOMI A M. An approach based on multiplex networks for modeling cascading trust failures in social networks ［J］. Journal of computational science, 2021, 54: 101430.

［115］JIN H Y, ZHANG C X, MA M Z, et al. Inferring essential proteins from centrality in interconnected multilayer networks ［J］. Physica A: Statistical mechanics and its applications, 2020, 557: 124853.

［116］YAN C, DING Y, LIU W, et al. Multilayer interbank networks and systemic risk propagation: Evidence from China ［J］. Physica A: Statistical mechanics and its applications, 2023, 628: 129144.

［117］SHI X Q, DENG D S, LONG W, et al. Research on the robustness of interdependent supply networks with tunable parameters ［J］. Computers & industrial engineering, 2021, 158: 107431.

［118］ALBERT R, JEONG H, BARABÁSI A-L. Error and attack tolerance of complex networks ［J］. Nature, 2000, 406 (6794): 378-382.

［119］COHEN R, EREZ K, BEN-AVRAHAM D, et al. Resilience of the internet to random breakdowns ［J］. Physical review letters, 2000, 85 (21): 4626-4628.

［120］CALLAWAY D S, NEWMAN M E J, STROGATZ S H, et al. Network robustness and fragility: Percolation on random graphs ［J］. Physical review letters, 2000, 85 (25): 5468-5471.

［121］TANIZAWA T, PAUL G R, COHEN R, et al. Optimization of network robustness to waves of targeted and random attacks ［J］. Physical review E, 2005, 71 (4): 047101.

［122］NIE S, WANG X W, ZHANG H F, et al. Robustness of controllability for networks based on Edge-Attack ［J］. PLOS ONE, 2014, 9 (2): e89066.

［123］李刚. 基于复杂网络的供应链建模与性能分析研究 ［D］. 杭州: 浙江大学, 2012.

［124］马腾, 李冲. 考虑技术中介的相互依存创新网络系统鲁棒性研究 ［J］. 科技进步与对策, 2017, 34 (6): 7-14.

［125］HUANG X Q, GAO J X, BULDYREV S V, et al. Robustness of interdependent networks under targeted attack ［J］. Physical review E, 2011, 83 (6): 065101.

［126］ZHOU D, STANLEY H E, D'AGOSTINO G, et al. Assortativity decreases the robustness of interdependent networks ［J］. Physical review E, 2012, 86 (6): 066103.

［127］方齐, 谢洪明. 科技成果转化政策供给与政策协调的组态效应 ［J］. 科学学研究, 2022, 40 (6): 991-1000.

［128］马荣康, 刘凤朝. 基于专利许可的新能源技术转移网络演变特征研究 ［J］. 科学学

与科学技术管理, 2017, 38 (6): 65-76.

[129] COWAN R, JONARD N, ÖZMAN M. Knowledge dynamics in a network industry [J]. Technological forecasting and social change, 2004, 71 (5): 469-484.

[130] MORONE P, TAYLOR R. Knowledge diffusion dynamics and network properties of face-to-face interactions [J]. Journal of evolutionary economics, 2004, 14 (3): 327-351.

[131] 王建, 胡珑瑛, 马涛. 联盟网络中企业创新平衡模式选择的影响研究: 基于网络结构的视角 [J]. 科学学研究, 2014, 32 (2): 305-313.

[132] COWAN R, JONARD N, ZIMMERMANN J-B. Bilateral collaboration and the emergence of innovation networks [J]. Management science, 2007, 53 (7): 1051.

[133] 魏江, 寿柯炎. 企业内部知识基与创新网络的架构及作用机制 [J]. 科学学研究, 2015, 33 (11): 1727-1739.

[134] DEMIRKAN I, DEEDS D L, DEMIRKAN S. Exploring the role of network characteristics, knowledge quality, and inertia on the evolution of scientific networks [J]. Journal of management, 2012, 39 (6): 1462-1489.

[135] OZMAN M. Knowledge integration and network formation [J]. Technological forecasting and social change, 2006, 73 (9): 1121-1143.

[136] KOKA B R, MADHAVAN R, PRESCOTT J E. The evolution of interfirm networks: Environmental effects on patterns of network change [J]. Academy of management review, 2006, 31 (3): 721-737.

[137] M'CHIRGUI Z. Small world characteristics of innovative smart card networks [J]. International journal of innovation management, 2010, 14 (2): 221-252.

[138] 向希尧, 裴云龙. 跨国专利合作网络中技术接近性的调节作用研究 [J]. 管理科学, 2015, 28 (1): 111-121.

[139] 刘彤, 郭鲁钢, 杨冠灿. 基于动态网络分析的专利合作网络演化分析: 以纳米技术为例 [J]. 情报杂志, 2014, 33 (11): 88-93, 66.

[140] 高霞, 陈凯华. 合作创新网络结构演化特征的复杂网络分析 [J]. 科研管理, 2015, 36 (6): 28-36.

[141] 刘凤朝, 肖站旗, 马荣康. 多维邻近性对技术交易网络的动态影响研究 [J]. 科学学研究, 2018, 36 (12): 2205-2214.

[142] 孙玉涛, 刘凤朝. 基于哈肯模型的跨国技术流动网络演化机制: 以航空航天领域为例 [J]. 科研管理, 2014, 35 (1): 41-47.

[143] 段德忠, 杜德斌, 谌颖, 等. 中国城市创新网络的时空复杂性及生长机制研究 [J]. 地理科学, 2018, 38 (11): 1759-1768.

［144］段德忠，谌颖，杜德斌. 技术转移视角下中国三大城市群区域一体化发展研究
［J］. 地理科学，2019，39（10）：1581-1591.

［145］LIU C L, NIU C C, HAN J. Spatial dynamics of intercity technology transfer networks in
China's three urban agglomerations：A patent transaction perspective ［J］. Sustainability,
2019, 11 （6）：1647.

［146］MELERO E, PALOMERAS N. The *Renaissance Man* is not dead！The role of generalists
in teams of inventors ［J］. Research policy, 2015, 44 （1）：154-167.

［147］BURT R S. Structural holes：The social structure of competition ［M］. London：Harvard
University Press, 1992.

［148］CRESCENZI R, NATHAN M, RODRíGUEZ-POSE A. Do inventors talk to strangers? On
proximity and collaborative knowledge creation ［J］. Research policy, 2016, 45 （1）：
177-194.

［149］WANG P, ROBINS G, PATTISON P E, et al. Exponential random graph models for
multilevel networks ［J］. Social networks, 2013, 35 （1）：96-115.

［150］WANG P, ROBINS G, PATTISON P, et al. Social selection models for multilevel net-
works ［J］. Social networks, 2016, 44：346-362.

［151］DIBIAGGIO L, NASIRIYAR M, NESTA L. Substitutability and complementarity of tech-
nological knowledge and the inventive performance of semiconductor companies ［J］. Re-
search policy, 2014, 43 （9）：1582-1593.

［152］XU L, LI J, ZENG D. How does knowledge network affect a firm's explorative innovation?
The contingent role of R&D collaborations ［J］. Technology analysis & strategic manage-
ment, 2017, 29 （9）：973-987.

［153］VILLANI E, RASMUSSEN E, GRIMALDI R. How intermediary organizations facilitate u-
niversity – industry technology transfer：A proximity approach ［J］. Technological fore-
casting and social change, 2017, 114：86-102.

［154］OSABUTEY E L C, CROUCHER R. Intermediate institutions and technology transfer in
developing countries：The case of the construction industry in Ghana ［J］. Technological
forecasting and social change, 2018, 128：154-163.

［155］张应青，范如国，罗明. 知识分布、衰减程度与产业集群创新模式的内在机制研究
［J］. 中国管理科学，2018，26（12）：186-196.

［156］席运江，党延忠. 基于加权超网络模型的知识网络鲁棒性分析及应用 ［J］. 系统工
程理论与实践，2007（4）：134-140, 159.

［157］PARSHANI R, BULDYREV S V, HAVLIN S. Interdependent networks：Reducing the coupling strength leads to a change from a first to second order percolation transition [J]. Physical review letters, 2010, 105 (4): 048701.

[158] 王建伟, 蔡琳, 蒋晨. 考虑边权重和耦合强度的相互依赖网络级联故障模型研究 [J]. 管理工程学报, 2018, 32 (4): 149-157.

[159] URBAN F. China's rise: Challenging the North-South technology transfer paradigm for climate change mitigation and low carbon energy [J]. Energy policy, 2018, 113: 320-330.

[160] KWON S. How does patent transfer affect innovation of firms? [J]. Technological forecasting and social change, 2020, 154: 119959.

[161] GARCÍA-VEGA M, VICENTE-CHIRIVELLA O. Do university technology transfers increase firms' innovation? [J]. European economic review, 2020, 123: 103388.

[162] LAMOREAUX N R, SOKOLOFF K L. Inventors, firms, and the market for technology in the late nineteenth and early twentieth centuries [J]. National bureau of economic research historical working paper series, 1997, 98: 19-60.

[163] LIN Y T, QIN Y, XIE Z. Does foreign technology transfer spur domestic innovation? Evidence from the high-speed rail sector in China [J]. Journal of comparative economics, 2021, 49 (1): 212-229.

[164] SUN Y, GRIMES S. The actors and relations in evolving networks: The determinants of inter-regional technology transaction in China [J]. Technological forecasting and social change, 2017, 125: 125-136.

[165] WANG D, ZHOU T, LAN F, et al. ICT and socio-economic development: Evidence from a spatial panel data analysis in China [J]. Telecommunications policy, 2021, 45 (7): 102173.

[166] WANG D, ZHOU T, WANG M. Information and communication technology (ICT), digital divide and urbanization: Evidence from Chinese cities [J]. Technology in society, 2021, 64: 101516.

[167] CHEN F C. China: The next pharmacy of the world? [J]. Trends in pharmacological sciences, 2018, 39 (10): 843-848.

[168] HUANG K G, HUANG C, SHEN H J, et al. Assessing the value of China's patented inventions [J]. Technological forecasting and social change, 2021, 170: 120868.

[169] SUN H P, GENG Y, HU L X, et al. Measuring China's new energy vehicle patents: A social network analysis approach [J]. Energy, 2018, 153: 685-693.

[170] LIU W H, HOU J H, YAN X Y, et al. Smart logistics transformation collaboration be-

tween manufacturers and logistics service providers: A supply chain contracting perspective [J]. Journal of management science and engineering, 2021, 6 (1): 25-52.

[171] 马永红, 李玲, 王展昭, 等. 复杂网络下产业转移与区域技术创新扩散影响关系研究: 以技术类型为调节变量 [J]. 科技进步与对策, 2016, 33 (18): 35-41.

[172] WANG Y D, PAN X, NING L T, et al. Technology exchange patterns in China: An analysis of regional data [J]. The journal of technology transfer, 2015, 40 (2): 252-272.

[173] ZHANG G P, DUAN H B, ZHOU J H. Investigating determinants of inter-regional technology transfer in China: A network analysis with provincial patent data [J]. Review of managerial science, 2016, 10 (2): 345-364.

[174] MA H T, FANG C L, PANG B, et al. The effect of geographical proximity on scientific cooperation among Chinese cities from 1990 to 2010 [J]. PLOS ONE, 2014, 9 (11): e111705.

[175] 孙震. 我国个人专利维持之谜: 市场摩擦的证据 [J]. 科研管理, 2019, 40 (3): 179-187.

[176] PROKOP D. University entrepreneurial ecosystems and spinoff companies: Configurations, developments and outcomes [J]. Technovation, 2021, 107: 102286.

[177] 王玲玲, 李植斌, 谢新宇. 基于"市场失灵"理论构建浙江省建筑业产学研联盟研究 [J]. 科技管理研究, 2011, 31 (20): 91-94.

[178] 薛求知, 罗来军. 跨国公司技术研发与创新的范式演进: 从技术垄断优势范式到技术竞争优势范式 [J]. 研究与发展管理, 2006 (6): 30-36.

[179] CHI T L, NYSTROM P C, KIRCHER P. Knowledge-based resources as determinants of MNC structure: Tests of an integrative model [J]. Journal of international management, 2004, 10 (2): 219-238.

[180] WILLOUGHBY K W, MULLINA N. Reverse innovation, international patenting and economic inertia: Constraints to appropriating the benefits of technological innovation [J]. Technology in society, 2021, 67: 101712.

[181] DHARMAPALA D. What do we know about base erosion and profit shifting? A review of the empirical literature [J]. Fiscal studies, 2014, 35 (4): 421-448.

[182] 许玲玲, 杨箏, 刘放. 高新技术企业认定、税收优惠与企业技术创新: 市场化水平的调节作用 [J]. 管理评论, 2021, 33 (2): 130-141.

[183] FONG P S W, CHANG X, CHEN Q. Faculty patent assignment in the Chinese mainland: Evidence from the top 35 patent application universities [J]. The journal of technology

transfer, 2018, 43 (1): 69-95.

[184] CHUNG S-H. Applications of smart technologies in logistics and transport: A review [J]. Transportation research part E: Logistics and transportation review, 2021, 153: 102455.

[185] 张鑫, 王明辉. 中国人工智能发展态势及其促进策略 [J]. 改革, 2019 (9): 31-44.

[186] 温倩, 邹可. 基于创新能力的互联网企业并购行为研究 [J]. 统计与决策, 2020, 36 (4): 176-180.

[187] HAGEDOORN J, DUYSTERS G. The effect of mergers and acquisitions on the technological performance of companies in a high-tech environment [J]. Technology analysis & strategic management, 2002, 14 (1): 67-85.

[188] 骆清铭, 周欣, 叶朝辉. 生物医学影像学科发展现状和展望 [J]. 中国科学: 生命科学, 2020, 50 (11): 1158-1175.

[189] 杨武, 陈培, DAVID G. 专利引证视角下技术轨道演化与技术锁定识别: 以光刻技术为例 [J]. 科学学研究, 2022, 40 (2): 209-219.

[190] INABA T, SQUICCIARINI M. ICT: A new taxonomy based on the international patent classification [J]. Paris: OECD Publishing, 2017.

[191] 潘红玉, 吕文栋, 贺正楚, 等. 专利视角的我国生物医药产业的技术创新 [J]. 科学决策, 2017 (4): 1-17.

[192] 杨山石, 金春林, 黄玉捷, 等. 国内外医药及医疗器械领域专利技术差异分析 [J]. 中国卫生资源, 2020, 23 (3): 206-210.

[193] SUN J, GONG X, ZHANG H, et al. Strategic path for high-quality development of construction industry driven by digitalization [J]. Strategic study of CAE, 2021, 23 (4): 56-63.

[194] CLARKE N S, JÜRGENS B, HERRERO-SOLANA V. Blockchain patent landscaping: An expert based methodology and search query [J]. World patent information, 2020, 61: 101964.

[195] TSAY M-Y, LIU Z-W. Analysis of the patent cooperation network in global artificial intelligence technologies based on the assignees [J]. World patent information, 2020, 63: 102000.

[196] SHATTUCK T J. Stuck in the middle: Taiwan's semiconductor industry, the U. S. -China tech fight, and cross-strait stability [J]. Orbis, 2021, 65 (1): 101-117.

[197] WU Z L, SHAO Q L, SU Y T, et al. A socio-technical transition path for new energy

vehicles in China: A multi-level perspective [J]. Technological forecasting and social change, 2021, 172: 121007.

[198] LI H K, HE H Y, SHAN J F, et al. Innovation efficiency of semiconductor industry in China: A new framework based on generalized three-stage DEA analysis [J]. Socio-economic planning sciences, 2019, 66: 136-148.

[199] YAN Z M, ZOU B L, DU K R, et al. Do renewable energy technology innovations promote China's green productivity growth? Fresh evidence from partially linear functional-coefficient models [J]. Energy economics, 2020, 90: 104842.

[200] 任继球. 推动装备制造业高质量发展 [J]. 宏观经济管理, 2019 (5): 24-29.

[201] LI F Y, LIU W W, BI K X. Exploring and visualizing spatial-temporal evolution of patent collaboration networks: A case of China's intelligent manufacturing equipment industry [J]. Technology in society, 2021, 64: 101483.

[202] YUAN Q Q, YANG D W, YANG F, et al. Green industry development in China: An index based assessment from perspectives of both current performance and historical effort [J]. Journal of cleaner production, 2020, 250: 119457.

[203] CARNABUCI G, OPERTI E. Where do firms' recombinant capabilities come from? Intraorganizational networks, knowledge, and firms' ability to innovate through technological recombination [J]. Strategic management journal, 2013, 34 (13): 1591-1613.

[204] 景睿, 石秀, 侯光明. 专利信息视角下我国新能源汽车技术创新研究 [J]. 科技管理研究, 2018, 38 (15): 205-214.

[205] 陈芳, 眭纪刚. 新兴产业协同创新与演化研究: 新能源汽车为例 [J]. 科研管理, 2015, 36 (1): 26-33.

[206] 刘建华, 蒲俊敏, 姜照华. 新能源汽车三螺旋协同创新战略研究: 以宇通为例 [J]. 企业经济, 2017, 36 (5): 160-168.

[207] 梁玲玲, 张春鹏, 黄静, 等. 国家技术转移体系建设评估研究与实践 [J]. 科技管理研究, 2020, 40 (10): 56-64.

[208] 段德忠, 谌颖, 张杨. 中国城际技术转移等级体系空间演化与关联机制 [J]. 长江流域资源与环境, 2020, 29 (1): 44-54.

[209] 陈钰芬, 王科平, 喻成. 中国省际技术转移: 空间关联与内生演化机制 [J]. 科学学研究, 2023 (1): 38-50.

[210] 刘佳, 钟永恒. 基于专利许可的科创板企业技术转移特征研究 [J]. 科学学研究, 2021, 39 (5): 892-899.

[211] WANG Q, VON TUNZELMANN N. Complexity and the functions of the firm: Breadth

and depth [J]. Research policy, 2000, 29 (7)：805-818.

[212] 王海花, 王蒙怡, 刘钊成. 跨区域产学协同创新绩效的影响因素研究：依存型多层网络视角 [J]. 科研管理, 2022, 43 (2)：81-89.

[213] 杨靓, 曾德明, 邹思明, 等. 科学合作网络、知识多样性与企业技术创新绩效 [J]. 科学学研究, 2021, 39 (5)：867-875.

[214] KODAMA F. Technological diversification of Japanese industry [J]. Science, 1986, 233 (4761)：291-296.

[215] LIN B W, CHEN C, WU H. Patent portfolio diversity, technology strategy, and firm value [J]. IEEE transactions on engineering management, 2006, 53 (1)：17-26.

[216] ZHANG J, BADEN-FULLER C, MANGEMATIN V. Technological knowledge base, R&D organization structure and alliance formation：Evidence from the biopharmaceutical industry [J]. Research policy, 2007, 36 (4)：515-528.

[217] KRAFFT J, QUATRARO F, SAVIOTTI P P. The knowledge-base evolution in biotechnology：A social network analysis [J]. Economics of innovation and new technology, 2011, 20 (5)：445-475.

[218] CHEN Y, CHANG K. Using the entropy-based patent measure to explore the influences of related and unrelated technological diversification upon technological competences and firm performance [J]. Scientometrics, 2012, 90 (3)：825-841.

[219] 刘岩, 蔡虹, 向希尧. 企业技术知识基础多元度对创新绩效的影响：基于中国电子信息企业的实证分析 [J]. 科研管理, 2015, 36 (5)：1-9.

[220] 刘岩, 蔡虹, 裴云龙. 如何成为关键研发者?：基于企业技术知识基础多元度的实证分析 [J]. 科学学研究, 2019, 37 (8)：1471-1480.

[221] GARCIA-VEGA M. Does technological diversification promote innovation?：An empirical analysis for European firms [J]. Research policy, 2006, 35 (2)：230-246.

[222] FREEMAN L C. A set of measures of centrality based on betweenness [J]. Sociometry, 1977, 40 (1)：35-41.

[223] WASSERMAN S, FAUST K. Social network analysis：Methods and applications [M]. Cambridge：Cambridge University Press, 1994.

[224] DONG J Q, YANG C-H. Being central is a double-edged sword：Knowledge network centrality and new product development in U. S. pharmaceutical industry [J]. Technological forecasting and social change, 2016, 113：379-385.

[225] 张振刚, 罗泰晔. 基于知识网络的技术预见研究 [J]. 科学学研究, 2019, 37 (6)：961-967, 985.

［226］张振刚，罗泰晔. 基于知识组合理论的技术机会发现［J］. 科研管理，2020，41（8）：220-228.

［227］TSAI W. Knowledge transfer in intraorganizational networks：effects of network position and absorptive capacity on business unit innovation and performance［J］. Academy of management journal，2001，44（5）：996-1004.

［228］钱锡红，杨永福，徐万里. 企业网络位置、吸收能力与创新绩效：一个交互效应模型［J］. 管理世界，2010（5）：118-129.

［229］OPSAHL T, AGNEESSENS F, SKVORETZ J. Node centrality in weighted networks：Generalizing degree and shortest paths［J］. Social networks，2010，32（3）：245-251.

［230］YAYAVARAM S, AHUJA G. Decomposability in knowledge structures and its impact on the usefulness of inventions and knowledge-base malleability［J］. Administrative science quarterly，2008，53（2）：333-362.

［231］陈文婕，曾德明. 低碳技术合作创新网络中的多维邻近性演化［J］. 科研管理，2019，40（3）：30-40.

［232］曾德明，文金艳. 协作研发网络中心度、知识距离对企业二元式创新的影响［J］. 管理学报，2015，12（10）：1479-1486.

［233］BOSCHMA R. Proximity and innovation：A critical assessment［J］. Regional studies，2005，39（1）：61-74.

［234］CALLOIS J-M. The two sides of proximity in industrial clusters：The trade-off between process and product innovation［J］. Journal of urban economics，2008，63（1）：146-162.

［235］涂振洲，顾新. 基于知识流动的产学研协同创新过程研究［J］. 科学学研究，2013，31（9）：1381-1390.

［236］余元春，顾新，陈一君. 产学研技术转移"黑箱"解构及效率评价［J］. 科研管理，2017，38（4）：28-37.

［237］GILSING V, NOOTEBOOM B, VANHAVERBEKE W, et al. Network embeddedness and the exploration of novel technologies：Technological distance，betweenness centrality and density［J］. Research policy，2008，37（10）：1717-1731.

［238］NEWMAN M E J. A measure of betweenness centrality based on random walks［J］. Social networks，2005，27（1）：39-54.

［239］GNYAWALI D R, MADHAVAN R. Cooperative networks and competitive dynamics：A structural embeddedness perspective［J］. Academy of management review，2001，26（3）：431-445.

［240］ GILSING V A, CLOODT M, BERTRAND‐CLOODT D. What makes you more central? Antecedents of changes in betweenness‐centrality in technology‐based alliance networks ［J］. Technological forecasting and social change, 2016, 111: 209-221.

［241］ FLEMING L, SORENSON O. Technology as a complex adaptive system: Evidence from patent data ［J］. Research policy, 2001, 30 (7): 1019-1039.

［242］ 郭本海, 彭莹, 薛会娟. 知识互溢视角下新能源汽车产业链功能演化 GERT 网络模型研究 ［J］. 科技进步与对策, 2021, 38 (2): 65-74.

［243］ 王琴英, 王杰. 政策支持对中国新能源汽车产能利用率的影响效应研究 ［J］. 工业技术经济, 2021, 40 (8): 142-150.

［244］ 王静宇, 刘颖琦, KOKKO A. 基于专利信息的中国新能源汽车产业技术创新研究 ［J］. 情报杂志, 2016, 35 (1): 32-38.

［245］ 刘国巍, 邵云飞. 产业链创新视角下战略性新兴产业合作网络演化及协同测度: 以新能源汽车产业为例 ［J］. 科学学与科学技术管理, 2020, 41 (8): 43-62.

［246］ CHEN Y, NI L, LIU K. Innovation efficiency and technology heterogeneity within China's new energy vehicle industry: A two‐stage NSBM approach embedded in a three‐hierarchy meta‐frontier framework ［J］. Energy policy, 2022, 161: 112708.

［247］ 谢志明, 张媛, 贺正楚, 等. 新能源汽车产业专利趋势分析 ［J］. 中国软科学, 2015 (9): 127-141.

［248］ 余谦, 白梦平, 覃一冬. 多维邻近性能促进中国新能源汽车企业的合作创新吗? ［J］. 研究与发展管理, 2018, 30 (6): 67-74.

［249］ GUAN J, LIU N. Invention profiles and uneven growth in the field of emerging nano‐energy ［J］. Energy policy, 2015, 76: 146-157.

［250］ 刘凤朝, 楠丁. 地理邻近对企业创新绩效的影响 ［J］. 科学学研究, 2018, 36 (9): 1708-1715.

［251］ BARABÁSI A‐L, BONABEAU E. Scale‐Free networks ［J］. Scientific American, 2003, 288 (5): 60-69.

［252］ 范如国. 复杂网络结构范型下的社会治理协同创新 ［J］. 中国社会科学, 2014, (4): 98-120, 206.

［253］ BARABÁSI A-L, ALBERT R. Emergence of scaling in random networks ［J］. Science, 1999, 286 (5439): 509-512.

［254］ WATTS D J, STROGATZ S H. Collective dynamics of 'small‐world' networks ［J］. Nature, 1998, 393 (6684): 440-442.

［255］ 汪涛, HENNEMANN S, LIEFNER I, 等. 知识网络空间结构演化及对 NIS 建设的启

示：以我国生物技术知识为例 ［J］. 地理研究，2011，30（10）：1861-1872.

［256］FRANK O，STRAUSS D. Markov Graphs ［J］. Journal of the American statistical association，1986，81（395）：832-842.

［257］王海花，孙芹，杜梅，等. 长三角城市群协同创新网络演化及形成机制研究：依存型多层网络视角 ［J］. 科技进步与对策，2020，37（9）：69-78.

［258］MA D，LI Y，ZHU K，et al. Who innovates with whom and why? A comparative analysis of the global research networks supporting climate change mitigation ［J］. Energy research & social science，2022，88：102523.

［259］刘华军，杜广杰. 中国雾霾污染的空间关联研究 ［J］. 统计研究，2018，35（4）：3-15.

［260］KIM J Y，HOWARD M，COX PAHNKE E，et al. Understanding network formation in strategy research：Exponential random graph models ［J］. Strategic management journal，2016，37（1）：22-44.

［261］哈瑞斯. 指数随机图模型导论 ［M］. 杨冠灿，译. 上海：格致出版社，2016.

［262］ROBINS G，PATTISON P，KALISH Y，et al. An introduction to exponential random graph（p^*）models for social networks ［J］. Social networks，2007，29（2）：173-191.

［263］MORRIS M，HANDCOCK M S，HUNTER D R. Specification of exponential-family random graph models：Terms and computational aspects ［J］. Journal of statistical software，2008，24（4）：1548-7660.

［264］SCOTT T A. Analyzing policy networks using valued exponential random graph models：Do government-sponsored collaborative groups enhance organizational networks? ［J］. Policy studies journal，2016，44（2）：215-244.

［265］SILK M J，FISHER D N. Understanding animal social structure：Exponential random graph models in animal behaviour research ［J］. Animal behaviour，2017，132：137-146.

［266］何喜军，董艳波，武玉英，等. 基于 ERGM 的科技主体间专利技术交易机会实证研究 ［J］. 中国软科学，2018（3）：184-192.

［267］HUNTER D R，HANDCOCK M S，BUTTS C T，et al. ERGM：A package to fit，simulate and diagnose exponential-family models for networks ［J］. Journal of statistical software，2008，24（3）：1-29.

［268］HUNTER D R. Curved exponential family models for social networks ［J］. Social networks，2007，29（2）：216-230.

[269] SHI J, WANG X, PENG T-Q, et al. Understanding interactions in virtual HIV communities: A social network analysis approach [J]. AIDS Care, 2017, 29 (2): 239-243.

[270] SNIJDERS T A B, PATTISON P E, ROBINS G L, et al. New specifications for exponential random graph models [J]. Sociological methodology, 2006, 36 (1): 99-153.

[271] HONG W, SU Y S. The effect of institutional proximity in non-local university – industry collaborations: An analysis based on Chinese patent data [J]. Research policy, 2013, 42 (2): 454-464.

[272] LI Y, ZHANG Y, LEE C-C, et al. Structural characteristics and determinants of an international green technological collaboration network [J]. Journal of cleaner production, 2021, 324: 129258.

[273] NOOTEBOOM B. Learning and innovation in organizations and economies [M]. Oxford: Oxford University Press, 2000.

[274] COLOMBELLI A, KRAFFT J, QUATRARO F. High – growth firms and technological knowledge: Do gazelles follow exploration or exploitation strategies? [J]. Industrial and corporate change, 2014, 23 (1): 261-291.

[275] LEIFELD P, CRANMER S J, DESMARAIS B A. Temporal exponential random graph models with btergm: Estimation and bootstrap confidence intervals [J]. Journal of statistical software, 2018, 83 (6): 1-36.

[276] BRESCHI S, LISSONI F, MALERBA F. Knowledge-relatedness in firm technological diversification [J]. Research policy, 2003, 32 (1): 69-87.

[277] 徐露允, 龚红. 协作研发伙伴多元化、知识网络凝聚性与企业新产品开发绩效 [J]. 南开管理评论, 2021, 24 (3): 160-172.

[278] GOODREAU S M, HANDCOCK M S, HUNTER D R, et al. A statnet tutorial [J]. Journal of statistical software, 2008, 24 (9): 1-26.

[279] LUSHER D, KOSKINEN J, ROBINS G. Exponential random graph models for social networks: Theory, methods, and applications [M]. Cambridge: Cambridge University Press, 2013.

[280] 姜军, 武兰芬. 专利平台战略的空间竞争优势 [J]. 科学学研究, 2007 (1): 117-122.

[281] 刘岩, 蔡虹, 向希尧. 基于专利的行业技术知识基础结构演变分析 [J]. 科学学研究, 2014, 32 (7): 1019-1028.

[282] 陈劲, 蒋子军, 陈钰芬. 开放式创新视角下企业知识吸收能力影响因素研究 [J]. 浙江大学学报: 人文社会科学版, 2011, 41 (5): 71-82.

[283] 刘岩，蔡虹，向希尧. 企业技术知识基础多元度对技术合作的影响：技术创新能力的中介作用 [J]. 系统管理学报，2016，25（2）：203-210.

[284] 曾德明，赵旭雯，冯科. 同构型知识基础合作研发伙伴的优势 [J]. 科技管理研究，2018，38（2）：131-138.

[285] 蔡宁，潘松挺. 网络关系强度与企业技术创新模式的耦合性及其协同演化：以海正药业技术创新网络为例 [J]. 中国工业经济，2008（4）：137-144.

[286] 王凤彬，陈建勋，杨阳. 探索式与利用式技术创新及其平衡的效应分析 [J]. 管理世界，2012（3）：96-112，188.

[287] 苏屹，郭家兴，王文静. 多维邻近性下新能源合作创新网络演化研究 [J]. 科研管理，2021，42（8）：67-74.

[288] 阮平南，王文丽，刘晓燕. 基于多维邻近性的技术创新网络演化动力研究：以OLED 产业为例 [J]. 研究与发展管理，2018，30（6）：59-66.

[289] 赵炎，王琦，郑向杰. 网络邻近性、地理邻近性对知识转移绩效的影响 [J]. 科研管理，2016，37（1）：128-136.

[290] QUATRARO F, USAI S. Are knowledge flows all alike? Evidence from European regions [J]. Regional studies, 2017, 51（8）：1246-1258.

[291] CAPONE F, LAZZERETTI L. The different roles of proximity in multiple informal network relationships：Evidence from the cluster of high technology applied to cultural goods in Tuscany [J]. Industry and innovation, 2018, 25（9）：897-917.

[292] GUI Q, LIU C, DU D. Globalization of science and international scientific collaboration：A network perspective [J]. Geoforum, 2019, 105：1-12.

[293] 马永红，杨晓萌，孔令凯. 关键共性技术合作网络演化机制研究：以医药产业为例 [J]. 科技进步与对策，2021，38（8）：60-69.

[294] NOOTEBOOM B, VAN HAVERBEKE W, DUYSTERS G, et al. Optimal cognitive distance and absorptive capacity [J]. Research policy, 2007, 36（7）：1016-1034.

[295] HUNTER D R, GOODREAU S M, HANDCOCK M S. Goodness of fit of social network models [J]. Journal of the American statistical association, 2008, 103（481）：248-258.

[296] 周亚虹，蒲余路，陈诗一，等. 政府扶持与新型产业发展：以新能源为例 [J]. 经济研究，2015，50（6）：147-161.

[297] 曾宪奎. 我国构建关键核心技术攻关新型举国体制研究 [J]. 湖北社会科学，2020（3）：26-33.

[298] 刘国巍，邵云飞，阳正义. 网络的网络视角下新能源汽车产业链创新系统协同评价：

基于复合系统协调度和脆弱性的整合分析 [J]. 技术经济, 2019, 38 (6): 8-18.

[299] 郭爱芳, 杨艺璇, 王正龙, 等. 企业技术搜寻行为与自主创新能力共演机制仿真分析 [J]. 科技管理研究, 2021, 41 (24): 9-17.

[300] FORÉS B, CAMISÓN C. Does incremental and radical innovation performance depend on different types of knowledge accumulation capabilities and organizational size? [J]. Journal of business research, 2016, 69 (2): 831-848.

[301] 李艳华. 中小企业内、外部知识获取与技术能力提升实证研究 [J]. 管理科学, 2013, 26 (5): 19-29.

[302] 朱姗姗, 刘凤朝, 冯雪. 基于技术位的企业技术搜索策略研究 [J]. 科研管理, 2020, 41 (4): 182-191.

[303] 赵健宇, 任子瑜, 袭希. 知识嵌入性对合作网络知识协同效应的影响: 吸收能力的调节作用 [J]. 管理工程学报, 2019, 33 (4): 49-60.

[304] 刘志迎, 谭敏. 纵向视角下中国技术转移系统演变的协同度研究: 基于复合系统协同度模型的测度 [J]. 科学学研究, 2012, 30 (4): 534-542, 533.

[305] 王其藩. 系统动力学理论与方法的新进展 [J]. 系统工程理论方法应用, 1995 (2): 6-12.

[306] 刘志迎, 毕盛, 谭敏. 基于 SD 中国技术转移系统演化的动态模型研究 [J]. 科学学研究, 2014, 32 (12): 1811-1819.

[307] 帅珍珍, 傅纯. 基于系统动力学的施工项目安全管理预测研究 [J]. 铁道科学与工程学报, 2017, 14 (6): 1340-1346.

[308] 蔡坚, 杜兰英. 企业创新网络知识流动运行机理研究: 基于系统动力学的视角 [J]. 技术经济与管理研究, 2015 (10): 23-28.

[309] ZHUANG X. Intelligent simulation of enterprise re-innovation support system based on system dynamics [J]. Journal of intelligent & fuzzy systems, 2020, 38: 6883-6893.

[310] 贺新杰, 李娜, 王瑶. 联盟企业创新绩效提升的系统动力学分析: 基于知识协同视角 [J]. 系统科学学报, 2021, 29 (3): 125-130.

[311] 黄正亮, 冯秀珍. 北京技术转移系统仿真模型研究 [J]. 科技管理研究, 2015, 35 (5): 84-87, 93.

[312] 储节旺, 李章超. 创新驱动背景下企业知识转移的系统动力学研究 [J]. 图书馆, 2018 (6): 28-34.

[313] 王昌林. 创新网络与企业技术创新动态能力的协同演进: 基于系统动力学的分析 [J]. 科技管理研究, 2018, 38 (21): 1-10.

[314] 廖志江, 高敏, 廉立军. 基于知识势差的产业技术创新战略联盟知识流动研究

[J]. 图书馆学研究，2013（1）：78-83.

[315] 江志鹏，樊霞，朱桂龙，等. 技术势差对企业技术能力影响的长短期效应：基于企业产学研联合专利的实证研究 [J]. 科学学研究，2018，36（1）：131-139.

[316] 王崇锋，孙靖. 知识基础调节下合作网络对绿色技术创新的影响 [J]. 科技进步与对策，2021，38（2）：38-46.

[317] EISINGERICH A B, BELL S J, TRACEY P. How can clusters sustain performance? The role of network strength, network openness, and environmental uncertainty [J]. Research policy, 2010, 39（2）：239-253.

[318] 李明星，苏佳璐，胡成. 产学研合作中企业网络位置与关系强度对技术创新绩效的影响 [J]. 科技进步与对策，2020，37（14）：118-124.

[319] 吴中超. 创新网络结构特征与绩效驱动机制分析：基于 RIS 框架下产学研协同创新 [J]. 技术经济与管理研究，2020（7）：33-38.

[320] GUAN J, ZHANG J, YAN Y. The impact of multilevel networks on innovation [J]. Research policy, 2015, 44（3）：545-559.

[321] 谢洪明，张霞蓉，程聪，等. 网络关系强度、企业学习能力对技术创新的影响研究 [J]. 科研管理，2012，33（2）：55-62.

[322] HSU D W L, SHEN Y-C, YUAN B J C, et al. Toward successful commercialization of university technology：Performance drivers of university technology transfer in Taiwan [J]. Technological forecasting and social change, 2015, 92：25-39.

[323] 李云，施琴芬，于娱. 知识视角下的颠覆式创新过程分析 [J]. 科技管理研究，2018，38（13）：17-22.

[324] 方炜，郑立明. 生物进化视角下军民融合企业技术转移机制研究 [J]. 科研管理，2021，42（1）：177-188.

[325] 罗德明，周嫣然，史晋川. 南北技术转移、专利保护与经济增长 [J]. 经济研究，2015，50（6）：46-58.

[326] ZHANG F, GALLAGHER K S. Innovation and technology transfer through global value chains：Evidence from China's PV industry [J]. Energy policy, 2016, 94：191-203.

[327] LIU W, TAO Y, BI K. Capturing information on global knowledge flows from patent transfers：An empirical study using USPTO patents [J]. Research policy, 2022, 51（5）：104509.

[328] SIME S, HAGEDOORN J, TAN H. Innovation performance and licensing：The effect of the compositional quality of direct and indirect network ties [J]. Technovation, 2023, 127：102826.

［329］ HE X, DONG Y, ZHEN Z, et al. Weighted meta paths and networking embedding for patent technology trade recommendations among subjects ［J］. Knowledge-based systems, 2019, 184: 104899.

［330］ WANG Q, DU W, MA J, et al. Recommendation mechanism for patent trading empowered by heterogeneous information networks ［J］. International journal of electronic commerce, 2019, 23 (2): 147-178.

［331］ 何铮, 张晓军. 集群创新扩散的鲁棒性和脆弱性 ［J］. 系统管理学报, 2011, 20 (6): 682-689.

［332］ REHM S-V, GOEL L, JUNGLAS I. Using information systems in innovation networks: Uncovering network resources ［J］. Journal of the association for information systems, 2017, 18 (8): 2.

［333］ 王平, 夏豪斌. 自主可控视角下海洋工程装备供应链网络鲁棒性研究 ［J］. 科技管理研究, 2022, 42 (13): 182-188.

［334］ 刘晓燕, 魏云凤, 杨娟. 演化视角下技术创新网络节点进退机制研究 ［J］. 科技进步与对策, 2016, 33 (10): 10-13.

［335］ BOCCALETTI S, BIANCONI G, CRIADO R, et al. The structure and dynamics of multilayer networks ［J］. Physics reports, 2014, 544 (1): 1-122.

［336］ 刘晓燕, 孙丽娜, 单晓红, 等. 基于网络效应与行动者效应的专利转让及受让行为研究 ［J］. 科技进步与对策, 2023: 1-11.

［337］ 郭靖怡, 王学昭, 陈小莉. 基于专利文本中产品关联关系的产业技术链构建与实证研究: 以锂离子电池产业为例 ［J］. 图书情报工作, 2023, 67 (5): 108-118.

［338］ 张樨樨, 董瑶, 易涛. 数字经济、区域软环境与技术转移网络的形成 ［J］. 科研管理, 2022, 43 (7): 124-134.

［339］ 安同良, 姜舸, 王大中. 中国高技术制造业技术测度与赶超路径: 以锂电池行业为例 ［J］. 经济研究, 2023, 58 (1): 192-208.

［340］ LEE K-M, GOH K I. Strength of weak layers in cascading failures on multiplex networks: Case of the international trade network ［J］. Scientific reports, 2016, 6 (1): 26346.

［341］ HUANG H-C, SHIH H-Y, KE T-H. Structure of a patent transaction network ［J］. Scientometrics, 2017, 111 (1): 25-45.

［342］ 曹兴, 朱晶莹, 杨春白雪. 新兴技术创新网络"液态化"机理及实证分析 ［J］. 科研管理, 2022, 43 (2): 55-64.

［343］ ZHONG J, ZHANG F, YANG S, et al. Restoration of interdependent network against cascading overload failure ［J］. Physica A: Statistical mechanics and its applications,

2019, 514: 884-891.

[344] FERRARO G, IOVANELLA A. Technology transfer in innovation networks: An empirical study of the Enterprise Europe Network [J]. International journal of engineering business management, 2017, 9: 1847979017735748.

[345] KRAPIVSKY P L, REDNER S, LEYVRAZ F. Connectivity of growing random networks [J]. Physical review letters, 2000, 85 (21): 4629-4632.

[346] PAYNE J L, EPPSTEIN M J. Evolutionary dynamics on scale-free interaction networks [J]. IEEE Transactions on evolutionary computation, 2009, 13 (4): 895-912.

[347] MCNAMEE R C. Can't see the forest for the leaves: Similarity and distance measures for hierarchical taxonomies with a patent classification example [J]. Research policy, 2013, 42 (4): 855-873.

[348] AHARONSON B S, SCHILLING M A. Mapping the technological landscape: Measuring technology distance, technological footprints, and technology evolution [J]. Research policy, 2016, 45 (1): 81-96.

[349] 马荣康, 王艺棠. 基于专利相似度的突破性技术发明识别研究: 以纳米技术为例 [J]. 科研管理, 2021, 42 (5): 153-160.

[350] CARCHIOLO V, GRASSIA M, LONGHEU A, et al. Network robustness improvement via long-range links [J]. Computational social networks, 2019, 6 (1): 12.

[351] JAFFE A B. Technological opportunity and spillovers of R&D: Evidence from firms' patents, profits, and market value [J]. The American economic review, 1986, 76 (5): 984-1001.

[352] NEWMAN M. Networks: An introduction [M]. Oxford: Oxford University Press, 2010.

[353] LU Q, XU P, ZHAO X, et al. Measuring network interdependency between dependent networks: A supply-demand-based approach [J]. Reliability engineering & system safety, 2022, 225: 108611.

[354] BROIDO A D, CLAUSET A. Scale-free networks are rare [J]. Nature communications, 2019, 10 (1): 1017.

[355] TANG L, JING K, HE J, et al. Complex interdependent supply chain networks: Cascading failure and robustness [J]. Physica A: Statistical mechanics and its applications, 2016, 443: 58-69.

[356] JI X, WANG B, LIU D, et al. Improving interdependent networks robustness by adding connectivity links [J]. Physica A: Statistical mechanics and its applications, 2016, 444: 9-19.

[357] SUN P, KOOIJ R E, MIEGHEM P V. Reachability-Based robustness of controllability in sparse communication networks [J]. IEEE transactions on network and service management, 2021, 18 (3): 2764-2775.

[358] WANG S, LIU J. Robustness of single and interdependent scale-free interaction networks with various parameters [J]. Physica A: Statistical mechanics and its applications, 2016, 460: 139-151.

[359] HAO Y, JIA L, WANG Y, et al. Improving robustness in interdependent networks under intentional attacks by optimizing intra-link allocation [J]. Chaos: An interdisciplinary journal of nonlinear science, 2021, 31 (9): 093133.

[360] HONG C, HE N, LORDAN O, et al. Efficient calculation of the robustness measure R for complex networks [J]. Physica A: Statistical mechanics and its applications, 2017, 478: 63-68.

后　记

在本书的编写过程中，我们得到了许多同行和学生的帮助。特别感谢武汉理工大学经济学院的硕士研究生邱云枫同学，他为本书第五章专利交易视角下的技术转移效能仿真的分析和建模内容做了大量基础性贡献，他的专业知识和辛勤工作极大地丰富了本书的内容，在此对邱云枫同学的支持表示衷心的感谢！

此外，本书的主要内容由第一作者马玎负责撰写，累计超过 12 万字，奠定了全书的学术基础和框架。